Grafsch.
Haag
Ramsau
Gars
Mitter gars
Creiburg
Tüsslingen
Alt Oetting
Neukirchen
Garching
Burkhausen
Raitenhaslach
Wald
Schupfing
Heberin
H. Kreuz
Herotzheim
Penzing
Walserburg
Attl
Trosburg
Stephanskirchen
Türlbrun
Teissendorf
Alt Hohenau
Schönstett
Obing
Altenmarkt
Polling
Dengling
Amerang
Seon
Pamburg
Stain
Priem
Seebrück
Waging
Fortneck
Gallenhausen
Pertenstein
Aempfing
Frauenwörth
Traunstein
Lauffen
Maurkirch
Marbang
Grabenstett
Herren
Sölhueben
Altbeurn
Bernau
Niedernfels
Adlholzen
Aschau
Neupeurn
Nussdorf
Marquartstein
Hohen Aschau
Ruhpolting
Achberg
Wesen
N. Ahen
Erl
Weit See
Kössen
Urfarn
Auerburg
Ebs
Kufstein
Thiersee
Breitenbach
Kirchbühl
Ellmau
Waidring
S. Johan
Pillersee
Hochfilzen
Soel
Oberdorf
Fieberbrunn
Wergl
Hopfgarten
Brixen
Kirchberg
Kitzbühel
Ob. Aubach
Griesner Pass
Dorfham
Geburg
Saalfelden
Lichtenberg
Alm
Jochberg
Saal f.
Kammer
S. Gotthard
Maishofen
Pergen
Saalhof
Brualach
Schl. Mittersill
Mittersill
Piesendorf
Zell
Dienten
Däxenbach
Neukirch
Wildshut
Lamprechthausen
Mosach
Nussdorf
Teisendorf
Triebnbach
Achthal
Hegelwert
Stauffenck
Saal f.
Carlstein
Reichenhall
Fronau
Unken
Lofers
Strubpass
Gerhardstadt
PROBSTEI
Schellenberg
Berchtesgaden
Hintersee
Ramsau
Schonau
BERCHTESGADEN
S. Bartholomae
Königs See
Hallein
Salzburg
Glaneck
Kaltenhausen
Aign
Turn
Werfen
Bischofshofen
Mühlbach
S. Veit
Goldegg
Haunsberg
Mattsee
Seekirchen
Neumarkt
Lengau
Mattighofen
Ursprung
Wallersee
Plankenberg
Maurkirchen
Überaker
Neukirchen
Laufhen
Ranshofen
INNVIERTL
B A Y E R N R E N T A M T
E R Z S T I F
T Y R O L
In dem Geburg
Salzach

FREUNDESKREIS
FREILICHTMUSEUM
SÜDBAYERN e.V.

Schriftenreihe 11 des Freundeskreises
Freilichtmuseum Südbayern e.V.

Unserem Freund

WOLFGANG OTT

in memoriam

WOLFGANG OTT

BAUERNHOF UND BÜRGERHAUS IM WERDENFELSER LAND

Die volkstümlichen Bauweisen
im Gebiet der ehemaligen
Grafschaft Werdenfels

herausgegeben von
OTTMAR SCHUBERTH

im Auftrag des
Freundeskreises Freilichtmuseum Südbayern e.V.

Diesem Buch liegt die
Dissertation des Verfassers
Dr. Wolfgang Ott
an der Universität Innsbruck
bei Prof. Dr. Karl Ilg
vom Jahr 1978 zugrunde.

Limitierte Auflage 1 - 1000
ISBN 3-924-842-80-9

Layout und Buchgestaltung:
Ulrike Schuberth

Druck:
Druckzentrum Peißenberg
im Pfaffenwinkel GmbH

Bindearbeiten:
Thomas Buchbinderei GmbH,
Augsburg

Fotosatz: von Lospichl, Dießen

Farblithos:
Menrath, Reproanstalt, Weilheim

GELEITWORT

Es gibt keinen Zweifel, dieses Geleitwort schreibe ich sehr gerne nieder. Herr Wolfgang Ott steht mir dabei ganz klar vor Augen. Er war der erste Seniorstudierende an meinem Institut für Volkskunde der Universität Innsbruck, an der übrigens erstmals in Österreich das Seniorenstudium einsetzte. Ich war nicht wenig erstaunt, als ich Herrn Ott das erste Mal in meinen Vorlesungen und dann auch in den Übungen sah, eifrig in ihnen mitschreibend und engagiert. Keine Spur davon, eine Ausnahme, etwas besonderes sein zu wollen! Das galt auch auf den Exkursionen, die z. T. aus weiten und nicht wenig anstrengenden Fußmärschen bestanden! Er bleibt mir unvergeßlich, wie er auch auf den Großexkursionen, damals u. a. durch Rumänien, mit den Jungen Schritt hielt und am Abend, wenn nach dem Seminar, das die Erkenntnisse des Tages zusammenfaßte, fröhlich gegessen, getrunken und gesungen wurde, genauso mithielt. Begreiflich, daß die jungen Leute ihn still bewunderten und er ein frühes Glanzstück des Seniorenstudiums war.
Nach Erfüllung aller Bedingungen, die jeder Dissertationsvergabe vorausgingen, sprach er, den ich nun in Prüfungen und durch Seminarvorträge gut kannte, mit dem Wunsche vor, ein hauskundliches Thema und zwar auf seine Heimat Werdenfels bezogen, übernehmen zu dürfen. Ich kam diesem Wunsche gerne nach. Einmal bildete die Hauskunde „Bauen und Wohnen", ohne Zweifel und ohne die anderen ebenso wertvollen Beobachtungsgebiete vernachlässigen zu können – je mannigfaltiger man das Volk in seinen Äußerungen beobachte, so die Innsbrucker Lehre, umso besser würde man es erkennen – einen Schwerpunkt. Nicht unbegründet! Denn die Haus- und Siedlungsformen sind unter den volkstümlichen Erscheinungen sicherlich eine der sichtbar beständigsten. Ein einmal erbautes Haus stellt für Generationen einen zum Positiven wie zum Negativen entscheidenden erzieherischen Faktor dar. Generationen haben an seinem charakteristischen Stil mitgewirkt. Das volkstümliche Haus ist ein Auswahlprodukt, das man erkennen und schätzen muß. Zum Zweiten war aber gerade Werdenfels was die hauskundliche Forschung betraf, wenig erforscht und dargestellt worden.

Daher ging es um eine keineswegs leichte Aufgabe, die erfüllt werden mußte und nicht wenig oft mußte sich Herr Ott ins Neuland wagen. Nur die erforschten Nachbarschaften, insbesondere jene von Tirol und Vorarlberg, konnten ihm hilfreich sein. Daher gelang die Aufgabe auch nicht rasch und mußten mehrere Anläufe, von uns beiden gründlich durchgesprochen, in Kauf genommen werden. Doch das Ergebnis läßt sich auch entsprechend sehen! Die alten Hausformen, jeweils in ihren Elementen, wie Wände, Dächer, Raumaufteilung im Parterre und Oberstock, Fassadengestaltung der bäuerlichen und bürgerlichen Bewohnerschaft von Werdenfels, einschließlich der Wirtschafts- und Nebengebäude bei den Bauern sind nun erforscht und dargestellt und auch die Übereinstimmungen mit den benachbarten und stammesverwandten Landschaften sind überzeugend ausgewiesen. Alles gerade noch rechtzeitig, bevor die alten Formen angesichts des gewaltigen wirtschaftlichen und bevölkerungsmäßigen Umbruchs endgültig untergegangen wären. Nun kann man sie nicht nur noch sehen, sondern auch neu bewerten und – so hoffe ich mit Herrn Ott – renovieren und soweit als möglich erhalten, auf alle Fälle als Zeugnisse von in Jahrhunderten erprobten Techniken und von gereifter Architektur beurteilen, auf die in Zeiten des Umbruchs wie in den heutigen, im Hinblick auf ihre Schönheit und Gemeinschaftsbildung nicht verzichtet werden soll.
Herr Ott ist in reichem Maße zu danken! Als er die Dissertation abgeschlossen hatte, wollte er gleich zu den strengen Prüfungen zur Erlangung der Doktorwürde anläßlich seines 70. Geburtstages antreten. Ich riet ihm, ein halbes Jahr zu rasten. Er tat es. Doch bald nach der Doktorwürde holte ihn der Herrgott. Er hatte auch seine letzte Aufgabe erfüllt.
Seine Freunde danken es ihm durch die Drucklegung.

Innsbruck, im Sommer 1982 — Prof. Dr. R. Karl Ilg

VORWORT DES AUTORS

Jahrhundertelange, durch Tradition verfestigte Erfahrung im Verein mit dem bäuerlichen Sinn für Wohlabgewogenheit der Bauformen und deren künstlerische Ausschmückung im Äußeren und Inneren schufen Bauernhöfe, die ihrer Aufgabenstellung voll gerecht wurden.

Ihre landschaftliche Gebundenheit, die auch in der Weiterentwicklung besondere bauliche Grundformen bewahrte, ließ bestimmte „Hoflandschaften" entstehen, deren gegenseitige Abgrenzungen noch heute erkennbar sind.

Der um die Jahrhundertwende noch vorhandene, reichliche Bestand an alten Bauernhäusern schwindet in unserem Jahrhundert in bedenklichem Ausmaß. Der Verlust historischer Bausubstanz dürfte im Landesdurchschnitt alljährlich bei einer hohen Dunkelziffer zwischen 3 – 8% des Bestandes betragen.

Die Gründe, welche zu dieser Entwicklung führen, sind im wesentlichen folgende: Wie in vielen Regionen so ist auch im Gebiet der ehemaligen Grafschaft Werdenfels die Landwirtschaft seit den Jahren vor dem ersten Weltkrieg in stetem Rückgang begriffen.

Der Hauptfaktor, welcher diesen Schrumpfungsprozeß herbeiführte, ist das ununterbrochene Anwachsen des Fremdenverkehrs. Durch ihn hat sich die soziologische Struktur einer ehemals rein bäuerlichen Bevölkerung völlig gewandelt und zeigt bereits erhebliche Anzeichen von Verstädterung, auf den Dörfern in gleicher Weise wie in den Großorten, den Märkten Garmisch- Partenkirchen und Mittenwald.

Der Sog zu einem besseren Verdienst als in der Landwirtschaft führte bei der alteingesessenen Bevölkerung trotz ihrer konservativen Grundhaltung zwangsläufig zur Abwanderung in neue, ertragreichere Berufe. Diese wurde noch dadurch gefördert, daß der Großteil der landwirtschaftlichen Betriebe durch den in Werdenfels geltenden Rechtsgrundsatz der Realteilung des Besitzes bei der Erbfolge so verkleinert wurde, daß er bei wachsender Anforderung an einen gehobeneren Lebensstandard keine Möglichkeit bieten konnte, ausschließlich davon zu leben. Die meisten Kleinbetriebe erzeugten außer einer sehr bescheidenen Ernährungsgrundlage nur das Nötigste an Schafwolle und Leinen für den Eigenbedarf. Durch den Verkauf von Vieh kam etwas Geld ins Haus für den Ankauf von Mehl, für Hauszinse und sonstige Abgeltungen. Der Geldumlauf unter der bäuerlichen Bevölkerung war daher gering. Bei steigendem Geldbedarf, beginnend Mitte des 19. Jahrhunderts, erhöhte sich besonders für die Kleinbetriebe die Notwendigkeit einer geldbringenden Zusatzarbeit.

Ein weiterer wichtiger Faktor für die soziologische Umgliederung war die Vermehrung der Bevölkerung von Werdenfels.

Durch den wachsenden Fremdenverkehr, die Errichtung von Garnisonen in Garmisch und Mittenwald, durch den Zustrom von Flüchtlingen und Ausgebombten nach dem zweiten Weltkrieg wuchs die Bevölkerung von rund 8000 Einwohnern im Jahre 1900 auf 45682 im Jahre 1973 an, vermehrte sich also um das 5,7fache.

Nach der Währungsreform (20. Juni 1948) setzte eine immer stärker werdende Bautätigkeit ein. Die Grundstückspreise stiegen, die besten landwirtschaftlichen Talgründe nahe den Ortschaften – fast alle zweimähdige Wiesen – wurden als Bauplätze verkauft. Dadurch erfuhr der landwirtschaftliche Grund eine fühlbare Einengung.

Das Zusammenwirken aller vorgenannter Faktoren veranlaßte die Aufgabe vieler landwirtschaftlicher Betriebe, weitere werden das gleiche Schicksal erleiden.

Mit der Betriebsaufgabe wurden und werden die bäuerlichen Gebäude ihrer bisherigen Funktion entkleidet. Für ihr weiteres Schicksal entsteht eine Reihe von Problemen. Grundsätzlich wird die Frage gestellt werden müssen: Ist es möglich, die Wohnungen in den Altbauten nach neuzeitlicher Vorstellung eines gehobenen Lebensstandards in finanziell tragbarer Weise auszubauen?

Ins Gewicht fällt hierbei die primäre Überlegung, ob das alte Mauerwerk noch weiter verwendet werden kann. Es ist zum großen Teil nicht genügend fundiert – wie noch darzustellen sein wird – und leidet am Sockel unter der Alterskrankheit fortschreitender Salpeterung, gegen die es noch kein wirksames Gegenmittel gibt. Es fehlt weiter an den für die Unterbringung von Heizkesselanlagen nötigen Kellern. Die Geschoßhöhen der Altbauten sind zu niedrig, die Dachstühle teilweise unterdimensioniert, usw.

Die Modernisierung von Altbauten ist wohl in Einzelfällen möglich, sie erfordert aber mehr Überlegungen als das schematisierte Neubauen und ist damit auch wesentlich teurer. Zudem sind jetzt geltende, allgemeine bau- und feuerpolizeiliche Vorschriften zu beachten und zwingen zu größeren Änderungen gegenüber dem bisherigen Baubestand.

Finanzielle Überlegungen geben daher in vielen Fällen den Ausschlag zu Neubauten nach Teil- oder Ganzabbrüchen von Altbauten.
In der Erkenntnis, den raschen Schwund wertvoller, alter Baudenkmäler weitmöglichst aufhalten zu müssen, erließ der Freistaat Bayern am 25. Juni 1973 ein Gesetz zum Schutz und zur Pflege von Bau- und Bodendenkmälern. Dieses Gesetz erklärt u. a. auch viele der alten Bauernhöfe als schutzwürdig.
Nach Art. 6 des Gesetzes bedürfen die Beseitigung oder Veränderung von Baudenkmälern der Erlaubnis.
Diese Erlaubnis wird in zahlreichen Fällen nicht versagt werden können. Auch dieses Gesetz vermag also den weiteren Schwund alter bäuerlicher Bausubstanz nicht völlig aufzuhalten.
Bei dieser Tendenz der steten Abnahme alter bäuerlicher Anwesen ist es für den volkskundlichen Forscher hohe Zeit, die noch vorhandenen Altanwesen, Zeugen einer hochentwickelten Volkskultur, aufzunehmen, ihre Entwicklungsgenese zu erforschen, nach dem Motto des Denkmalschutzjahres 1975: „Eine Zukunft für unsere Vergangenheit".

Garmisch-Partenkirchen, den 9. Juli 1978 Dr. Wolfgang Ott

VORWORT DES HERAUSGEBERS

Es ist schon eine beachtliche Leistung, wenn ein Wissenschaftler, der noch dazu sein Leben lang hauptberuflich in einem anderen Fach arbeitete, nämlich als Chef eines staatlichen Forstamtes und sich seiner Leidenschaft, der Volkskunde intensiv erst nach seiner Pensionierung widmen konnte, noch im Alter von 75 Jahren die Energie und Konzentration aufbringt eine Dissertation zu erarbeiten und vorzulegen, die ihm nach allen akademischen Regeln voll anerkannt wird. Wolfgang Ott gelang dieses Kunststück, das ihm dann mit dem Titel „Dr. phil.“ belohnt wurde.
Diesem Faktum trug der Freundeskreis Freilichtmuseum Südbayern e.V. Rechnung, indem er einstimmig beschloß, die Doktorarbeit seines Vorstandsmitgliedes Dr. Wolfgang Ott im Rahmen der Schriftenreihe des Vereins in Buchform herauszugeben. Damals wurde ich gebeten die Redaktion dieser Buch-Ausgabe ehrenamtlich zu übernehmen. Ich widmete mich dieser Aufgabe gern und konnte auch noch die wesentlichsten Leitlinien für das Buch mit dem Autor vor seinem Tod im Jahre 1981 persönlich besprechen.
Leider verzögerte sich danach die Weiterarbeit daran durch mehrere schwere Operationen und langwierige Klinikaufenthalte, die ich durchstehen mußte, sowie durch eine ganze Reihe widriger Umstände sehr, so daß ich erst im Jahre 1993 die Arbeit zum Abschluß bringen kann.
Dabei darf ich für die tatkräftige Mithilfe danken, die ich von vielen Seiten bei dieser Aufgabe erfahren konnte. So in erster Linie meinem langjährigen Kollegen vom Landesamt für Denkmalpflege und in der Vorstandschaft des Freundeskreises, Landeskonservator Wilhelm Neu für seine vielfachen Hilfen, desgleichen unserem Freund, Bezirksheimatpfleger Paul Ernst Rattelmüller für wertvolle Anregungen, Frau Dr. Scheffler von der Staatlichen Graphischen Sammlung und den Damen und Herren der Bayerischen Staatsgemälde-Sammlung, der Lenbachgalerie und des Stadtarchivs München, sowie Prof. Dr. Heinz Haushofer und seinem Sohn, Dr. Martin Haushofer, die mir die Original-Skizzenbücher ihres Ahnen, des Prof. Dr. Einsele (1803 - 1870) zur Verfüngung stellten, ferner Herrn Verleger Peter Adam und Herrn Josef Ostler aus Garmisch und den Damen Frau Noglik aus Garmisch und Frau Annelies Buchwieser aus Oberammergau für interessante historische Fotos.

Dank gebührt auch besonders dem Fotografen Joachim Sowieja für seine vielen ausgezeichneten Fotos, die er unter Führung von Kollegen Neu auf mehreren Foto-Touren aufgenommen hat und die für das Buch einen großen Gewinn bedeuten.
Ganz besonders danken muß ich aber dem Schöpfer des Museums im Wackerle-Haus, Herrn Bernhart Roth für seine große Hilfsbereitschaft und dem Werdenfelser Heimatmuseum mit seinem derzeitigen Leiter, Herrn Andreas Baumann und den Herren Adrian Schröfele und Josef Kümmerle für ihre Bemühungen um das schöne alte Ölgemälde von Emil Pachter, das den Umschlag des vorliegenden Buches ziert, sowie dem Garmischer Fotografen Peter Schönheit, der uns das dazu nötige Dia fotografierte. Ebenso gilt mein Dank noch dem Fotografen Franz Kölbl aus Garmisch für seine vorzüglichen Fotos. Danken muß ich noch den Kollegen vom Freilichtmuseum an der Glentleiten, den Herren Dr. Keim, Böhm und Schwaiger sowie der verstorbenen Fotografin Frau Erika Groth-Schmachtenberger, ohne deren Mithilfe wohl kaum ein Autor aus dem Freilichtmuseumskreis auskommt.
Besonderer Dank gebührt der Familie Ott für ihre hilfreichen Bemühungen, vor allem aber für ihre große Geduld, mit der sie dieses Buch erwarten mußte.
Sehr herzlich muß ich meiner Tochter Ulrike Schuberth danken, der Grafikerin, die mir bei der gesamten umfangreichen Arbeit am Ott-Buch eine besonnene und bestens bewährte Mitarbeiterin war und die sämtliche Zeichnungen des Buches druckreif überarbeitet bzw. neu angefertigt und das Layout, sowie die gesamte Buchgestaltung durchgeführt hat. Ebenso herzlich danke ich meiner Frau für ihre oft erbetenen und stets guten Ratschläge aus der Sicht der Leserin und für ihre wertvollen ergänzenden Fotos zu den Abbildungen im Buch.
Es ist halt ein großer Unterschied, ob eine solche wissenschaftliche Arbeit allein als Dissertation für die zuständige beurteilende Fakultät geschrieben wird, oder ob sie dann als ein auch für einen großen Kreis von Nichtfachleuten, interessantes Buch veröffentlicht werden und ihr Käuferpublikum finden soll.
Daß dies gelingen möge ist der ehrliche Wunsch des Herausgebers.
Ausdrücklicher Dank gebührt aber nun zum Abschluß der Druckerei in Peißenberg mit ihrem Chef, Herrn Wolfgang Benckendorff und seinen Mitarbeitern, insbesondere Herrn Rudolf Heckerl, für ihren mutigen Einsatz bei der eiligen Herstellung des Buches, wobei sie unmöglich Scheinendes in kürzester Zeit dennoch möglich machten, sowie Herrn Werner Menrath in Weilheim mit seinem Atelier für die Herstellung der Farblithos.

Weilheim, im August 1993 — Dr. Ottmar Schuberth

Inhaltsverzeichnis

RÜCKBLICK

In der Menschheit ist seit ihren Anfängen der Wille begründet, sich vor äußeren Einflüssen, seien es die Unbilden der Witterung, seien es Überfälle von ihresgleichen und Tieren, zu schützen.
Der Mensch und seine Behausung sind seit Urzeiten untrennbar miteinander verbunden. Ein weiter Entwicklungsweg führt von den Höhlenwohnungen über Wohngruben und Behausungen der Vor- und Frühgeschichte bis zu den Wohnbauten der Gegenwart.
Jede menschliche Behausung spiegelt das Maß der Zivilisation und Kultur ihrer Erbauer und der Zeit wider, in der sie erbaut wurde. Sie ist zudem geformt von der Landschaft und dem örtlichen Klima, in der sie entstand.
Die Geschichte des Wohnbaus ist somit ein Stück Menschheitsgeschichte, die uns wertvolle Erkenntnisse über die jeweiligen menschlichen Lebensbereiche, ihre Entwicklungen und ihren Wandel im Zeitenablauf, zu vermitteln vermag.
Das Thema vorliegender Arbeit „Volkstümliche Bauweise des Gebietes der ehemaligen Grafschaft Werdenfels“ ist begrenzt auf ein Gebiet geringen Ausmaßes. Aber dieses kleine Gebiet, gelegen an einem der belebtesten Alpenübergänge im Herzen Europas, hatte als Durchgangsland am Weltgeschehen teil, wie wenig andere Landstriche. Viele Einflüsse zivilisatorischer und kultureller Art kamen nach Werdenfels aus benachbarten Gegenden. Sie wirkten sich aus in Sprache, Sitte, Bräuchen und vor allem in den Formen des Hausbaus.
Man findet in Werdenfels ein Nebeneinander verschiedener Hausformen der angrenzenden Kulturlandschaften, so daß es als Hausformen-Mischgebiet anzusprechen ist.
Gewisse gemeinsame Züge haben sich hier aber doch im Laufe des 16. und 17. Jahrhunderts in der Dachform und im Innern der Häuser herausgebildet, wie z. B. das Nebeneinanderliegen von Küche und Stube und die steile Treppe hinter dem Stubenofen, welche in die Schlafräume des I. Stocks führt. Diese Inneneinteilung wird später noch im einzelnen behandelt werden.
Die Forschungsergebnisse, welche Bauten eventuell als autochton anzusprechen sind und woher die verschiedenen Einflüsse des Bauens von Haus und Hof stammen, lassen in Werdenfels das Ineinandergreifen größerer Kulturlandschaften erkennen und zeigen zugleich seine Vermittlerrolle zwischen Alpenvorland und dem Hochgebirge auf. Unter diesen Gesichtspunkten soll die Untersuchung von Haus und Hof in Werdenfels als Aufgabenstellung eine Lücke in volkskundlicher Erkenntnis füllen helfen.

In Werdenfels

Zeichnung von August Einsele, 1827

Im Hintergrund Zugspitzmassiv mit Waxenstein, links Garmisch mit seinen zwei Kirchen, rechts Kramer mit Ruine Werdenfels

„Mittenwald von der Scharnitz her“
Zeichnung von August Einsele, 1828

„In Garmisch“
Zeichnung von August Einsele, 1825

ALLGEMEINE VORBEMERKUNGEN

DIE LANDSCHAFT

GEOGRAPHISCHE LAGE, BEGRENZUNG

Das Gebiet der ehemaligen Grafschaft Werdenfels wird durch die Grenzen umschlossen, mit denen sie 1803 – im Zuge der Säkularisation – aus dem Besitz des Hochstiftes Freising an das Churfürstentum Bayern überging. Im Westen, Süden und Osten fällt die Grenzziehung mit der Staatsgrenze zwischen Bayern und Tirol zusammen. Im Norden läuft sie entlang den Gemeindegrenzen von Garmisch- Partenkirchen/Ortsteil Garmisch, Farchant, Garmisch-Partenkirchen/Ortsteil Partenkirchen, Krün, Wallgau und der NO-Grenze von Mittenwald,beginnend an der Isar, bis zum Anschluß an die Landesgrenze.
Das umschlossene Gebiet liegt im bayerischen Hochgebirge. Es umfaßt nur etwa 475 qkm.
Es besteht im wesentlichen aus den zwei Flußtälern von Loisach und Isar und den Bergzügen, welche beide Täler umrahmen. Es sind dies im Süden das Wettersteingebirge, im Nordwesten die Schellschlicht und der Kramerstock, im Norden das Massiv des Estergebirges und im Osten der Westabfall des Karwendels.
Das Isartal erweitert sich nur nördlich von Mittenwald bei Krün sowie bei Wallgau zu einer breiten Flur, hinter Wallgau verengt es sich wieder.
Das Loisachtal gibt erst im Becken von Garmisch-Partenkirchen Raum für einen größeren Talboden, welcher sich über Farchant, Oberau bis ins Alpenvorland hinaus fortsetzt.

GEOLOGISCHER ÜBERBLICK

Werdenfels liegt in der Zone der nördlichen Kalkalpen, welche in der 2. Hälfte des Tertiär aufgefaltet wurden. Von seinen geologischen Schichten wurden in zeitlicher Reihenfolge gebildet:

a) *In der Trias:*

Muschelkalk	Hauptdolomit
Partnachschichten	Plattenkalk
Wettersteinkalk	Rät (Kössenerschichten)
Raiblerschichten	Neocom

Aussicht ins Loisachtal von der Veste Eschenlohe aus

Aquarellierte Zeichnung von August Einsele, 1824

Im Hintergrund Zugspitzmassiv, in Bildmitte das natürliche Flußbett der Loisach

Mittenwald

Zeichnung von August Einsele, 1827
Rechts unter der Alpspitze die Pfarrkirche, St. Peter und Paul,
links die Friedhofkirche St. Nikolaus, dazwischen kurvenförmig der Untermarkt.
Links das natürliche Flußbett der Isar

b) *Tertiär*gesteine kommen in Werdenfels nicht vor.
c) *Im Quartär:*
Diluvium (Jungmoränen – Buckelwiesen)
d) *Im Alluvium:*
Gehängeschutt (Bergsturzlandschaft) und Talschotterböden

Die verbreitetsten Gesteinsarten der Trias sind Wettersteinkalk und Hauptdolomit. Der schwer verwitterbare Wettersteinkalk türmt von Ost nach West streichend im Süden die hochalpine Wettersteinkette und im Osten das Karwendelgebirge auf, welche auf Werdenfelser Gebiet im Wetterstein Höhen von fast 3000 m, im Karwendel solche von rund 2500 m erreichen.
Der Hauptdolomit, leichter verwitternd, weist am Kramer und Estergebirge nur Höhen bis 2000 m auf.
Ihnen folgen nicht mehr gebirgsbildend die Partnachschichten mit einer Mächtigkeit bis zu 600 m (südl. Talhänge des Beckens von Garmisch- Partenkirchen).
Dem Wetterstein nördlich vorgelagert und teilweise bis zum Talboden reichend sind die Raiblerschichten. Ihnen folgen in Gemenglage und geringerer Ausdehnung Muschel-, Plattenkalke und Rät, letzteres nördlich des Kramers in Hochlagen (gute aber vernässte Almböden). Kreide- und Juravorkommen sind kaum nennenswert.
Ausgedehnt sind die Dilluviallandschaften mit Moränen der Würmeiszeit und dem großen sog. Buckelwiesengebiet nördlich von Mittenwald (wahrscheinlich ein Toteisgebiet am Ende der Würmeiszeit).
Im Alluvium entstanden die große Bergsturzlandschaft nördlich des Eibsees und als Moränen die Terrassen am Fuß der Hauptdolomitenstöcke Kramer und Wank. Die Talböden wurden mit Alluvialgeschiebe aufgefüllt.

Verwitterungsböden der hauptsächlich in Werdenfels vorkommenden geologischen Schichten:
(in zeitlicher Reihenfolge)

Partnachschichten (ladin. Stufe): Die Ton- bzw. Mergelschiefer bilden bei Verwitterung tiefgründige, frische, nährstoffreiche Böden. Infolge ihrer wasserstauenden Eigenschaft neigen sie zu örtlichen Vernässungen und zu Abplaikungen.
Wettersteinkalk (ladin. Stufe): Schwer verwitterbar, liefert er einen flach- bis mittelgründigen kalkhaltigen Lehmboden, durch Klüftigkeit an der Oberfläche sehr trocken.

Buckelwiesen bei Krün

Aquarellierte Bleistiftzeichnung von Lorenz Quaglio, 1830
Häufung von Bodenbuckeln von ca. 1 – 3 m Durchmesser und bis zu 1 m Höhe auf Almwiesen in verschiedenen Gegenden der Alpen, besonders ausgeprägt bei Krün und Mittenwald, entstanden durch Frostboden-Verschiebungen am Ende der letzten Eiszeit.

Auf dem Weg zwischen Partenkirchen und Mittenwald

Aquarell über Bleistift von Lorenz Quaglio, 1839

Hier ist die besondere Schönheit dieser Landschaft eingefangen.

Im Hintergrund das Zugspitzmassiv

Raiblerschichten: Die Verwitterung der Raibler-Sandsteine, Tonschiefer, Mergel, Kalke und Gipse liefert frische, tiefgründige, sandige Lehmböden, die sich sehr gut für Alm- und Waldbau eignen.
Hauptdolomit: Die spröde, meist stark klüftige Gesteinsart zerfällt leicht grusig und bildet auf Sonnenseiten flachgründige, trockene, arme Böden. Auf Schattenseiten sind sie etwas gründiger und frischer.
Kössener Schichten (Rät): Verwittern sehr leicht zu tiefgründigen, frischen, nährstoffreichen Lehmböden.
Der Wasserhaushalt dieser Böden ist in Hanglagen sehr günstig, auf Verebnungen (besonders in der Almregion) neigt er durch Verdichtung zu Staunässe.
Diluvium: Gehängeschutt liefert noch verhältnismäßig gute Böden. Bachschutt und Talschotter bilden dagegen sehr arme Standorte aus.
Landwirtschaftlich werden genutzt die ebenen aber nährstoffarmen Talschotterböden, Hängeschuttgebiete in Talnähe, vereinzelte Rätgebiete ebenfalls in Talnähe südlich von Garmisch, östlich von Partenkirchen bis zum Barmsee und Jungmoränengelände, welches im sog. Buckelwiesengebiet nördl. von Mittenwald sehr flachgründig ist.
Die landwirtschaftlich genutzten Böden sind überwiegend von mittlerer bis geringer Bonität und liefern nur mäßige Erträge.

LANDSCHAFTLICHE GEGEBENHEITEN (Geländeausformung)
Wie schon eingangs erwähnt, ist Werdenfels aufgegliedert in die 2 Tallandschaften des oberen Loisach- und des oberen Isartales. Die durch den schwer verwitternden *Wettersteinkalk* gebildeten Massive von Zugspitze und Karwendel erreichen Höhen von 2300 bis 3000 m, ihre Bergflanken, von Geröllrinnen durchzogen, fallen steil, manchmal bis in die Talböden ab.
Ähnlich ist die Ausformung bei den *Hauptdolomit* bergen von Schellschlicht, Kramer und Wank, nur daß sie höchstens Höhen um 2000 m erreichen. Die Bergformen des Hauptdolomits sind ähnlich denen des Wettersteinkalkes. Nur dort, wo die eiszeitlichen Gletscher über sie hinweggingen (am Wank), zeigen sie abgerundete Gipfelformen.
Dem Wettersteingebirge in Ost-Westrichtung nördlich vorgelagert, durch tiefe Gräben deutlich von ihm abgesetzt, zieht sich ein Höhenrücken mit 1300 bis 1600 m Höhe entlang, der nach Norden steil zum Talboden abfällt.
Die Talböden liegen im Isartal 850 bis 1200 m hoch, im Loisachtal erreichen sie nur 700 bis 750 m.

KLIMATISCHE VERHÄLTNISSE

Das Gebiet von Werdenfels gehört zum Bereich der ozeanischen Klimazone Europas und zwar als südliche Randlage gegen das inneralpine kontinentale Trockengebiet.

Das ozeanische Klima weist mit milderen Wintern und kühleren, meist regnerischen Sommern geringere Jahresschwankungen auf, als das Klima des inneren Alpengebietes, in dem strengere Winter und wärmere Sommer vorherrschen.

Für Werdenfels liegen exakte Klimadaten erst seit 1881 für Partenkirchen und Mittenwald vor, sowie seit 1900 durch das Observatorium auf dem Zugspitzgipfel und seit 1954 durch das Institut der Fraunhofergesellschaft für atmosphärische Umweltforschung.

Wesentliche Klimadaten:

Windmessungen:

Im Winter und Frühling kommen die Winde meist aus dem Norden, im Sommer und Herbst überwiegen die Westwinde. (Jahresdurchschnitt der Westwinde 19%, der Nord- und Ostwinde 8%;) Sturmtage meist vom November mit März; in dieser Zeit die gefürchtetsten Föhneinbrüche, Ursachen der großen Wald- und Ortsbrände.

Niederschläge:

Jahresdurchschnitt: Partenkirchen 1286 mm, Zugspitze 2390 mm

Größte monatliche Niederschläge im Juni, Juli, August (Zeit der Heuernte). Lufttemperatur im Durchschnitt 6,3°. Zahl der jährlichen Frosttage (Temperatur unter 0°) rd. 125. Vegetationszeit (Tagestemperaturen über 10°,) 140 Tage.

Gesamtbeurteilung:

Viele Niederschläge besonders im Sommer, niedrige Lufttemperaturen, kurze Vegetationszeit, ergeben für Werdenfels: Ein Klima, das als rauh bezeichnet werden muß.

Klimaschwankungen in der Vergangenheit:

Das Klima unserer Erde ist, verursacht durch Temperaturveränderungen in größeren Zeiträumen, einem steten Wechsel zwischen wärmeren und kälteren Perioden unterworfen.

Die Kenntnis der Dauer von Wärme- und Kälteperioden auf der Erde mit ihren Mitteltemperaturen ist eine junge Wissenschaft. Dabei ist sie für die Siedlungsgeschichte und damit verbunden für die Möglichkeiten landwirtschaftlicher Nutzungen unerläßlich. Wenn die laufende Registrierung von Temperatur und Luftdruck erst nach der Erfindung von Thermometer und Barometer (1632 bzw. 1643) um

1670 einsetzen konnte, so gibt es doch Sekundärhilfsmittel, um zunächst für die Zeitspanne in und seit der letzten Eiszeit den Klimaablauf in großen Zügen zu bestimmen.

Als solche sind anzusprechen die Jahrringchronologie bei den Bäumen, die feststellbaren Verschiebungen der vertikalen Baumgrenzen im Gebirge, die Sedimentierung von Gletschereis und -tonen, frühere Wetterbeobachtungen, der Weinindex (Häufigkeit guter Weinjahre über größere Zeitabschnitte in %) etc.

Für die Beurteilung der Siedlungsmöglichkeiten im Rahmen der gegenwärtigen Abhandlung kommen folgende Perioden in Frage:

1. Vor der Zeitwende setzte eine Temperaturzunahme ein, die zur mittelalterlichen Wärmeperiode führte mit einer Spitze von 1000 bis 1200 n. Chr.
   Aus der Verschiebung der Baumgrenze in dieser Zeit nach oben um 100 bis 200 m, aus dem damaligen Weinbau in Südschweden und in Ostpreußen, kann nach Angabe der Wissenschaft auf eine um 1°C höhere Durchschnittstemperatur als heute geschlossen werden.
2. Dieser Wärmeperiode folgte beginnend um die Mitte des 16. Jahrhunderts ein neuerlicher Kälteeinbruch, der in den Alpen neue Gletschervorstöße zur Folge hatte. Diese dauerten bis in die Mitte des 19. Jahrhunderts an. Die Temperaturen dieser Periode sanken gegenüber der Jetztzeit um ca. 1,5°C.
3. Von der Mitte des 19. Jahrhunderts an begann es wieder wärmer zu werden. Das bisher beobachtete Klima-Optimum fiel in die Jahre 1942 bis 1953.
   Der seither beobachtete Klimaablauf vermag in seiner Tendenz noch nicht beurteilt zu werden.

Lufttemperatur:

Die Lufttemperatur bewegte sich im Beobachtungszeitraum 1881 bis 1930 für Partenkirchen und Mittenwald in jährlichen Amplituden zwischen 6,7 und 6,2°C, für die Zugspitze um 5,0°C.

Im Beobachtungszeitraum 1931 bis 1960 blieb sie für Partenkirchen und Mittenwald fast völlig gleich, ebenso für die Zugspitze. (Unterlagen des Wetteramtes München)

Die relative Luftfeuchtigkeit (Wassergehalt in der Luft) bewegte sich im Jahresdurchschnitt in Partenkirchen um 79, in Mittenwald um 76%, mit monatlichen Maximen um 80%. (Angaben aus Klimakunde des Deutschen Reiches Bd. II)

VEGETATIONSVERHÄLTNISSE

Die ausgesprochen hochalpine Lage von Werdenfels und ein Klima, das mit langen Wintern und regnerischen Sommern nicht über einen Jahresdurchschnitt von 6,5°C

hinausgeht, somit als rauh anzusprechen ist, sind die Hauptfaktoren, welche die Vegetationsverhältnisse beeinflussen.
Der Wald nimmt z. Zt. noch 50% der Gesamtfläche von Werdenfels ein. Er bedeckt große Flächen in den Talregionen und die meist steilen Bergflanken bis zu einer Baumgrenze, welche in der Gegenwart ziemlich einheitlich bei 1700 m liegt.
In den Wäldern dominiert das Nadelholz (Fichten und Tannen, Kiefern auf Sonnseiten) schon seit dem autochtonen Zustand (vor Beginn menschlicher Nutzung) mit rd. 70%; die Lärche ist in Werdenfels nur auf wenigen Standorten anzutreffen, welche kontinentales Klima aufweisen. Sie verlangt eine Temperaturdifferenz von mindestens 20°C zwischen Sommermaximum und Winterminimum. Die Lärche trifft man nur entlang des Wettersteins in Höhenlagen über 1100 m, besonders in der Umgebung von Mittenwald an.
Die örtlich verschiedene Beimischung von Laubholz, bestehend aus Buche, Ahorn und Weichhölzern, macht rd. 30% aus.
In der oberen Kampfzone ist der Wald durchsetzt mit Almlichtungen, die teils natürlich entstanden sind, teilweise aber auch gerodet wurden. Die Almflächen sind durchzogen mit Latschenfeldern. Nach oben erstrecken sich die Almen bis zu einer Durchschnittshöhe von rd. 1900 m Seehöhe. Sie nehmen in der Gegenwart rd. 1.8% der Gesamtfläche von Werdenfels ein. Über der Almregion türmt sich das improduktive Felsgebirge als Ödland auf (32,0% der Gesamtfläche von Werdenfels). Gegenüber den großen Flächen, welche Wald und Ödland einnehmen, ist das z. Zt. landwirtschaftlich nutzbare Land mit 4814 ha = 10,1% geradezu kärglich bemessen.

Zugspitze und Alpspitze
Aquarellierte Zeichnung von Leopold Rottmann

Im Archthal bey Eschenlohe
Zeichnung von August Einsele, 1824

In der braunen Gumpe bey Eschenlohe
Zeichnung von August Einsele, 1824

Raintal (Wetterstein)
Aquarellierte Zeichnung von Max Joseph Wagenbauer, um 1820

Partnachklamm und Höllentalklamm bei Garmisch-Partenkirchen

Lithographie von E. Emminger, um 1850

Ruine Werdenfels

Lithographie von M. Sachs, um 1870

In der Ebene Garmisch mit seiner alten Pfarrkirche (1280) und der neuen (1730 – 34) beide St. Martin geweiht. Im Hintergrund Alpspitze, Zugspitze und Waxenstein.

ÄLTERE ORTSANSICHTEN

Alte Ortsansichten sind für die wissenschaftliche Arbeit ein wertvolles Hilfsmittel, um aus ihnen Rückschlüsse auf Haustypen und das Baugefüge der Orte zu ziehen. Waren Ortsansichten vor dem 16. Jahrhundert noch schematisiert, wie die Abbildungen der Schedelschen Weltchronik 1493, so geben doch Dürer'sche Aquarelle und Stiche um die Wende des 16. Jahrhunderts bereits erstaunlich detailgenaue Abbildungen von Häusern, Dörfern und Städten wieder.
Leider ist festzustellen, daß für Werdenfels ältere Ansichten nicht vorhanden sind. Ortsansichten existieren seit Mitte des 16. Jahrhunderts in reicher Menge z. B. von Innsbruck, München und auch Freising. Diesen Orten gegenüber waren die Märkte und Dörfer von Werdenfels zu unbedeutend, um sie bildlich darzustellen. Auch befanden sich in ihnen keine Klöster oder Schlösser, welche damals bevorzugt abgebildet wurden.
Erst in den Jahren 1697 bis 1702 erstellte der Maler Valentin Gappnig im Zuge einer vom Hochstift Freising angeordneten bildlichen Inventarisation des gesamten freisingischen Grundbesitzes in Ölbildern 4 Ansichten der werdenfelsischen Orte Farchant, Garmisch, Partenkirchen und Mittenwald.
Die Einzelansichten sind mit damals größtmöglicher Genauigkeit in allen Details ausgeführt und stellen für die Auswertung eine Fundgrube von hohem wissenschaftlichen Wert dar. (Siehe Abbildungen auf den nächsten Seiten).
Bis zum 19. Jahrhundert gab es weiterhin keine Ansichten von Orten in Werdenfels, erst von dieser Zeit ab, da man im Zuge der Romantik das Hochgebirge in seiner Schönheit entdeckte, wurden die Orts- und Naturbilder häufiger.

S. 36/37: Ortsansichten von Valentin Gappnig
(1697 – 1702)
links oben: Partenkirchen
unten: Garmisch
rechts oben: Farchant
unten: Mittenwald

Farchanter Tal

Aquarellierte Zeichnung Max Joseph Wagenbauer, um 1820

DER MENSCH

SIEDLUNGSGESCHICHTE

Erste Spuren von Menschen lassen sich in Werdenfels aus der Jungsteinzeit (2200 – 1700 v. Chr.) durch Funde von Steinbeilen und Keramikbruchstücken nachweisen.[1] Über die Siedlungsgeschichte von Werdenfels bis zur Zeitwende ist man angesichts der geringen Zahl von Bodenfunden auf die Untersuchungen von Sprachforschern und Prähistorikern, vor allem des Tiroler Raums, angewiesen.
Kurz zusammengefaßt sind ihre Forschungsergebnisse folgende:
In der Hallstadtzeit (1800 – 850 v. Chr.) saßen die Träger dieser Kultur, die aus dem nördlichen Alpenvorland kamen,[2] im ganzen ostalpinen Raum.
„Es bildete sich im Alpenraum eine Kulturprovinz heraus, die Tirol, Südtirol – Pustertal, Osttirol und Kärnten umfaßte und bis in die Römerzeit währte. Die keltischen Einbrüche brachten in Tirol zwar Störungen, aber keinen völkischen Umbau.“[3]
Die vorrömischen Ortsnamen werden heute nach den Untersuchungen Finsterwalders einer „alteuropäischen Sprachschicht“ zugewiesen,[4] deren Träger, nach Kühebacher, zu einer in den Alpen „vorwiegend ost-westlich verbreiteten indogermanischen Sprachgruppe gehört haben“.[5]
Der Siedlungsbereich der Illyrer wurde nach den grundlegenden Untersuchungen Hans Krahes reduziert auf den südlichen Teil des Illyricums;[6] nördlich an ihr Gebiet schlossen sich die Veneter an, die nur im Piavetal bis Pieve di Cadore nachweisbar sind. Im Etschtal finden sich von ihnen keine Spuren.[7] Beide Volksgruppen scheiden also als Siedler in Nord- und Südtirol und damit auch für Werdenfels aus.
Ebenso wenig nahmen keltische Stammesverbände trotz ihres starken Druckes auf den Alpenraum vom Vorland im Süden und Norden her geschlossene Siedlungsbereiche in den Alpen in Besitz.[8] Aber ihre Kultur, die sich in der La Tènezeit in Mitteleuropa zu Blüte entwickelt hatte, drang auch in den Alpenraum ein (5. – 3. Jh. v. Chr.). Mit ihr verbreitete sich bei der alteingesessenen Bevölkerung auch die keltische Sprache. Diese wurde später in lebendiger Fortentwicklung weitgehend romanisiert.[9]
Im Jahre 15 v. Chr. wurde der gesamte Alpenraum einschließlich der schwäbisch-bayerischen Hochebene bis zur Donau durch den Feldzug von Drusus und Tiberius dem römischen Imperium einverleibt.
Die Namen der vorrömischen Stämme im Alpenraum sind durch Schriftsteller und Inschriften der Römerzeit überliefert.[10]

Es sind dies für die nördlichen Voralpen (einschließlich Oberisartal und Inntal) die *Genaunen* und im mittleren Inntal *Breonen*.[11] Gemeinsamkeiten im Sprachschatz der vorkeltischen, keltischen und romanischen Sprachschicht beider Stämme lassen eine Verwandtschaft dieser beiden Volksgruppen vermuten. Während die Breonen nach heutiger Forschung keine Kelten waren, ist dies bei den Genaunen ungeklärt.

In der auf die Eroberung des Alpengebietes 15. v. Chr. durch die Römer folgenden Periode der pax romana (röm. Frieden), die bis 233 n. Chr. dauerte, wurde die seit Anfang des 1. Jahrtausends v. Chr. als Saumpfad bestehende Querverbindung durch die Alpen über Brenner und Seefeldersattel in den Markomannenkriegen (168 – 180 n. Chr.) beginnend, durch Septimius Severus um 210 n. Chr. endgültig als Heeresstraße ausgebaut. Diese Straße bestimmte fortan weitgehend das Schicksal von Werdenfels. Partenkirchen (Parthanum) und wahrscheinlich Klais (Scarbia) wurden römische Straßenstationen.

Aufgrund der sprachlichen Verwandtschaft von Werdenfels und Oberinntal liegt der Rückschluß nahe, daß sich die Besiedlung von Werdenfels aus gleichem alemannischem Volkstumsgut vom Alpenvorland her vollzog wie im Oberinntal.

Gleich wie die Alemannen in das Außerfern vom schwäbischen Hügelland her einwanderten, die alteingesessene Bevölkerung wahrscheinlich keltischer Herkunft dort sich assimilierte und auf der alten Straßenverbindung der Via Claudia über den Fernpaß ins Inntal gelangten, ebenso können die Alemannen auch durch die zur Ebene offenen Täler von Ammer und Loisach nach Werdenfels gekommen sein.

Für eine Landnahme des Werdenfelser Gebietes durch die Bajuvaren ca. 750 n. Chr. fehlen alle Hinweise.

Wie im Abschnitt „Klimaschwankungen in der Vergangenheit“ dargestellt wurde, herrschten in der Wärmeperiode, welche um die Zeitwende begann und Mitte des 16. Jahrhunderts zu Ende ging, auch in den Alpen z. Zt. der Ansiedlung germanischer Stämme wesentlich günstigere Klimabedingungen und damit bessere landwirtschaftliche Möglichkeiten als in der Gegenwart. So lieferte der Körnerfruchtanbau bedeutend größere Erträge als heute.[12] Die Alpweiden konnten viel besser genutzt werden. Damit war auch ein Anreiz zu dichterer Besiedlung der Alpentäler gegeben.

Nach wiederholten Einbrüchen germanischer Stämme durch den Limes, seit 233 n. Chr., zogen sich die Römer zunächst Mitte des 4. Jahrhunderts auf Widerstandslinien nördlich vor den Alpen zurück. Nachdem die Lage für die ihnen zur Verfügung stehenden militärischen Kräfte allmählich unhaltbar geworden war, räumten sie am Ende des 5. Jahrhunderts die Ebene vor dem Gebirge, Nordtirol und den

Mittenwald an der Isar

Lithographie von Anton Dressely, Mitte 19. Jhdt.
Man erkennt deutlich die Reihung der Häuser des Obermarktes und rechts von der Pfarrkirche die gekurvte Reihung des Untermarktes bis zur Friedhofkirche St. Nikolaus.

Großteil des inneralpinen Brennergebietes. In Werdenfels blieben vereinzelte römische Colonen (Walchen) zurück, die dem Ort Wallgau (urkundlich 763 Walhogoi) und dem Walchensee ihre Namen gaben.
Mit Ausnahme von Teilstücken der Heerstraße und Münzfunden haben die Römer in Werdenfels keine sichtbaren Spuren hinterlassen.
Der Zeitpunkt des ersten Auftretens von Germanen in Werdenfels ist unbekannt, ebenso ob sie Bajuvaren oder Alemannen waren. Germanische Reihengräberfunde in Garmisch-Partenkirchen werden auf die Zeit ab 550 bis 600 n. Chr. datiert.
Sehr viele Alemannismen in der Mundart von Werdenfels, die gleicherweise im Oberinntal vorkommen, veranlaßten Josef Schatz zu der Feststellung, daß das Gebiet von Mittenwald und Partenkirchen mit dem Oberinntal in sprachlicher Hinsicht verwandte Züge aufweist.[13]
Otto Stolz stellt seinerseits zweimal alemannischen Spracheinschlag auch im Oberinntal fest.[14]
Kühebacher kommt weitgehend zu dem Schluß, daß dieser Spracheinschlag von einer alemannischen Bevölkerung des Oberinntales stammt, welche bereits ansässig war, bevor sich das sogenannte Südbayerisch im Zuge einer zunehmenden Ansiedlung von Bajuvaren ausbreitete. Das Südbayerische besaß dort einen „Mehrwert", als Tirol seit 1027 ein in sich geschlossenes Territorium bildete, dessen Oberschicht bairisch sprach.[15]

SIEDLUNGSFORMEN

Die alte Römerstraße, seit dem Mittelalter „Rott" genannt, war für Werdenfels in hohem Maß bestimmend für die Formen, in denen sich die Besiedlung vollzog.
Entlang dieser Straße drängen sich heute beidseitig in den Orten Mittenwald und Partenkirchen giebelseitig aneinander gereiht Haus an Haus, denn hier wurde seit Anwachsen des Rottverkehrs im 13. Jahrhundert n . Chr. verdient durch Warenlagerung, Gespannstellung und Fremdenbeherbergung. Diese Geschlossenheit der Bebauung schaffte markante Ortsbilder.
Auch in Farchant stehen die Häuser giebelseitig an der Hauptstraße, allerdings weiträumiger, als in Partenkirchen und Mittenwald.
Abseits der Hauptstraße wurde in den erwähnten Orten aufgelockert gebaut, doch ist auch hier ein gewisses Aneinanderreihen von Anwesen entlang von Bächen und Ortswegen unverkennbar.
Garmisch bestand im Mittelalter aus 2 Siedlungskernen mit Haufendorfcharakter südlich und nördlich der Loisach. Im 16. Jahrhundert auch hier, etwas weiträumiger als in Mittenwald und Partenkirchen, lange Zeilen von giebelseitig aufgereihten Häusern.

Isartal bey Wallgau
Stich von Carl Heinzmann, 1820

Garmisch

Lithographie von M. Sachs, um 1870
Ansicht von Osten, rechts der Fuß des Kramer.

In Partenkirchen

Radierung von Peter Halm, 1930

In Partenkirchen

Zeichnung von Fritz Bamberger, 1854

Ein Vergleich der beiden Abbildungen zeigt, daß sich von 1854 bis 1930 hier kaum etwas verändert hat. Die Dächer sind noch mit Schindeln gedeckt, die hölzernen Regenrinnen stechen noch in den Straßenraum hinein, noch ist die Straße nicht geteert.

Garmisch Alte Pfarrkirche St. Martin

Zeichnung von Jul. Zimmermann, 1854

Rechts der Pfarrhof, im Hintergrund die neue Pfarrkirche St. Martin 1730, dahinter die Alpspitze.

Grainau, Krün, Wallgau und Wamberg sind dagegen reine Haufendörfer.
Als Einöden sind anzusprechen: Barmsee (2 Höfe), Gerold (2 Höfe), Kaltenbrunn (2 Höfe), Raintalerhöfe (ehemals 2 Höfe, 1 abgebr.), Höflen (2 Höfe). Einzelhöfe gibt es in Altwerdenfels nur 19, hiervon sind 8 Altanwesen, 11 Betriebe siedelten in den letzten Jahren aus den geschlossenen Ortschaften in Feldfluren um.

POLITISCHE ENTWICKLUNG

In der Römerzeit gehörte das Gebiet von Werdenfels zur Provinz Raetia secunda mit dem Verwaltungssitz Augusta Vindelicorum (Augsburg).
Nach Abzug der Römer bildete sich im frühen 6. Jahrhundert das Bayerische Stammesherzogtum unter Führung der Agilolfinger heraus. Es reichte im Westen bis an den Lech, im Südwesten umfaßte es den Ammergau und das Oberinntal, im Süden den Vintschgau, den größten Teil von Südtirol (bis Sigmundskron) und das restliche Nordtirol.
In diesem Bereich lag Werdenfels.[16]
Während das Zentralgebiet des Herzogtums um Regensburg und seine östlichen Teile von den Herzögen straffer verwaltet wurden, lag im Westen und Südwesten die Herrschaftsgewalt weitgehend in den Händen mächtiger Adelssippen. Werdenfels gehörte mit Partenkirchen und Mittenwald zum Einflußgebiet der Huosi, welche 763 das Kloster Scharnitz bei Klais als Sippenkloster gründeten. Der Westteil von Werdenfels mit Garmisch kam ums Jahr 1000 in den Besitz der Welfen.
Das Hochstift Freising kaufte mit den zwei Urkunden von 1249 und von 1294 zunächst den welfischen Gebietsteil, dann von den Grafen von Eschenlohe die Grafschaft Mittenwald und Partenkirchen.
Aus beiden Ankäufen bildete das Hochstift die Grafschaft Werdenfels, auf die es auch die eigene Reichsunmittelbarkeit übertrug, die ihm für die Grafschaft nie bestritten wurde.
In Werdenfels richtete Freising ein Pflegamt und -gericht ein, mit den drei Untergerichten Garmisch, Partenkirchen und Mittenwald, denen alle Ortschaften und Weiler des Werdenfels-Freisingischen Gebietes unterstanden.
Diese Gliederung hielt sich bis zum Jahre 1803, in dem die Grafschaft Werdenfels im Zuge des Reichsdeputationshauptschlusses vom 25. Februar 1803 durch Inbesitznahme des Hochstiftes Freising an das Kurfürstentum Bayern überging.
Aus der Grafschaft Werdenfels entstand das Kurfürstliche, ab 1806 königliche Landgericht gleichen Namens. In ihm wurden folgende Gemeinden gebildet: Farchant, Garmisch, Ober- und Untergrainau, Partenkirchen, Wamberg, Mittenwald, Krün und Wallgau.

1827 erfolgte die Vergrößerung des Landgerichtsbezirkes durch Zuteilung des Ammertales und des unteren Loisachtales bis Ohlstadt.
Die Verwaltungs- und Gerichtsbezirkseinheit der ehemaligen Grafschaft Werdenfels hatte damit aufgehört zu existieren.
Nach der Zusammenlegung von Ober- und Untergrainau (1937) und von Garmisch und Partenkirchen (1935) liegen z. Zt. im Bereich der ehemaligen Grafschaft Werdenfels folgende politische Gemeinden:

	Meereshöhe	Größe in ha	Zahl der Einwohner
im Loisachtal:			
Farchant	671 m	2547,70	3156
Garmisch-Partenkirchen	717 m	19012,22	27481
Grainau	764 m	4939,88	3081
Wamberg	996 m	1351,10	286
(Wamberg ist inzwischen – 1976 – an Garmisch-Partenkirchen angegliedert.)			
im Isartal:			
Mittenwald	912 m	13325,08	9212
Krün	875 m	3626,91	1809
Wallgau	868 m	2708,73	1094
insgesamt:		47511,62	46119
(1,03 Einwohner je ha)			

(Flächen und Einwohnerstand nach dem Stand vom 1. August 1972 – Erhebung des Landratsamtes Garmisch-Partenkirchen.)

BEVÖLKERUNGSBEWEGUNG

Die erste Volkszählung in Werdenfels wurde leider erst 1624 durchgeführt. In ihr zählte man in den damals bestehenden 3 Gerichtsbezirken der Grafschaft, nämlich:

im Bezirk *Garmisch* (umfassend Farchant, Garmisch, Ober- und Untergrainau, Hammersbach, Eibsee, Riess)	370 Haushaben	1858 Personen
Im Bezirk *Partenkirchen* (umfassend Partenkirchen und Wamberg)	283 Haushaben	1286 Personen
im Bezirk *Mittenwald* (umfassend Mittenwald, Krün, Wallgau, Barmsee, Elmau)	344 Haushaben	1646 Personen
(Haushaben = Familien mit Wohnhäusern)	997 Haushaben	4790 Personen[17]

Schleifmühle bei Ohlstadt

Lithographie von J. A. Sedlmayr, um 1825

Zu beachten ist die kühne Wasserführung für das oberschlächtige Mühlrad

Bei der nächsten sogenannten Montgelas-Erhebung 1808 – 1815, der ersten Gesamtinventarisation des 1806 neugebildeten Königreiches ergaben sich folgende Zahlen:

im ehemaligen Gerichtsbezirk	Zahl d. Familien	Einwohner
Garmisch	413	1815
Partenkirchen	271	1163
Mittenwald	522	2144
Insgesamt:	1206	5122

(Einzelheiten s. S. 66)

Bei der vergleichenden Betrachtung der beiden Zählungen ist folgendes festzustellen:

1. In den Gebieten der ehemaligen Gerichtsbezirke Garmisch und Partenkirchen ist die Bevölkerungszahl im Laufe von 1624 – 1815, also von rd. 190 Jahren um 2,3% bzw. 9,6% zurückgegangen, während sie im Bezirk Mittenwald um 30% zugenommen hat. Die Veränderungen bedürfen noch einer wissenschaftlichen Erklärung. Insgesamt nahm die Bevölkerung im Zeitraum von 190 Jahren nur um rd. 7% zu.
2. In den Haushaltungen der Zählung von 1624 lebten durchschnittlich 4,8 Personen, in der Zählung von 1808 – 1815 ging diese Zahl auf 4,2 zurück.

Seit 1840 werden in kleineren Zeitabständen Volkszählungen durch das Bayer. Statistische Bureau, dem späteren Statistischen Landesamt München, durchgeführt. Aus dem Diagramm (nach S. 64) ist der Zuwachs der Bevölkerung im Gebiet der ehemaligen Grafschaft Werdenfels ersichtlich. Sie vermehrte sich von 1840 bis 1973 von 5510 auf 45682 Personen.
Aus dem Diagramm ist weiter zu entnehmen, daß sich bis etwa 1895 der Zuwachs in mäßigen Grenzen hielt (7395 Personen), seit dieser Zeit aber bis 1935 durch ständigen Zuzug die Zahl 20000 erreichten. Von 1936 ab ging der Zuwachs steil nach oben. Bereits 1946 war die Zahl 40000 fast erreicht. Der Grund für diesen enormen Zuwachs war vor dem 2. Weltkrieg die Errichtung von Garnisonen ab 1935 in Garmisch und ab 1938 in Mittenwald. Nach dem Krieg waren es die vielen Flüchtlinge, Ausgewiesene aus den Ostgebieten und die Ausgebombten, welche in Werdenfels ihr Unterkommen fanden. Nach einem kurzen Stillstand der Kurve (Abwanderung eines Teils der Flüchtlinge zu besseren Arbeitsmöglichkeiten) stieg sie bis 1965 erneut und hat sich bis zur Gegenwart auf gleicher Höhe gehalten.
Die Marktgemeinde Garmisch-Partenkirchen umfaßt in ihrem Gebiet nach der Zählung von 1973 etwa 60% der Einwohnerschaft des Gebietes der ehemaligen Grafschaft.

BODENKULTUR

Nach der Bodenbenutzungserhebung, welche nach dem letzten Stand gefertigt wurde, beträgt die Gesamtfläche der ehemaligen Grafschaft Werdenfels 47511,4 ha. Hiervon befinden sich im Besitz des Bayer. Staates – Forstverwaltung – 39316,3 ha = 82,7% der Gesamtfläche. Nur 8195,1 ha = 17,3% der Gesamtfläche sind Gemeinde- und Privatbesitz.

Hierunter befindet sich als Gemeindebesitz der einzige Gemeindewald von Werdenfels in Garmisch-Partenkirchen mit 79 ha und der nicht ausgeschiedene Gemeindebesitz der einzelnen Gemeinden an Häusern und sonstigen kommunalen Einrichtungen, Sportanlagen und dergleichen, sowie an den Ortsstraßennetzen.

Dem Freistaat Bayern gehören neben 15229,7 ha Ödland (Felsengebirge, Hochmöser) = 32,0% der Gesamtfläche von Werdenfels, 22422,8 ha bewirtschafteter Wald = 47,3%, neben unbedeutendem landwirtschaftlichem Grund (15,4 ha) und 1 Fischwasser (27 ha), 864,3 ha Almlichten = 1,8% und Heimweiden mit 757,1 ha = 1,6% der Gesamtfläche.

Der gesamte Staatsbesitz ist fast ganz mit Nutz- und Brennholzrechten, Weide- und Streurechten zugunsten der Anwesen belastet, welche beim Übergang von Werdenfels an das Kurfürstentum Bayern im Jahre 1803 bestanden. Unbelastet sind nur einige wenige Bann- und sogenannte Herrenhölzer, welche das Hochstift Freising von der Belastung ausgenommen hatte.

Die der Landwirtschaft als Eigentum zur Verfügung stehende Wirtschaftsfläche von 4814 ha macht nur 10,1% der Gesamtfläche von Werdenfels aus.

Die Bewirtschaftungsmöglichkeit wird jedoch durch die im Staatsbesitz eingeräumten Forstrechte an Holz und Weide wesentlich verbessert.

VERKEHRSVERHÄLTNISSE

Wie bereits im Abschnitt über die Siedlungsgeschichte ausführlich dargelegt wurde, durchschneidet eine uralte Nord-Südquerverbindung durch die Alpen das Gebiet der Grafschaft Werdenfels. Der von ihr benutzte Übergang über den Brenner wurde, wie Bodenforschungen zeigten, seit 800 v. Chr. endgültig geöffnet.

Etruskische Funde in Gräbern nördlich der Alpen ergaben, daß diese Verbindung schon um die Wende des 7. zum 6. Jahrhundert v. Chr. beginnend durch die Etrusker als Weg eines zunächst bescheidenen, aber nach ihrer Inbesitznahme der Po-Ebene im 6. Jahrhundert v. Chr. verstärkt einsetzenden Handels nach dem Norden benutzt wurde. Wie sehr dieser Weg, die spätere Heerstraße, in der Römerzeit auch vom Handel in Anspruch genommen wurde, wissen wir nicht.

Intensiver setzte der Verkehr auf der nunmehr „Rott" genannten Römerstraße in der Stauferzeit ein. Er hielt das ganze Hochmittelalter durch an, und brachte einen, wenn auch bescheidenen Wohlstand durch Gespannleistung, Fremdenbeherbergung und Warenlagerung in die Grafschaft. Damals kam der Begriff des „Goldenen Landls" für Werdenfels auf.
Um die Mitte des 15. Jahrhunderts wurde die Rottstraße, die bisher von Oberau über Murnau ging, wegen ständiger Vermurung unterhalb von Oberau über Ettal und Oberammergau in Richtung nach Augsburg umgeleitet.[18]
Eine Erweiterung des Gütertransportes und der Personenbeförderung brachte das Anwachsen der sogenannten „Wasserrott" seit dem 14. Jahrhundert mit sich. Diese Wasserrott, d. i. die Flößerei auf der Isar von Mittenwald und auf der Loisach von Garmisch ab, beförderte, bevorzugt durch die Billigkeit des Transportes, vor allem Bau- und Brennholz aber auch andere Baumaterialien, wie sogar Marmor, Kalk, Gips und Bruchsteine nach München, Freising und weiter auf der Isar und Donau bis Wien. Außerdem wurde viel Wein aus dem Süden in Mittenwald von der Achse auf die Flöße umgeschlagen. Sogar der kurfürstliche Hof bediente sich dieses Transportmittels zur Personenbeförderung.

Loisachfloß vor dem alten Pfarrhof in Garmisch
Ausschnitt aus einer zeitgenössischen Lithographie von J. Wölfle, um 1830

Kurz nach Verlegung des Bozner-Marktes nach Mittenwald (1487) ließ Herzog Albrecht IV. von Bayern 1492 – 1495 den Saumweg über den Kesselberg (zwischen Kochel- und Walchensee) als feste Straße ausbauen, um einen Teil des Verkehrs von der Rottstraße statt nach der Freien Reichsstadt Augsburg künftig besser nach seiner Residenzstadt München abzuleiten.
Ein verhältnismäßig primitives Netz von reinen Schotterstraßen verband vom Mittelalter bis in die Neuzeit sämtliche Orte und Weiler in Werdenfels mit den beiden Hauptstraßen Innsbruck – Partenkirchen – Augsburg und Mittenwald – München, die sich nach dem steten Klagen der Fuhrleute ebenfalls in sehr schlechtem Zustand befanden.
Es braucht nicht eigens erwähnt zu werden, daß dieses Wegenetz besonders von der Jahrhundertwende vom 19. zum 20. Jahrhundert an ständig verbessert wurde.
Der Ausbau des alten Karrenweges von Garmisch über Griesen nach Ehrwald–Lermoos als Sträßchen erfolgte in der 2. Hälfte des 19. Jahrhunderts.
Eine wesentliche Veränderung der Verkehrsverhältnisse brachte 1889 die Fortführung der Eisenbahnlinie München–Murnau nach Garmisch. Ihr folgte 1912/13 der Bau der sogenannten „Mittenwaldbahn“ von Innsbruck nach Reutte über Garmisch. Der Eisenbahnanschluß 1889 ist aus verschiedenen Gründen von großer Bedeutung für Werdenfels geworden; erstens weil von diesem Zeitpunkt an Ziegeltransporte aus den Ziegeleien bei München durch den billigeren Eisenbahntransport nach Werdenfels kamen, wodurch die bisherige Bruchsteinmauerei allmählich durch das Bauen mit Ziegeln abgelöst wurde; zum anderen brachte der Bahnanschluß Frischmilch, Molkereierzeugnisse, Mehl und andere Lebensmittel von der Ebene herein und leitete damit die Auflösung von Zwerglandwirtschaftsbetrieben zunächst in den Hauptorten ein. Der wesentlichste Faktor des Bahnanschlusses ist endlich, daß mit der Möglichkeit, Garmisch mit dem Zug zu erreichen, der Zustrom der Gäste in viel stärkerem Maß einsetzte als vorher, solange die Fremden noch die mühsame Fahrt mit den Stellwägen von München, dann vom Bahnende Weilheim, später von Murnau nach Garmisch-Partenkirchen auf sich nehmen mußten.
Nach dem 2. Weltkrieg ergaben sich große Verkehrsprobleme durch den stetig wachsenden Personen- und Lastwagenverkehr auf den zubringenden Bundesstraßen, vor allem durch den sportlichen Wochenendverkehr aus der Millionenstadt München und ihrer Umgebung.
Durch die Errichtung des Autobahnteilstückes von München bis Eschenlohe ab 1972 wurde teilweise Abhilfe geschaffen; die dringend notwendige Weiterführung der Autobahn bis Garmisch-Partenkirchen befindet sich z. Zt. erst im Zustand der Planung.

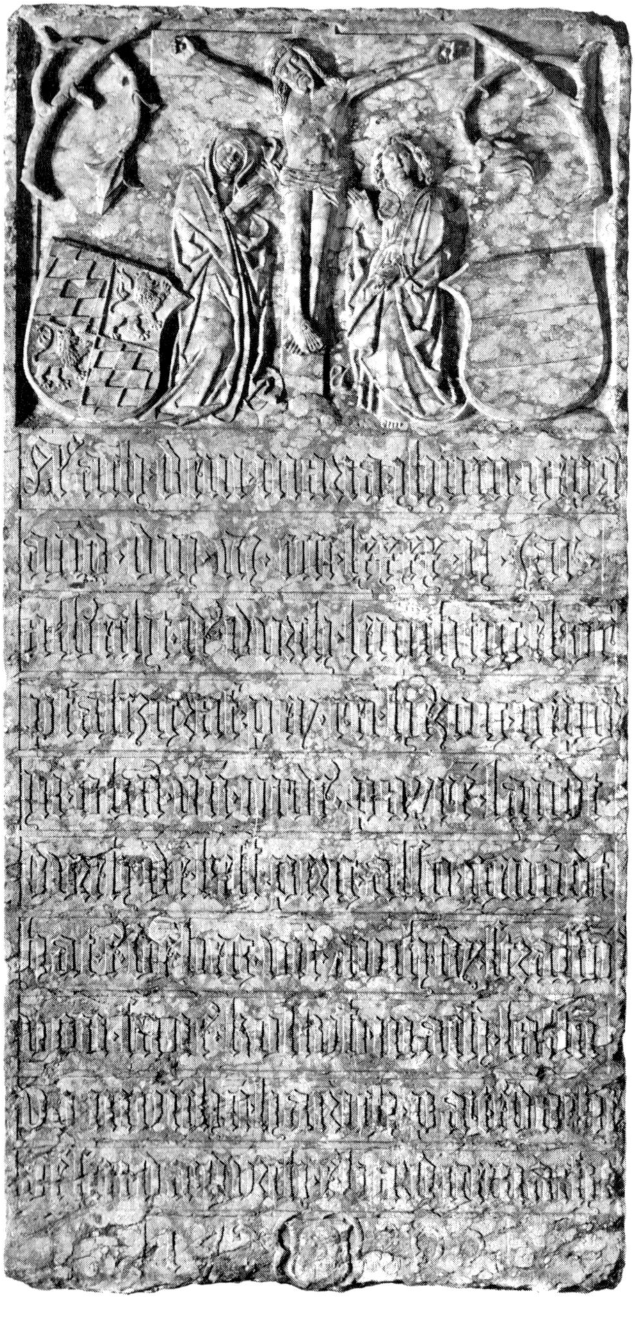

Gedenkstein

am Beginn der Kesselberg-Straße bei Kochel
Rotmarmor, 2,28 x 1,09 m
Aufgestellt durch
Herzog Albrecht IV. von Bayern
zur Eröffnung der neu ausgebauten
Kesselbergstraße im Jahre 1492.

Inschrift:

„Nachdem maria jesum gepar / anno domini MCCCCLXXXXII Iar / albrecht der durchleuchtig erkorn / pfaltzgraf pey rein herzog geporn / in obern und nider payren landt / durch den keslperg also genandt / hat er den beg und auch dy strassen / von seiner kostumb machen lassen / von munichen hainrich part erdacht / den sin dardurch er bard gemacht“. –

ERWERBSMÖGLICHKEITEN DER BEVÖLKERUNG IN VERGANGENHEIT UND GEGENWART

Wie aus dem Diagramm über die Bevölkerungsbewegung im Gebiet der ehemaligen Grafschaft Werdenfels (nach S. 64) zu ersehen ist, hielt sich der Zuwachs etwa bis kurz vor der Jahrhundertwende (1980) in normalen Grenzen. 1624 hatte Werdenfels 4810, 1890 in demselben Bereich 7050 Einwohner, d. h. die eingesessene Bevölkerung blieb im wesentlichen unter sich.

Erst der Anschluß von Garmisch an das bayerische Eisenbahnnetz im Jahre 1889 leitete die stürmische Aufwärtsentwicklung der Bevölkerungsbewegung ein, wie sie das Diagramm zeigt.

Bis zum Eisenbahnanschluß ging das Leben der Bevölkerung seinen durch Jahrhunderte gewohnten Gang, der sich auch durch den Übergang von Werdenfels an die Krone Bayerns im Jahre 1803 nicht geändert hatte.

Auch in der soziologischen Schichtung der Bevölkerung wandelte sich bis dahin nichts. Eine dünne bürgerliche Schicht von Geistlichkeit, von Verlegern für den Geigenbau in Mittenwald, von Beamten, einigen Ärzten, einem Apotheker und einer adligen Familie, welche 1815 die ehemals bischöfliche „Schwaigwang" bei Garmisch gekauft hatte, fiel gegenüber der übrigen, großenteils in ärmlichen Verhältnissen lebenden Bevölkerung nicht ins Gewicht. Dieser stand für ihren Lebensunterhalt in erster Linie der Ertrag aus der eigenen Landwirtschaft zur Verfügung.

Der Anbau von Roggen, Gerste und Hafer, Buchweizen und später von Kartoffeln lieferte nur bescheidene Erträge. Um ausreichend Brot für die Bevölkerung zu beschaffen, sahen sich die Gemeinden gezwungen, im Unterland vor dem Gebirge Weizen und Roggen anzukaufen.[19]

Das Getreide wurde in örtlichen Mühlen gemahlen und das Mehl dann den wenigen Bäckern zugeteilt; diese mußten das von ihnen gebackene Brot an die gemeindlichen „Brothäuser" zum dortigen Verkauf abliefern.

Das wenige von der Bevölkerung selbst geerntete Getreide wurde zur Mühle gebracht und dann in den Stubenöfen gebacken.

Es zeugt für den geringen Brotverbrauch, daß es in Werdenfels keine eigentlichen privaten Backöfen gab.

Die Haupternährung bezog die Bevölkerung aus der Viehhaltung in einer fast reinen Grünlandwirtschaft. Milchsuppen, Käsnocken, Schmarren u. a. herrschten in der eintönigen Ernährung vor. Der Genuß von Fleisch war bis in die Neuzeit äußerst gering.

Die Sömmerung des gesamten Viehs aller Art (Pferde, Rinder, Schafe, Geißen) auf den Weideflächen der Almen und Heimweiden, welche alle im Staatsbereich waren

und sind erfolgt im Gegensatz zu Altbayern gemeinschaftlich und ist für die Altanwesen, welche vor 1803 bestanden, kostenfrei. Nicht berechtigte Anwesen können seit 1803 gegen eine Gebühr mit austreiben.
Geälpt werden z. Zt. nur noch Pferde, Jungvieh, Ochsen auf sogenannten Galtalmen, Schafe und Geißen auf eigenen Almen. 7 Kuhalpen sind auf Staatsbesitz weideberechtigt. Private Alpen gibt es in Werdenfels nicht. Von den 7 Alpen wird nur noch eine, in welcher die tirolische Gemeinde Lermoos berechtigt ist, mit Kühen bestoßen. Auf die übrigen 6 Alpen wird nur noch Galtvieh aufgetrieben.
In die an die Feldfluren angrenzenden sogenannten Heimweiden werden nur Milchkühe ausgetrieben. Die Kühe kommen früh aus dem Stall und kehren abends dorthin zurück, wo sie dann gemolken werden. Der Austrieb auf Almen und Heimweiden erfolgt stets gemeinsam durch die einzelnen Genossenschaften (bis um die Jahrhundertwende durch die Gemeinden).

Alm (Kreuzalpe)

„Sennhütte bei Partenkirchen", Lithographie (HM) um 1840 (Ausschnitt)
Unverputzter Mauerwerksbau mit schwerem Legschindeldach und überdachtem Vorplatz.

Alm am Eibsee

Bleistiftzeichnung von Lorenz Quaglio, 1831

Verputzter Mauerwerksbau mit überdachtem Vorplatz mit Backofen und Laufbrunnen.

Alm bei Hammersbach

Aquarell über Bleistift von Lorenz Quaglio, 1830
„Die Alpe Hammersbach auf dem Waxenstein“.
Typische Hochalm aus Fundsteinen mit Legschindeldach.

Hammersbach-Alpe
von August Einsele, 1838
„mit dem Höllthal und der Zugspitze" Alm-Abtrieb.

Die Altanwesen haben außerdem seit 1829 das förmlich zugestandene Recht, aus den Staatswaldungen den für den Neubau und die Unterhaltung der Gebäude, Wiesstädl und Zäune benötigten Nutzholzbedarf, sowie eine bestimmte Menge Brennholz und Streu gegen Selbstaufarbeitung kostenfrei zu beziehen. Dieses Holzrecht war eine große Hilfe für die Anwesen, die keinerlei eigenen Wald besaßen.

Zahl der landwirtschaftlichen Betriebe:
Bei der ersten Volkszählung 1624 wurden in Werdenfels 997 Haushaben = Anwesen gezählt. In der „Montgelas'schen Statistik" von 1810 erhöhte sich ihre Zahl auf 1206, hiervon waren 1008 forstberechtigt.
Bei der Zählung von 1873 geht die Zahl der landwirtschaftlichen Betriebe bereits auf 1056 zurück. Sie verminderte sich nach dem letzten Stand vom 1. 1. 1974 auf 804.

Landwirtschaftlich nutzbare Flächen:
Die landwirtschaftlich nutzbaren Flächen der einzelnen Betriebe können leider nur einer sehr späten Statistik entnommen werden, welche vom Landratsamt Garmisch-Partenkirchen erstmals zum Stand vom 1. 1. 1974 gefertigt wurde.
Nach ihr ergeben sich folgende, interessante Zahlen:

	Zahl der	Betriebsgröße in ha				
Gemeinde	Betriebe	0,01–2	2–5	5–10	10–20	über 20
Farchant	59	18	14	16	8	3
Garmisch-P.	291	148	91	42	7	3
Grainau	74	42	14	11	7	–
Wamberg	25	–	5	3	13	4
Mittenwald	240	82	101	36	14	7
Krün	60	22	13	9	11	5
Wallgau	55	20	13	9	11	2
Sa.:	804	332	251	126	71	24
in %:	100	41	31	16	9	3

Weitaus die größte Zahl der Betriebe hat eine Flächengröße von 0,01 – 2,0 ha, umfaßt also Zwerg- und Kleinbetriebe; die Zahl der flächenmäßig größeren Landwirtschaften weisen nach oben eine ständig sinkende Tendenz auf. Die Zahl der Vollexistenzbetriebe beträgt nur noch 24. Da alle Betriebe unter 20 ha keinen vollen Lebensunterhalt liefern, war der Großteil der Bevölkerung auf *Zusatzverdienst* angewiesen.

Viehbestände:
Aus den Viehzählungsergebnissen, welche über einen Zeitraum von 100 Jahren 1873 - 1973 vorliegen, zeigt sich, daß die Viehbestände seit 1873 bis Mitte der 90er Jahre des vorigen Jahrhunderts nur leicht abnahmen.
Erst seit der Viehzählung von 1892 setzte eine fühlbare Verminderung der Viehzahlen bis zur Gegenwart ein.
Am stärksten sank die Zahl der *Rinder* insgesamt von 4967 auf 2393, im besonderen dabei die der *Kühe* von 2547 auf 1280. Die Schuld an der starken Verminderung ist vor allem in dem 1889 erfolgten Bahnanschluß zu suchen, welcher die Anlieferung von Milch und Milchprodukten aus dem Alpenvorland und ihren Verkauf in Werdenfels ermöglichte. Bis zum Bahnanschluß mußte jedes Anwesen Selbstversorger sein, der Verkauf überschüssiger Milch war bei dem geringen Bestand an Milchkühen (im großen Durchschnitt je Betrieb 1873 2,3 St.) und der Größe der Familien kaum möglich.
Die *Ochsen* fielen fast ganz der zunehmenden Verbreitung von Traktoren seit dem Ende des 2. Weltkrieges zum Opfer, der Bestand verminderte sich von 544 im Jahre 1892 auf 36 im Jahr 1973.
Die Wiedervermehrung des *Pferde*-Bestandes (252 im Jahre 1892), der nach anfänglichem Absinken auf 146 Stück seit 1962 wieder einen Stand von 177 im Jahr 1973 erreichte, ist einerseits auf die Errichtung eines Gestüts in Mittenwald, andererseits auf eine Vermehrung von Fuhrwerken für Personenfahrten von Gästen zurückzuführen.
Der Bestand der *Geißen* sank von 427 Stück im Jahr 1873 auf 40 Stück im Jahr 1973 ab.
Lediglich der Bestand von *Schafen* von 2062 im Jahr 1883 nahm nach einem Absinken bis auf 1473 im Jahr 1962 rapid zu und erreichte eine Höhe von 3287 Stück im Jahr 1973. Die Ursachen für die Vermehrung des Schafbestandes sind vielfacher Art. Einer der wesentlichsten Gründe liegt darin, daß durch den Rückgang des Großviehs viel Winterheu zur Verfügung steht und andererseits die Haltung von Schafen bedeutend weniger Wartung erfordert als von Großvieh.
Wie bereits ausgeführt wurde, war der größte Teil der Bevölkerung von Werdenfels auf einen *Zusatzverdienst* angewiesen, nachdem die kärgliche Landwirtschaft für den Lebensunterhalt nicht ausreichte.
Dieser bot sich in der Vergangenheit in bescheidenem Maße durch Herstellung und Verkauf von Schindeln, Gewinnung von Gips, Kreide und Kalk, ihre Abfüllung in selbst hergestellte Fässer, den Verkauf und die Verfrachtung auf dem Wasserweg.
Die Flößerei auf Loisach und Isar brachte ihren in Zünften von Mittenwald und Garmisch zusammengeschlossenen Flößern durch Holzbeförderung, Personen-

Viehzählung 1873 – 1973

Jahr	Gemeinde							
	Farchant	Garmisch	Grainau	Wamberg	Mittenw.	Krün	Wallgau	Sa.
				Pferde				
1873	24	112	4	9	46	19	21	235
1952	38	93	19	8	37	29	18	242
1973	5	48	15	3	*75	19	12	177
* Eröffnung eines Gestütes						Abnahme in %:		26,49
				Rinder insgesamt				
1873	457	2122	655	406	832	340	359	5176
1952	411	947	343	292	692	428	362	3485
1973	338	534	202	238	504	262	315	2393
						Abnahme in %:		31,33
				Kühe				
1873	200	1114	222	144	439	153	146	2418
1952	228	561	162	113	411	214	167	1856
1973	171	317	114	111	308	116	153	1290
						Abnahme in %:		31,03
				Zugochsen				
1873	47	215	62	69	58	37	56	544
1952	14	84	40	48	30	38	44	298
1973	–	–	–	–	–	–	–	–
						Abnahme in %:		100
				Schafe				
1873	93	938	345	257	313	57	23	2026
1952	145	701	265	184	436	71	100	1902
1973	336	1050	220	187	732	654	108	3287
						Zunahme in %:		72,82

Zuwachs der Bevölkerung
im Gebiet der ehem. Grafschaft Werdenfels
von 1810 bis 1975

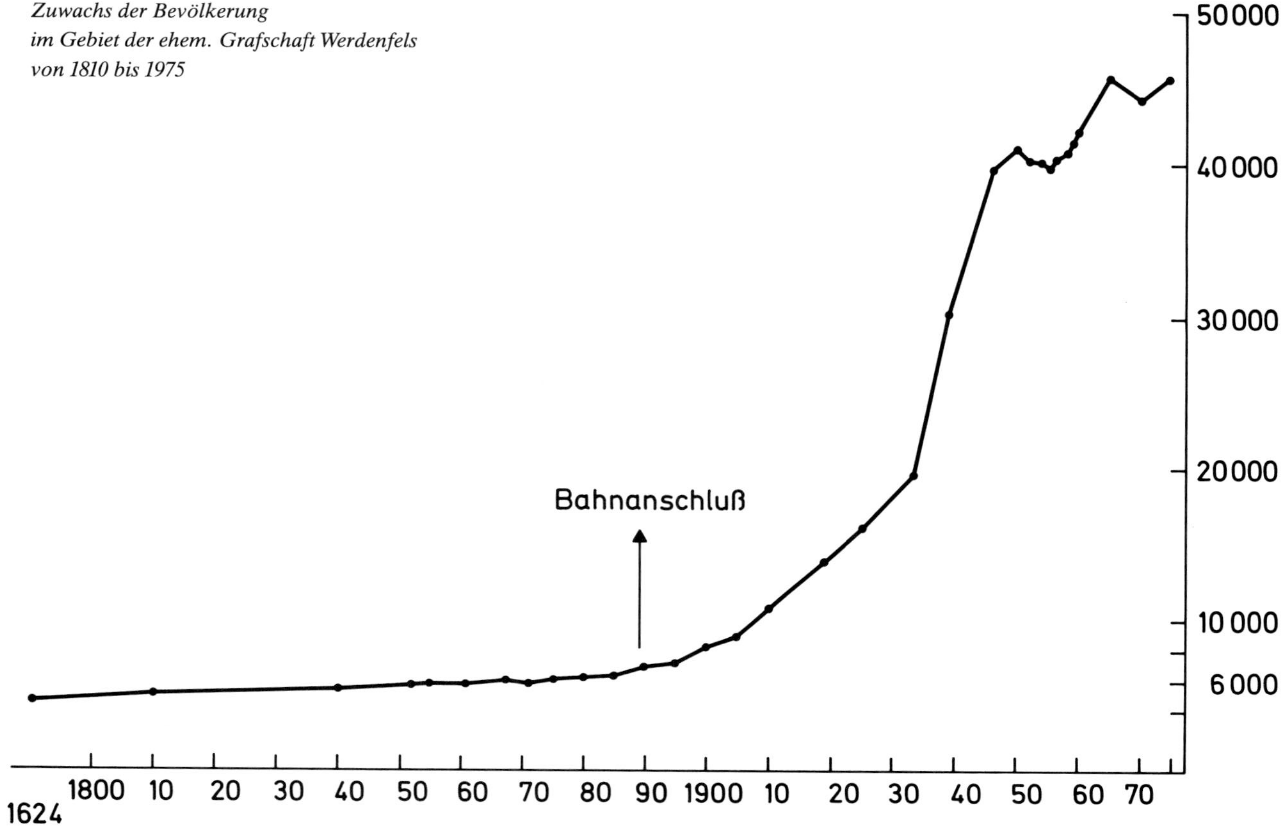

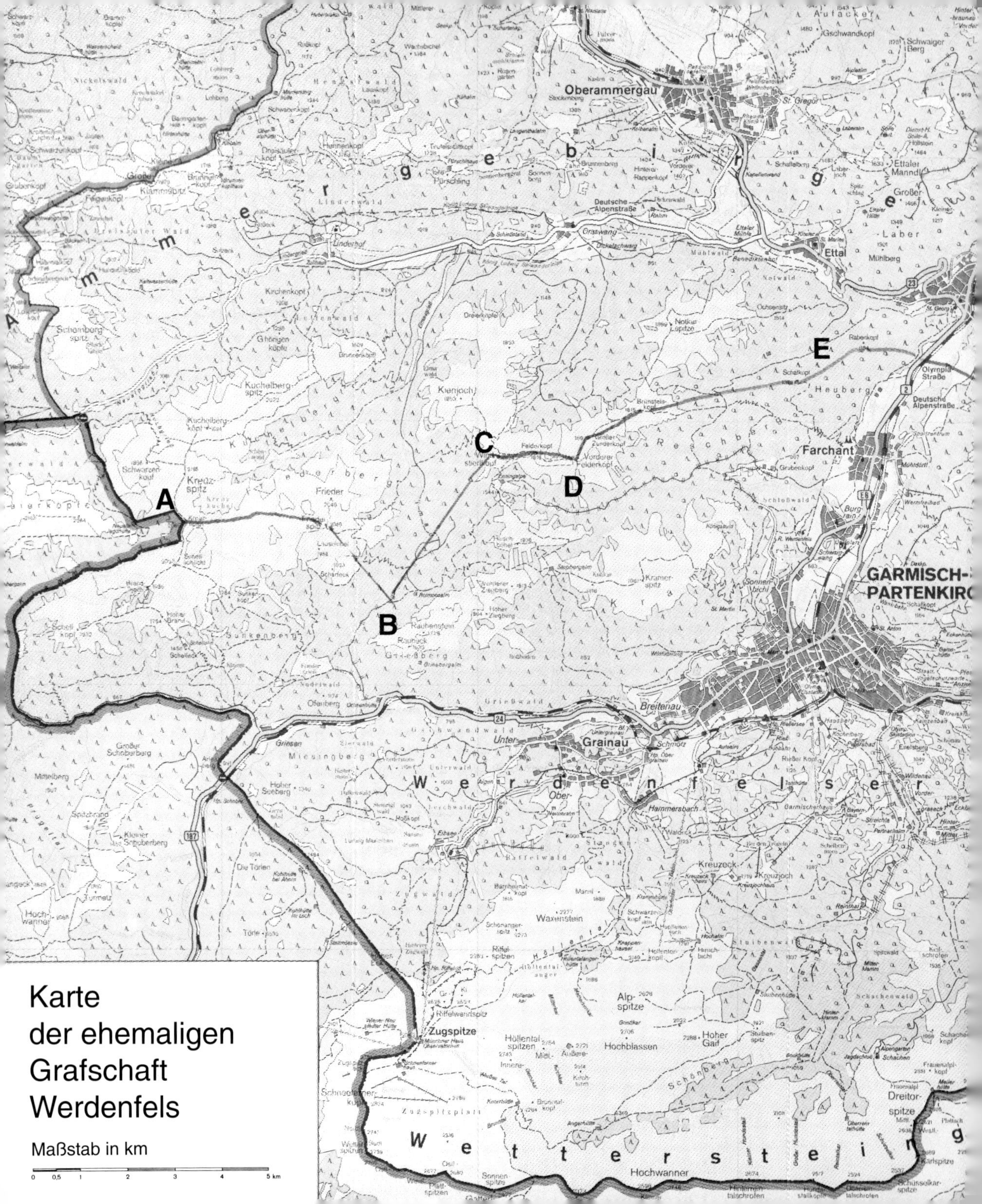

Karte der ehemaligen Grafschaft Werdenfels

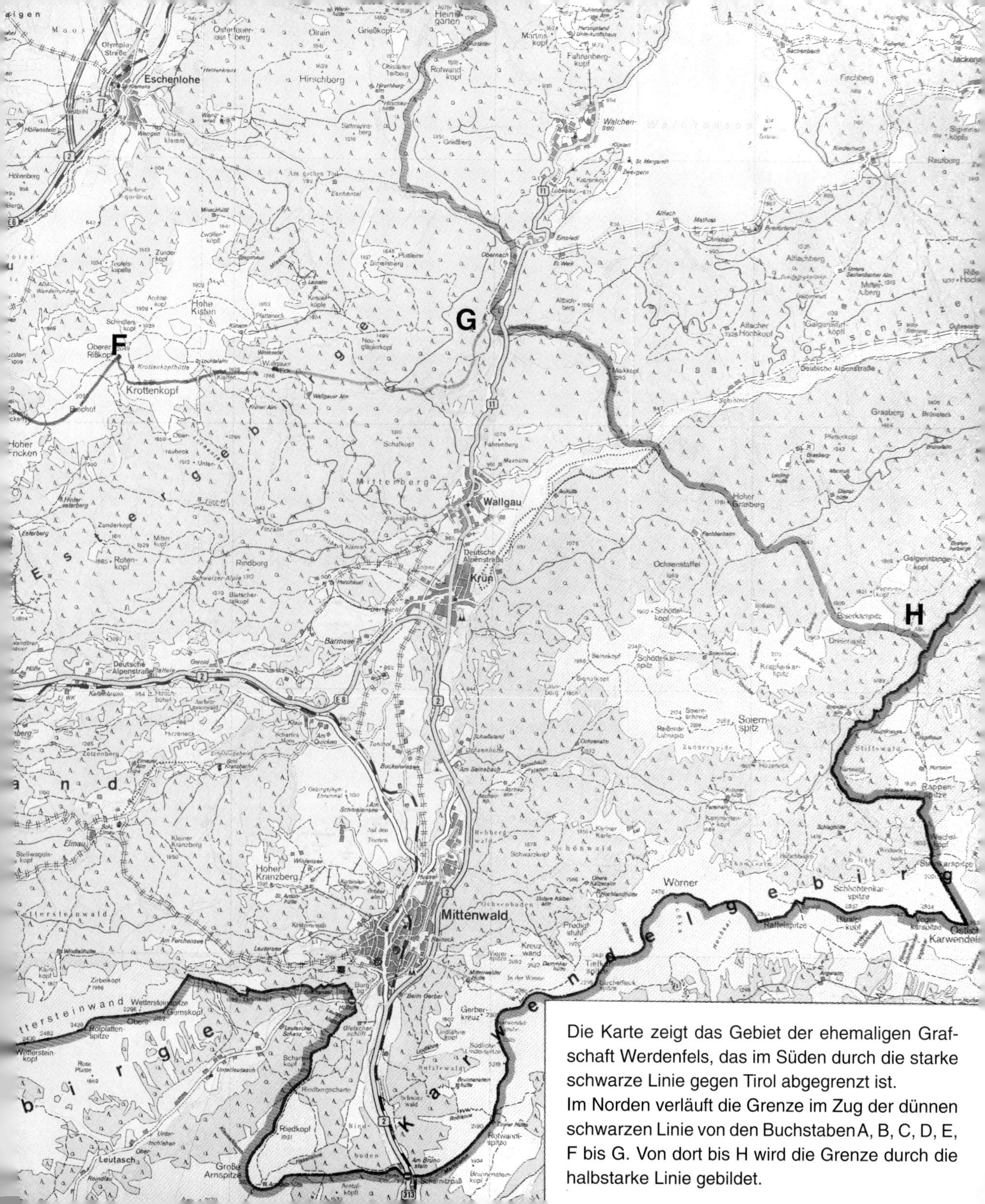

Die Karte zeigt das Gebiet der ehemaligen Grafschaft Werdenfels, das im Süden durch die starke schwarze Linie gegen Tirol abgegrenzt ist.
Im Norden verläuft die Grenze im Zug der dünnen schwarzen Linie von den Buchstaben A, B, C, D, E, F bis G. Von dort bis H wird die Grenze durch die halbstarke Linie gebildet.

Partenkirchen
3 alte Häuser (Lagerhäuser mit großen Kellern) in der Ballengasse, im Hintergrund der eingerüstete Kirchturm der Pfarrkirche Mariae Himmelfahrt (Foto 1871)

und Warentransport einen auskömmlichen Verdienst. Doch der Personenkreis dieses Gewerbes war nicht groß. Seit dem Ende des 1. Weltkrieges gibt es in Werdenfels keine Flößerei mehr.
Ein Zusatzverdienst auf breiterer Grundlage bot sich nur in Mittenwald, beginnend im 17. Jahrhundert, durch den Geigenbau in Heimarbeit. Der Vertrieb der Geigen, die um 1800 schon fast ins ganze Abendland gingen, übernahmen einige wenige „Verleger", die dadurch in eine behäbige Bürgerlichkeit hineinwuchsen.
Gering waren die Zahlen der Gewerbebetriebe, die ausreichenden Verdienst boten. Es gab nur wenige Wagner, Schäffler, Huf- und Wagenschmiede, einige Weiß- und Rotgerber sowie Tuchfärber. Außerdem waren in Garmisch und Partenkirchen je zwei Mühlen, in Mittenwald drei und in Untergrainau sowie in Krün eine Mühle.
Ausreichenden Verdienst hatten auch die Schreiner (Kistler genannt) und Zimmerleute. Erstere erreichten im Bau von Altären, besonders im Spätbarock und Rokoko hohes künstlerisches Niveau. Die Zimmerleute hatten immer reichlich zu tun durch das Aufsetzen von neuen Dachstühlen, nach den immerwährenden Bränden. Sie bewiesen ihre Kunstfertigkeit besonders bei der Aufstellung von Giebelbundwerken (in Werdenfels „Zierbünde" genannt).
Nicht gering war auch die Zahl der Wirte, die an den durchreisenden Fremden mehr verdienten als an den Eingesessenen.
Aber für die breite Masse der Bevölkerung blieben die engen Verhältnisse ihres Lebensunterhaltes trotz der Zusatzverdienste weiter bestehen.
Daran änderte sich kaum etwas, als von der Mitte des 19. Jahrhunderts ab mit zunehmender Intensivierung des Holzeinschlages im Staatswald Verdienstmöglichkeiten für Holzknechte und Gespannhalter in der Holzbringung geschaffen wurden. Aber diese Arbeit war hart, die Entlohnung gering.
Kein Wunder, daß man in Werdenfels nach schlechten Ernten immer wieder an den Rand von Hungersnöten kam. Nur so ist es zu verstehen, daß sich seit dem 18. Jahrhundert Jahr für Jahr rund 500 Menschen in die Landwirtschaften vor dem Gebirge verdingten oder als Hausierer außer Landes gingen.
In den 30er Jahren des 19. Jahrhunderts setzte zaghaft ein bescheidener Fremdenverkehr ein. Zunächst fanden sich nur einige Kurgäste im Bad Kainzenbad bei Partenkirchen ein, dann kamen ein paar Maler und Studenten nach Werdenfels. In den 50er Jahren wuchs ihre Zahl. Sie fanden Unterkunft zunächst noch in wenigen Gasthäusern. Aber um 1860 konnte man schon private Quartiere bekommen. 1886 zählte Partenkirchen schon über 4000 Übernachtungen/Jahr. Der Hauptaufschwung des Fremdenverkehrs erfolgte aber erst nach dem Bahnanschluß 1889. Die Zahl der Fremden stieg sprunghaft an, z. B. in Partenkirchen 1899 bereits auf 12500.

Inventarisation des Königreiches Bayern
1808 – 1815 (sog. Montgelas-Statistik)

Früherer Gerichtsbezirk:	Zahl der Familien	Sa.	Einwohner	Sa.
Garmisch				
Farchant	74		263	
Garmisch	286		1268	
Riess	1		7	
Eibsee	2		14	
Hammersbach	4		25	
Obergrainau	23		116	
Untergrainau	22		114	
Schmölz	1		8	
		413		1815
Partenkirchen				
Partenkirchen	245		1006	
Grasegg	7		48	
Gschwand	1		10	
Götl	2		17	
Kaltenbrunn	2		11	
Esterberg	1		3	
Raintal	1		5	
Schlattan	3		17	
Wamberg	9		46	
		271		1163
Mittenwald				
Mittenwald	440		1696	
Elmau	3		8	
Gerold	3		25	
Klais	2		17	
Lautersee	2		9	
Barmsee	3		18	
Krün	27		155	
Wallgau	42		216	
insgesamt:	1206	522	5122	2144

Es entstanden noch in den 90er Jahren die ersten „Sommervillen“ und Hotels. Die Zahl der Fremden stieg ständig in außerordentlichem Maße an. In der Sommer- und Wintersaison 1970/71 überschritt sie im Gebiet der ehemaligen Grafschaft weit die 3-Millionen-Grenze.
Der Fremdenverkehr ist zur Hauptkomponente des Wirtschaftslebens in Werdenfels geworden. Mit seinem Anwachsen setzte ein vermehrter Zuzug von Leuten ein, die am Fremdenverkehr verdienen wollten und auch reichlich verdienen.
Die Zuzügler eröffneten immer mehr Hotels, Pensionen und Läden aller Art. Sie stellten das Hauptkontingent im Dienstleistungsgewerbe.
Die Errichtung von Garnisonen in Garmisch und Mittenwald kurz vor dem 2. Weltkrieg, der Zustrom der Flüchtlinge nach dem Krieg führte zu einer außerordentlichen Bevölkerungsvermehrung. Die alteingesessene Einwohnerschaft wurde in den Märkten Garmisch-Partenkirchen und Mittenwald in die Minderzahl gedrängt.
Durch den Fremdenverkehr kam die Einwohnerschaft – Alteingesessene wie Zugewanderte in gleicher Weise – zu Wohlstand. Der gute Verdienst im Fremdenverkehrsgewerbe, müheloser als die Arbeit in der Landwirtschaft und im Forst, war für die Alteingesessenen ein großer Anreiz, ihre landwirtschaftlichen Betriebe, besonders die mit geringeren Flächengrößen, welche zudem finanziell unergiebig waren, nach und nach aufzugeben.

Sensenschmiede bei Garmisch
Zeichnung von Robert Kummer, 1835 (Ausschnitt)

Die *Bautätigkeit* nahm besonders in der Zeit nach dem 2. Weltkrieg sehr stark zu. 1948 betrug die Zahl der Gebäude im Gebiet von Altwerdenfels 7308, im Zeitraum von 1949 bis 1970 wurden weitere 7677 neugebaut, ihre Zahl also mehr als verdoppelt.

Die *Industrie* ist in Werdenfels unbedeutend. Sie beschränkt sich auf wenige Betriebe von mittlerer Größe, davon besonders drei für Plastikherstellung. Sie beschäftigen nach Angaben des Arbeitsamtes ca. 1100 Menschen beiderlei Geschlechts, die als eigener Arbeiterstand kaum in Erscheinung treten.
Nach den Zahlenangaben der letzten Erhebung des Landratsamtes über die Erwerbstätigen am 27. Mai 1970 waren, ausgeschieden für das Gebiet der ehemaligen Grafschaft, beschäftigt:

in der Land- und Forstwirtschaft nur noch	582 Personen,	
im Produktionsgewerbe (Energie- und Wasserversorgung, verarbeitende Gewerbe, Industrie, Baugewerbe)	4728 Personen,	hiervon im Baugewerbe 1688 Personen
im Handel und Verkehr	4323 Personen,	
in sonstigen Bereichen	11312 Personen,	hiervon allein im Dienstleistungsgewerbe für den Fremdenverkehr 6760 Personen, = 32% aller Erwerbstätigen.
Sa:	20945 Personen	

Seit dem Anwachsen des Fremdenverkehrs hat sich also – beginnend etwa um die Jahrhundertwende – die soziologische (Infra-) Struktur der Bevölkerung von Werdenfels völlig verändert.
Fast ein Drittel der Gesamtbevölkerung ist im Fremdenverkehrsgewerbe beschäftigt. Indirekt arbeiten auch die Baufirmen, Handwerksbetriebe und der Handel zum Großteil für den Fremdenverkehr und sind damit von ihm abhängig. Der Fremdenverkehr bringt in guten Zeiten gute Verdienste, ist aber stark krisenanfällig. Das krisenfestere Fundament der Landwirtschaft schwindet bedauerlicherweise mehr und mehr. Der fortschreitende Verstädterungsprozeß von Werdenfels ist nicht mehr aufzuhalten und wirft für die Zukunft neue schwerwiegende Probleme mannigfacher Art auf.

DIE BÄUERLICHEN WOHN- UND WIRTSCHAFTSGEBÄUDE

METHODIK DER ERFASSUNG

Für die Erfassung des gegenwärtigen Bestandes an bäuerlichen Anwesen erwiesen sich als wertvolle Grundlage die vom Bayer. Landesamt für Denkmalpflege als Vorarbeit für das Denkmalschutzgesetz im Jahre 1972 angelegten Denkmallisten.
In diese Listen sind neben Baudenkmälern anderer Art (Kirchen, Schlösser, Burgen und dergleichen) *sämtliche* sonstige kultur- und kunsthistorische Gebäude aufgenommen. Darunter fallen auch *alle* altartigen Bauernanwesen.
Der Bestand an bäuerlichen Objekten umfaßte in Werdenfels nach den Listen 1972 322 Anwesen und 13 Getreidekästen. Nach dem Bestand zum 1. 1. 1977 ist er bereits auf 290 Anwesen vermindert.
Dazu kommen noch zusätzlich 13 Bauernhöfe, welche seit den 30er Jahren dieses Jahrhunderts aus betrieblichen Gründen aus den Ortskernen in die Feldfluren verlegt und neugebaut wurden. Diese Höfe sind im Wirtschaftsteil nach den Grundsätzen weitgehender Mechanisierung der Arbeitsvorgänge eingerichtet, ihre Wohnteile nach modernen Gesichtspunkten ausgestattet.
Trotzdem ist bei ihnen sowohl in den äußeren Erscheinungsformen (Einhof mit Satteldach, Vordach und Zierbund), wie auch in ihrer inneren Einteilung, eine aus konservativem Sinn erwachsene Kontinuität überkommener Bauformen festzustellen. Auf ihre Typen wird noch später einzugehen sein.
Für weitgehend umgebaute Anwesen mußten die sogenannten Forstrechtsparticulare der staatl. Forstämter Garmisch-Partenkirchen und Mittenwald herangezogen werden. Diese Particulare, gefertigt in den 70er Jahren des 19. Jahrhunderts, enthalten die Maße und genauen Baubeschreibungen – leider keine Pläne – aller forstberechtigten Anwesen, welche vor der Säkularisation 1803 bestanden.
Diese bilden den Großteil aller Altanwesen.
Endlich lieferten Bauanträge auf Umbau von Altanwesen mit ihren Altbestandsaufnahmen aus den Akten des Landratsamtes und der Marktgemeinde Garmisch-Partenkirchen gute Hinweise für die Hausforschung.
Die Aktenbestände der Staatsarchive erwiesen sich dagegen für diese Feststellungen als wenig ergiebig, weil vor 1818 in Bayern der Bau bäuerlicher Anwesen an keine Pläne und deren Genehmigung gebunden war.

In Partenkirchen

Lithographie nach Carl Heinzmann, 1821

Im Hintergrund links die Alpspitze und das Zugspitzmassiv, der Dorfbrunnen auf dem Floriansplatz dient eifrigen Wäscherinnen und als Viehtränke

DIE BAUERNHÖFE

TYPISIERUNG

Seit der endgültigen Seßhaftwerdung der germanischen Stammesverbände nach der Völkerwanderung haben sich bei den Bauernhöfen und Bauernhäusern Erscheinungsformen der äußeren und inneren Gestaltung entwickelt, welche als typisch für ein begrenztes örtliches Gebiet anzusprechen sind.

Zur Typisierung im Einzelnen ist es notwendig, Hof und Haus begrifflich auseinanderzuhalten.

Der Hof, das Gehöft, ist die Gesamtheit der an einer Stelle beisammenstehender, zum Wohnen und Wirtschaftsbetrieb nötigen Gebäude eines Bauern.

Das Bauernhaus dagegen ist nur das Gebäude oder der Gebäudeteil des Hofes, in welchem der Bauer, seine Familie und das Gesinde wohnt.

Hoftypen sind Gattungsformen von Bauernhöfen mit gemeinsamen Merkmalen, deren Entwicklung letztlich bei allen Wandlungsmöglichkeiten im einzelnen, kontinuierlich das Konzept der Grundform bewahrt.

In steter lebendiger Weiterentwicklung wurden die Erscheinungsformen der Typen durch verschiedene Einflüsse geprägt.

Obenan standen die Naturkräfte, unter die sich der Mensch beugen mußte, sollte seine Behausung bestehen bleiben. Es war vor allem das örtliche Klima mit seinen Niederschlagsmengen in Form von Regen und Schnee, es war weiter die örtliche Geländeausformung, welche den Menschen bestimmte, seine Behausung an einem sorgfältig ausgewählten Platz, frei von Überschwemmungen und Vermurungen, zu erbauen. Für seine menschliche Sphäre waren vordringlich die Ansprüche, die er an das Wohnen seiner Familie stellte. Daneben mußte er berücksichtigen, wieviel Raum er für seinen landwirtschaftlichen Betrieb benötigte.

Alle vorgenannten Gesichtspunkte mußten sich endlich in Werdenfels nach dem zur Verfügung stehenden Baugrund richten. Dieser war besonders entlang der alten Rottstraße in Mittenwald und Partenkirchen äußerst knapp und zwang immer wieder zu verschiedenen Variationen des Nebeneinander oder der Verschmelzung von Wohn- und Wirtschaftsteilen.

Aber auch in Garmisch, das nicht an der Rottstraße lag, wurde der Baugrund knapp, die im 16. Jahrhundert noch vereinzelt stehenden Häuser füllten sich durch zwischengebaute Anwesen zu langen Häuserzeilen auf.

Endlich war es der wachsende Raumbedarf für das Wohnen einer vermehrten Bevölkerung besonders im 18. Jahrhundert, der Häuser entstehen ließ, in denen unter einem Dach zwei und mehr Familien wohnen konnten.

Die in Werdenfels noch vorhandenen altartigen Bauernhöfe zeugen in ihren schönen Erscheinungsformen, geschmückt mit kunstvollem Bundwerk, mit Fresken von künstlerischem Wert bemalt, von handwerklicher Kunstfertigkeit und -freudigkeit der bäuerlichen Welt. Diese Welt begnügte sich also nicht mit nüchternen Zweckbauten, sondern offenbarte ein hohes Maß von künstlerischer Gestaltung ihrer Höfe.
Viele der Einzelelemente des Außenschmuckes der Höfe (Zierbünde und Fresken) sind heute noch so lebenskräftig, daß sie auch in Neubauten moderner Bauernhöfe mit übernommen werden und auch in nicht bäuerliche Bauten ausstrahlen.

links:
Wamberg
Ortskern mit der um 1720 erbauten St. Anna-Kirche, gilt mit 996 m als höchstgelegenes Dorf Oberbayerns

oben:
Mittenwald
Häusergruppe am Jaisweg westlich der Kirche mit Blick auf Karwendelgebirge

Wallgau

Schöttlkarstraße 2

Haus mit reichem Zierbund im Giebelfeld und originalen bleiverglasten Fenstern im 1. Obergeschoß.

oben:
Partenkirchen
Eines der sog. Italiener-Häuser in der Schnitzschulstraße, Mittertenn-Hof, Mauerwerk bis unters Dach.

unten:
Ortsbrunnen in der Badgasse.

Haufenhof

Paarhof

Einhof

BAULICHE HOFTYPENENTWICKLUNG

Die *Hoftypenentwicklung* ging vom *Haufenhof* aus, der zur Zeit der Seßhaftwerdung der Alemannen und Bajuwaren entstand. Aus ihm bildete sich durch Zusammenbau verschiedener Gebäude der *Paarhof* mit getrennten Wohn- und Wirtschaftsteilen heraus.
Durch die Verschmelzung beider Gebäude zu einem unter einem gemeinsamen Dach entwickelte sich der *Einhof*.

Der Haufenhof

Er bestand, wie wir aus der Lex Bajuvariorum (entstanden ca. 560 n. Chr.) erfahren, aus einer Anhäufung von Einzelbauten, welche den verschiedenen Zwecken eines bäuerlichen Betriebes dienen mußten. Um das Wohnhaus herum gruppierten sich anfänglich Scheune (scuria), Schupfen (scof), Getreidekasten (parch), Badhaus (balnearium), Küche (coquina), große und kleine Mieten (miti). Ställe sind nicht erwähnt. Sie kamen erst später hinzu. Der Haufenhof konnte in ebenem oder geneigtem Gelände entstehen.

Der Paarhof

Die nächste Entwicklungsstufe der Paarhof, genannt nach dem paarweisen Verbund von Wohn- und Wirtschaftsgebäude, stellt sich als eine Hofform dar, welche vorzugsweise für Grünlandwirtschaft und Viehzucht geeignet ist. Er hat bereits den wirtschaftlichen Vorteil, daß die Betriebswege, welche im Haufenhof einen größeren Zeitaufwand erforderten, auf einen vom Wohnhaus zum Wirtschaftsgebäude reduziert wurden. Man trifft ihn vor allem in Hanglagen, die wenig Platz für zusammenhängende größere Bauten bieten, doch kommt er in Werdenfels auch in ebenem Gelände vor.

Der Einhof

Die Merkmale des Einhofs bestehen darin, daß der Wohn- und Wirtschaftsteil unter einem Dachstuhl und unter einem Dach mit gleicher Firsthöhe ein Ganzes bildet. Man bezeichnet ihn als secundären Typ, weil er nicht ursprünglich als Einhof in Erscheinung trat wie in Niederdeutschland, sondern erst dazu durch Zusammenbau von Wohn- und Wirtschaftsteil wurde.
Der Einhof hat zweifellos gegenüber dem Paarhof gewichtige Vorteile betrieblicher Art, weil er die vom Wetter unabhängige Verbindung von Wohnteil und Wirtschaftsgebäude ermöglicht.

GESCHICHTLICHE ENTWICKLUNG DER HOFTYPEN
Ihre Verbreitung in Werdenfels

VORBEMERKUNG
Eine geschichtliche Betrachtung von Haus und Hof in Werdenfels, die sich zur Aufgabe gesetzt hat, die entwicklungsgeschichtliche Vergangenheit der derzeit noch bestehenden Bauernhöfe und – für sich betrachtet – ihrer Wohnteile (Bauernhäuser) und Wirtschaftsgebäude zu erforschen, kann nur von der Zeitschwelle beginnen, in welcher die Vorfahren der derzeit als einheimisch anzusprechenden Bevölkerung seßhaft wurden. Die geschichtlichen Daten der Seßhaftwerdung stehen nicht genau fest. Sie werden angenommen mit der Mitte des 5. Jahrhunderts nach Christi Geburt für die Alemannen und der 1. Hälfte des 6. Jahrhunderts für die Bayern.
Aus früher Zeit bis ins Mittelalter sind uns, mit Ausnahme einiger Pfostenlöcher, die von dem 763 n. Chr. gegründeten Kloster Scharnitz bei Klais stammen, in Werdenfels keine Relikte menschlicher Siedlungen mit Sicherheit bekannt geworden. Die einzigen Zeugnisse, die wir aus der Siedlungszeit besitzen, sind literarischer Art. Es sind die Stammesgesetze der Alemannen (entstanden 470 n. Chr.) und der Bayern (von der Mitte des 6. Jahhunderts), welche beide in ihrem Text das Bestehen bereits wohlgeordneter Verhältnisse in Seßhaftigkeit erkennen lassen.

DER HAUFENHOF
Die älteste Hofform, wie sie schon in den Stammesgesetzen der Bayern und Alemannen beschrieben wird, ist der *Haufenhof*. Die ganze Anlage entspricht in ihrer Form dem Stil einer Erstsiedlung. Die Häufung einzelner Bauten und ihr Aufbau zeugen von primitivem, technischem Können der Erbauer.
So wie dieses wuchs und den Bau größerer Gebäude ermöglichte, ist es erklärbar, daß die Zahl der Baulichkeiten weniger wurde. Es lag z. B. nahe, den Viehstall und die Scheune unter einem Dach zu vereinigen.
Diese älteste Hofform der Hausform ist in Werdenfels nicht mehr vertreten.
In Werdenfels sind gegenwärtig nur noch die zwei Hoftypen des Paar- und Einhofes anzutreffen.

DER PAARHOF
In diesem Typ sind die verschiedenen Betriebsgebäude des Haufenhofes in *ein* Wirtschaftsgebäude zusammengezogen. (Im Alpenbereich „Futterhaus“ genannt; das Wohnhaus heißt hier „Feuerhaus“ wegen des Herdfeuers, das in ihm brennt.)
Der *Paarhof* konnte erst dann entstehen, nachdem die durch Vervollkommnung

der Werkzeuge zunehmende bäuerliche Fertigkeit der Materialbearbeitung die Erbauung größerer Gebäude ermöglicht hatte. Baustoffe waren in Werdenfels bis zum Ausgang des Mittelalters zum überwiegenden Teil das Holz von Fichte, Tanne und Lärche, zum anderen Bruchsteine oder Bachkiesel, in Werdenfels „Bachkugeln" genannt, für das Mauerwerk und die Gewölbe in der Rauchküche, in der Speisekammer und im Keller. Da wir von einem Gewerbe der „Zimmerer" in Altbayern schon im ausgehenden 12. Jahrhundert hören, dürfen wir annehmen, daß auch in Werdenfels die bäuerliche Zimmerei schon in dieser Zeit einen höheren Stand erreicht hatte, welche die Aufführung größerer Gebäude ermöglichte.
Dieser Hoftyp des Paarhofes ist außer in Werdenfels im Berchtesgadener Land und im außerbayerischen Alpenraum noch heute verbreitet.
In Werdenfels gibt es z. Zt. nur noch wenige Gehöfte, welche diesem Typ angehören. Früher scheint ihre Zahl größer gewesen zu sein, wie aus bildlichen Darstellungen zu schließen ist.
2 Paarhöfe befinden sich in der Gemeinde Wamberg, in Hintergraseck (Haus Nr. 227 und 228). Die beiden sind in den Wohnteilen zusammengebaut. Die Wirtschaftsgebäude stehen getrennt.
Vier Höfe in Mittenwalds Obermarkt lassen noch heute den Typ von ehemaligen Paarhöfen erkennen.

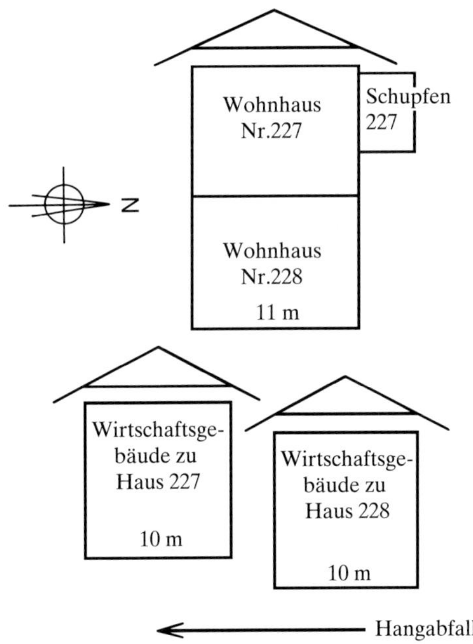

Paarhöfe in Hintergraseck

Auf einem steilen, nach Süden abfallenden Gelände liegen die Gebäude parallel zum Hang in folgender Anordnung: Die zusammengebauten Wohnhäuser entstanden in der heutigen Form 1848/49 in Massiv-Bruchsteinmauerwerk anstelle von ursprünglich reinen Holzblockbauten. Die Höfe wurden an ihrem jetzigen Platz erstmals um 1647 erbaut.

Graseck bei Partenkirchen
Paarhof Haus Nr. 227 und 228
Anonyme Bleistiftzeichnung, 1867
(Ausschnitt)

Pfarrhof in Garmisch

Der Pfarrhof neben der alten St. Martins-Kirche in Garmisch zeigt noch heute die charakteristischen Merkmale eines Paarhofes. Das Wohnhaus ist durch einen geräumigen Hof vom Wirtschaftsgebäude getrennt. Diesen Bestand zeigt die Zeichnung von August Einsele aus dem Jahre 1855 und nebenstehende Lageskizze.

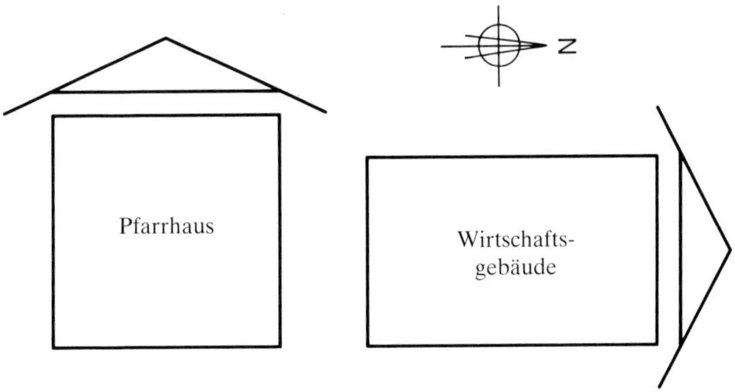

Paarhöfe in Mittenwald

Im Obermarkt zu Mittenwald hat sich in seinem ältesten nördlichen Teil – und zwar in der westlichen Seite – in den Häusern Nr. 2, 8/10/12/14/16, 24, 26/28/30/32 ein Hoftyp erhalten, der als Paarhof anzusprechen ist. Die Wohnhäuser aus dem Mittelalter (15. Jahrhundert) stammend, bis zum Dachstuhl aus Bruchsteinmauerwerk erstellt, liegen Wand an Wand teils giebel- teils traufseitig aufgereiht an der Straße (alte Rottstraße). Nach rückwärts hatten sie alle geräumige Höfe, an die sich die ehemaligen Wirtschaftsgebäude anschlossen; wenngleich diese in jüngster Vergangenheit weitgehend umgebaut wurden, so ist doch die ursprüngliche Konzeption als Paarhöfe noch erkennbar.

Weitere Paarhöfe sind nicht mehr feststellbar. Ihr früheres, häufiges Vorkommen wird dokumentiert durch alte Abbildungen.

Eckbauer über Garmisch

Ehemaliger alter Bauernhof (Paarhof). Nach dem Ersten Weltkrieg im Besitz der Marktgemeinde. Umgestaltung zum Ausflugslokal.

DER EINHOF

Alle anderen Bauernhöfe in Werdenfels zeigen den Typ des „secundären" *Einhofes*. Diese Einhöfe entstanden durch den Zusammenbau des Wohn- und Wirtschaftsgebäudes des Paarhofes.

Der Einhof tritt in Werdenfels nachweislich bereits am Ende der Spätgotik auf (Anfang des 16. Jahrhunderts). Die frühen Einhöfe sind erkennbar an den gotischen Tor- und Türbögen. Bei insgesamt 3 Einhöfen wurden gotische Spitzbögen festgestellt, nämlich in Mittenwald, Obermarkt 18/20/22 in einem giebelseitigen Mittertennhaus, in Garmisch, Schmiedstraße 6, ein Türbogen im Wohnteil eines traufseitigen Mittertennhauses, und in der Frühlingstraße 29 (erbaut 1524), drei Innentürbögen in einem bis zum Dachstuhl gemauerten Mittelflurhaus.

Die vorgenannten Höfe sind alle zwei- bzw. mehrstöckig und im Erdgeschoß, teilweise auch im Obergeschoß bruchsteingemauert. Beide Merkmale beweisen bereits einen höheren Entwicklungsstand im Hofbau. Als ebenso alt sind jene Hofformen anzusprechen, welche keine Mauern aufweisen, sondern zur Gänze, auch im Obergeschoß, aus vierkantbehauenen Blockbalken bestehen.

Auf eine primitivere Bauweise der Einhöfe deuten zwei noch vorhandene einstökkige Höfe hin, deren Blockbauten teilweise nicht aus vierkant-behauenen Hölzern, sondern aus unbehauenen Stämmen aufgeführt sind.

Auch im Anwesen Farchant, Hauptstraße 9, sind alle Holzwände des Oberstocks mit Rundhölzern aufgeführt.

Farchant
Haus Hauptstraße 9, „Zum Kupferschmied"

Wände im Obergeschoß aus unbehauenen Rundhölzern, hier Eckverband

Entwicklung der Einhoftypen

Die Einhoftypen in Werdenfels sind, wie schon beschrieben, zurückzuführen auf den Zusammenbau von Wirtschaftsgebäuden mit bestimmten Haustypen. Im wesentlichen haben wir es hier mit 3 Haustypen zu tun, mit dem Eckflurhaus, dem Seitenflur- und dem Mittelflurhaus.
Diese Haustypen waren alle, wie noch darzulegen sein wird, bereits im frühen 16. Jahrhundert, also am Ende des Mittelalters voll entwickelt, ebenso die mit ihnen zusammengebauten Wirtschaftsgebäude, wie die noch stehenden Höfe aus dieser Zeit mit ihren spätgotischen Spitzbogentüren beweisen.
Man darf also mit Recht annehmen, daß die Einhofbildung spätestens bis ca. 1530 bereits vollzogen war.
Über diese Haustypen wird später noch eingehend berichtet werden. Hier interessiert zunächst nur die Art und Weise des Zusammenbaus.

Erklärungen zu den Grundrißzeicnungen:

Mauerwerk

Holzwand in Blockbau

Holzriegel mit Verbretterung

Futterluken in der Stallwand

Küchenherd

Stubenofen mit Ofenbank

Kamin

Stiege

gemauertes Gewölbe

Nordpfeil

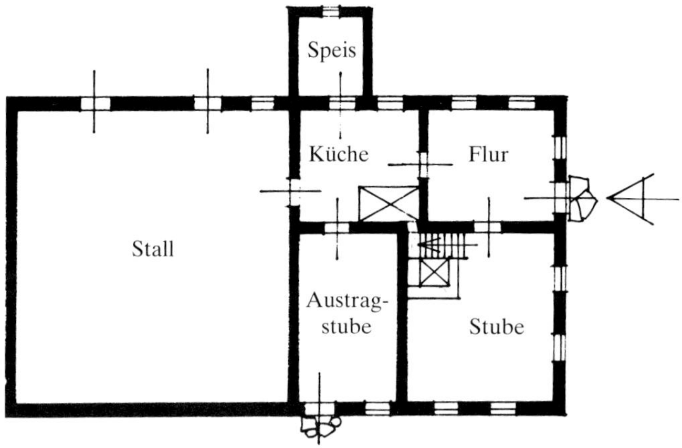

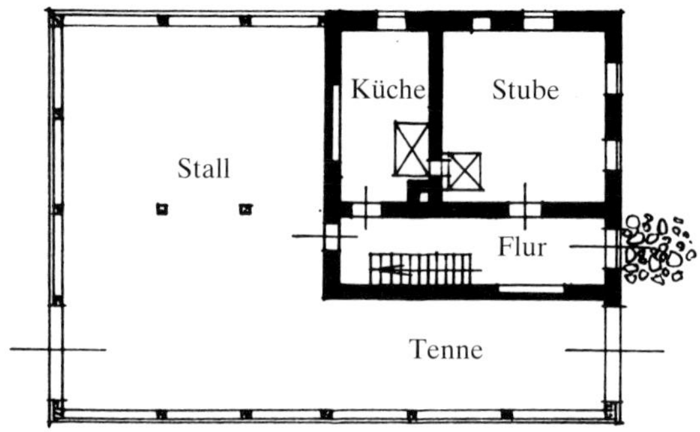

Grundrißtypen
(Erdgeschoß)

oben:
Eckflurhaus (Werdenfelser Land)

mitte:
Seitenflurhaus (Altötting)

unten:
Mittelflurhaus (Chiemgau)

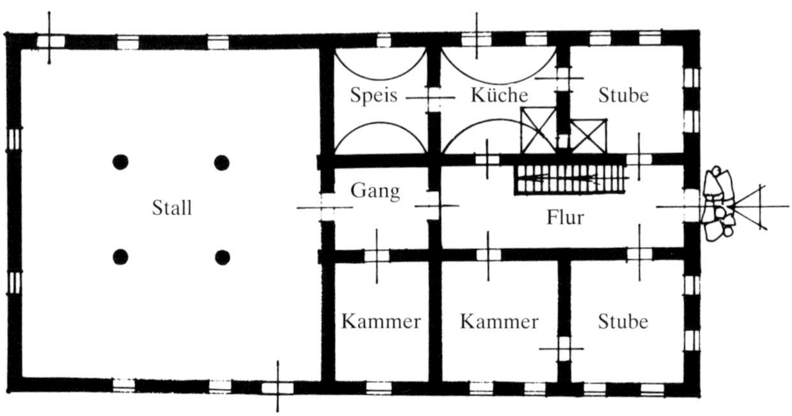

Gotische Gewölbe und Spitzbogentor
oben: Zeichnung von Philipp Foltz (1805 - 1877). Gotisches Gewölbe in Garmisch.
rechts oben: Mittenwald, Obermarkt Nr. 18/20/22
rechts unten: Mittenwald, Obermarkt. Gotisches Gewölbe im Haus Schreyögg.

Delikatessen
Milcherzeugnisse
Hans Pichler
P
Anfang

Einhofbildung mit Eckflurhaus und Wirtschaftsgebäude

Der Einhof mit Eckflurhaus tritt in Werdenfels gegenwärtig nur 7 mal auf. Im Hof der Schmiedstraße 10 (siehe oben) schiebt sich im Erdgeschoß zwischen das Wohnhaus und das Wirtschaftsgebäude durch die ganze Breite des Wirtschaftsteiles ein Hausgang ein, von dem aus das Vieh durch Futterlöcher gefüttert wird. Dieser Hausgang gehört nach dem Grundriß zum Wirtschaftsgebäude, ist also nicht als Seitenflur anzusprechen. Im Obergeschoß des Hofes schließt sich Wohnteil und Wirtschaftsgebäude Wand an Wand zusammen.

Einhof mit Eckflur und Wirtschaftsteil

Garmisch, Schmiedstraße 10, Ansicht von Süden
Grundrisse Erdgeschoß und Obergeschoß

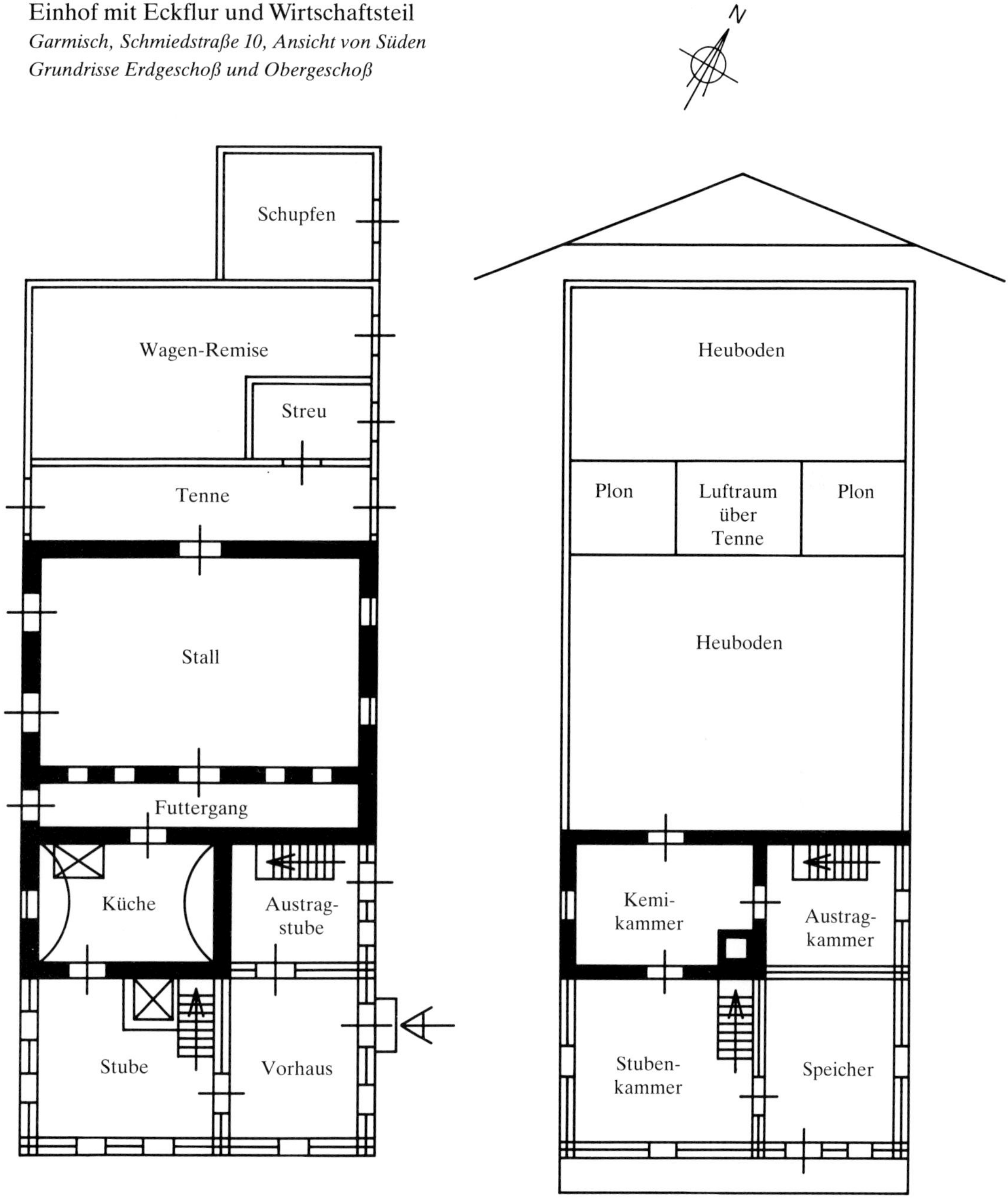

Im Hof in Krün, Wettersteinstraße 1, ist das Wohnhaus und das Wirtschaftsgebäude im Erd- und Obergeschoß ebenfalls Wand an Wand zusammengebaut.

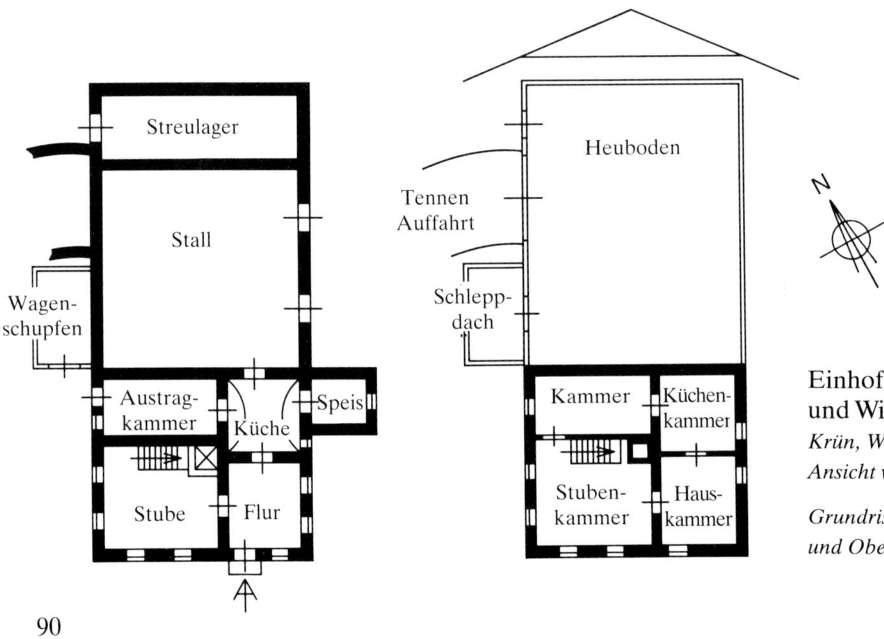

Einhof mit Eckflur und Wirtschaftsteil

Krün, Wettersteinstraße 1, Ansicht von Süden

Grundrisse Erdgeschoß und Obergeschoß

Einhof mit Eckflur
und Wirtschaftsteil

*Wallgau, Haus Nr. 18,
Ansicht von Süden*

*Grundrisse Erdgeschoß
und Obergeschoß*

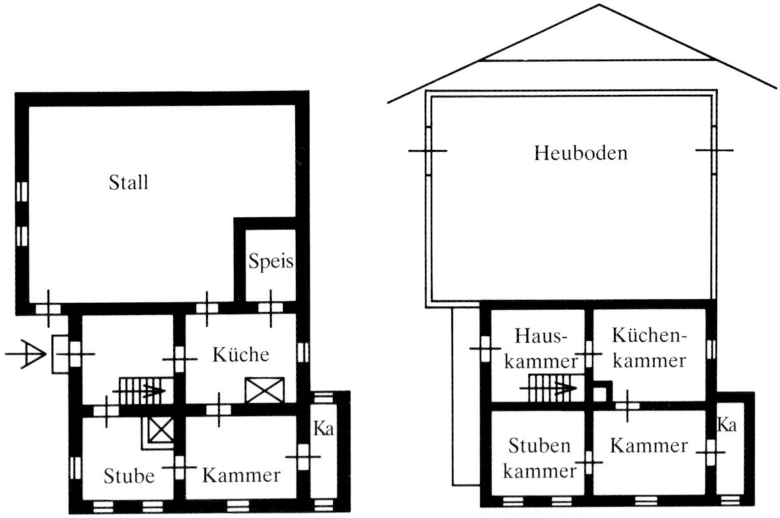

In Wallgau sind 2 Höfe durch Zusammenbau mit Eckflurhäusern entstanden (Haus Nr. 18 und 25). In beiden Anwesen sind die Speisekammern in den Wirtschaftsteil hineingebaut. Wohnhaus und Wirtschaftsgebäude sind bei beiden Anwesen in Erd- und Obergeschoßen wie die anderen Höfe zusammengebaut.

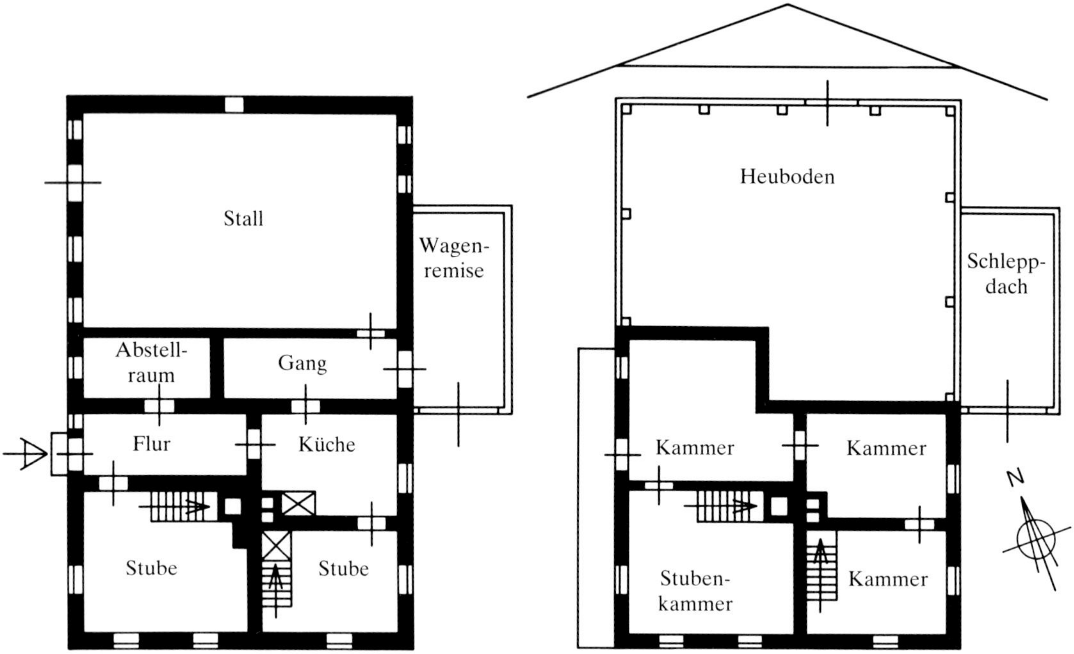

Einhof mit Eckflur
und Wirtschaftsteil

Wallgau, Haus Nr. 25
Schöttlkarstraße 2,
Ansicht von Osten

Grundrisse Erdgeschoß
und Obergeschoß

Einhof mit Eckflur
und Wirtschaftsteil

Farchant, Alpspitzstraße 7,
Ansicht von Südwesten

Grundrisse Erdgeschoß
und Obergeschoß

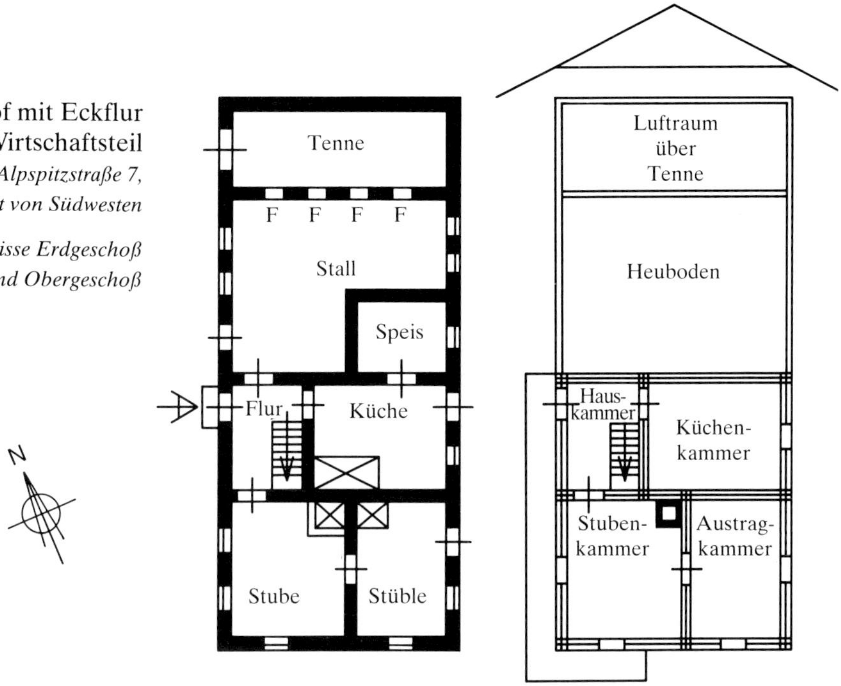

Einhofbildung mit Seitenflurhaus und Wirtschaftsgebäude

Einhöfe, welche durch das Zusammenbauen von Seitenflurhäusern und Wirtschaftsgebäuden entstanden, sind in Werdenfels noch zahlenmäßig stark vertreten. Das Zusammenwachsen erfolgte in verschiedener Weise:

Durch das enge Aneinanderbauen in den Häuserzeilen haben sich in Mittenwald beim Zusammenbau verschiedene Hoftypen herausgebildet. Bei einem dieser Typen, welcher besonders im Untermarkt mehrfach vertreten ist, wurde der Flur mit giebelseitigem Eingang als Tenne ausgebildet, welche das ganze Anwesen an der Seite der Länge durchzieht und eine Durchfahrt ermöglicht. Im Erdgeschoß schließen Wohn- und Wirtschaftsteil Wand an Wand aneinander (Speis zum Stall). Im Obergeschoß greift der Heuboden über die Speis über.

Im Gegensatz zu diesem Typ hat sich in Mittenwald – ebenfalls unter dem Zwang des eng beieinander Bauens und Wohnens – eine Hofform entwickelt, in welcher ein verkürzter Seitenflur mit giebelseitigem Eingang als befahrbarer oder nicht befahrbarer Hausgang nur bis zum Wirtschaftsteil führt, der meistens in der Firstrichtung des Wohnteils unter gleichem Dach angebaut ist.

Vereinzelt schließt der Wirtschaftsteil auch im rechten Winkel an das Wohnhaus an. Häufig befindet sich der meist gewölbte Vorratsraum, als Speis, Keller – auch wenn ebenerdig so bezeichnet – oder Gewölbe benannt, im Wirtschaftsteil.

Ebenso häufig greift der Heuboden weit in das Wohnhaus über und beansprucht dazu öfter noch den Dachboden über dem Wohnstock.

In Farchant trifft man mehrmals auf einen Hoftyp, bei welchem der senkrecht zum First über die ganze Breite des Wohnteils verlaufende Seitenflur mit abschließendem Speisgewölbe an die Tenne des Wirtschaftsgebäudes angebaut ist (Farchant, Hauptstraße 21). Nach dem Grundriß ist dieser Hof als traufseitiger Mittertennhof anzusprechen, weil sich an die Vordertenne der Stall anschließt, trotzdem hinter dem Stall eine Hintertenne mit Streuschupfen folgt; beide sind Altbauten. Das Anwesen ist der Typ eines größeren Bauernhofes, bei dem der Stall solche Ausmaße hat, daß der darüberliegende Heuboden nicht mehr von einer Tenne aus allein beschickt werden kann.

Das Anwesen Alpspitzstraße 5 ist wesentlich kleiner, der an der Tenne anschließende Stall nicht so lang, daß eine 2. Tenne erforderlich wäre. Es stellt den Typ eines ausgesprochenen traufseitigen Mittertennhofes dar, von denen in Farchant mehrere vorhanden sind.

Während in Farchant sonst die Anwesen an der Durchgangsstraße, der alten Rott, giebelseitig zur Straße stehen, aber nicht Haus an Haus gereiht wie in Mittenwald, sondern mit größeren Abständen (2 – 15 m), liegen sie im übrigen Dorf mit Haufendorfcharakter fast durchwegs traufseitig an den Dorfwegen.

Eine eigentümliche Form des Zusammenbaus von Seitenflurhaus und Wirtschaftsgebäude hat sich in Wallgau Haus Nr. 11 erhalten. Das rechtwinklig zum steilen Hang gebaute Anwesen hat einen traufseitigen Eingang zwischen Wohnteil und Wirtschaftsgebäude als verkürzten Seitenflur, der sowohl in Küche und Stube, als auch in den Stall führt. Dieser Seitenflur liegt bereits im Bereich des Wirtschaftsteiles (siehe nächste Seite).

Einhof mit Seitenflur und Wirtschaftsteil
Wallgau, Haus Nr. 11, ∟nsicht von Nordosten

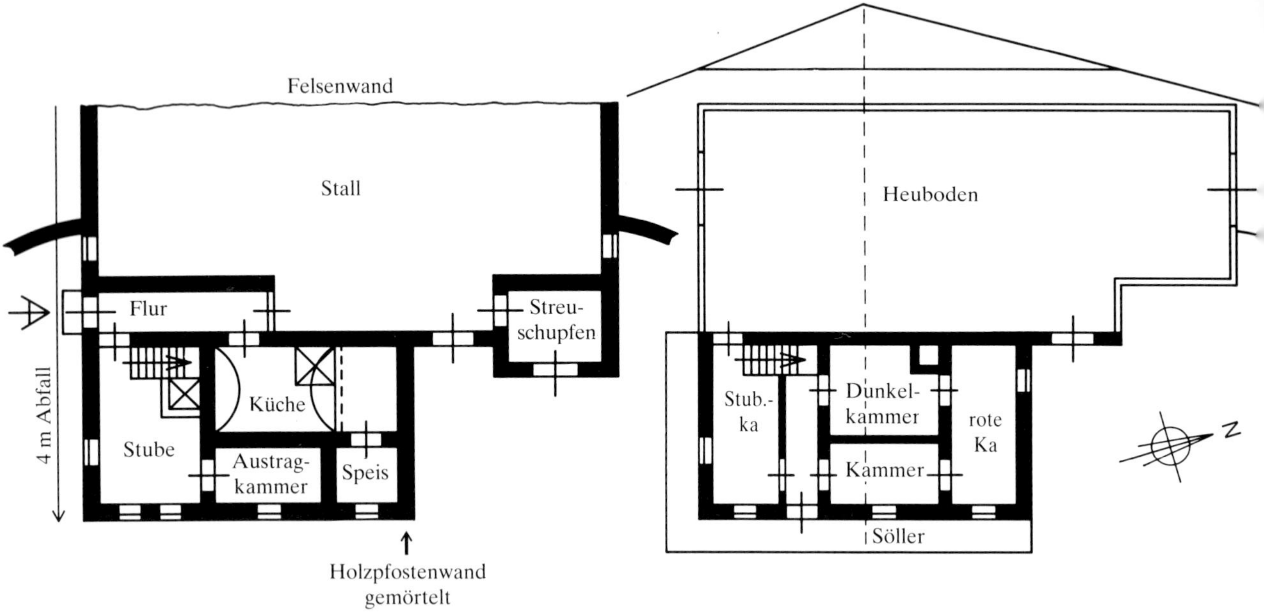

Einhof mit Seitenflur und Wirtschaftsteil

Wallgau, Haus Nr. 11, Ansicht von Südosten

Altbestand: Seitenflur verkürzt, Streuschupfen und Nordteil des Stalles umgebaut.

Grundrisse Erdgeschoß und Obergeschoß

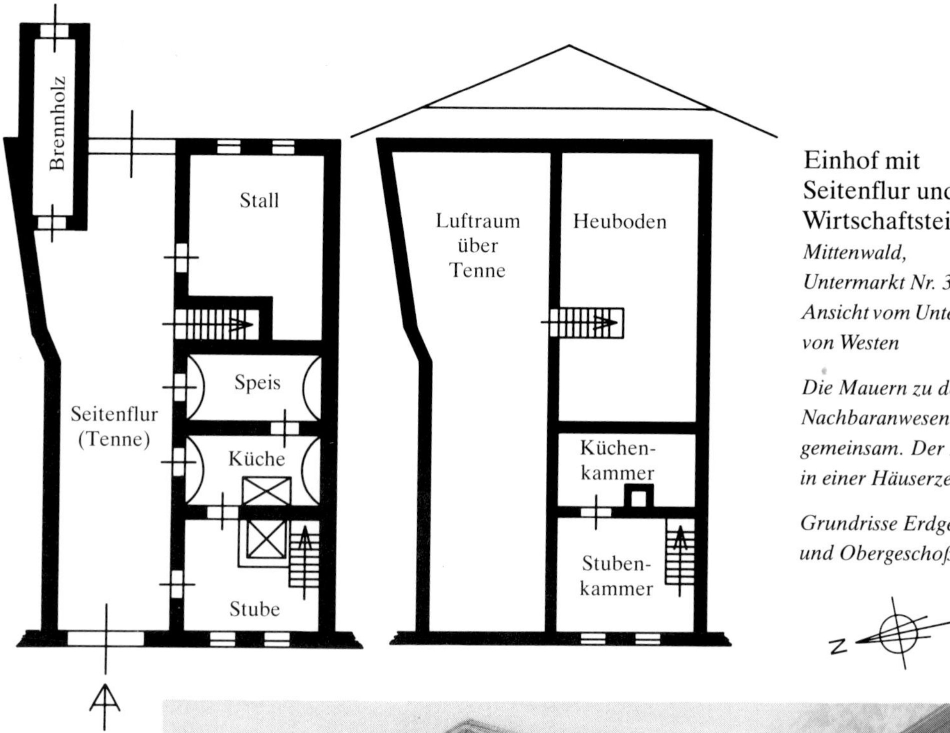

Einhof mit Seitenflur und Wirtschaftsteil

Mittenwald, Untermarkt Nr. 30, Ansicht vom Untermarkt aus, von Westen

Die Mauern zu den Nachbaranwesen sind gemeinsam. Der Hof liegt in einer Häuserzeile.

Grundrisse Erdgeschoß und Obergeschoß

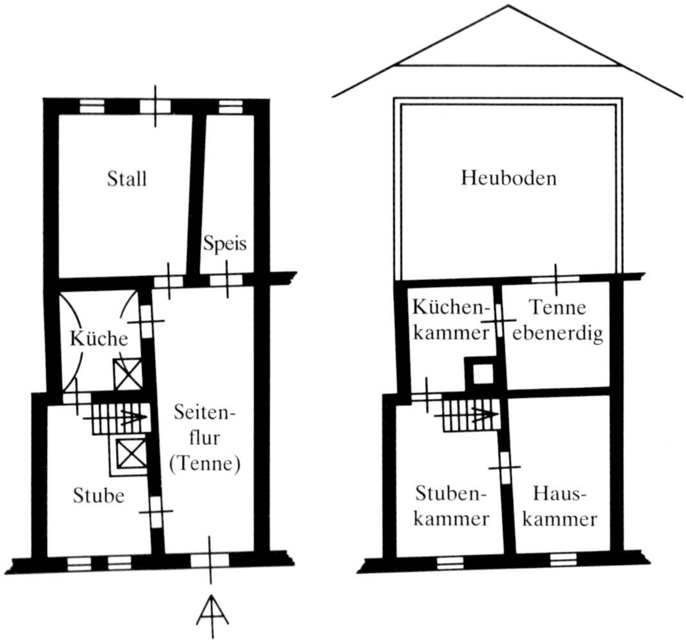

Einhof mit
Seitenflur und
Wirtschaftsteil

Mittenwald,
Im Gries Nr. 53,
Ansicht von Süden

Die Mauern zu den Nachbaranwesen sind gemeinsam. Der Hof liegt in einer Häuserzeile.

Grundrisse Erdgeschoß und 1. Obergeschoß

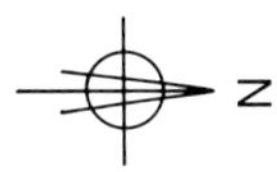

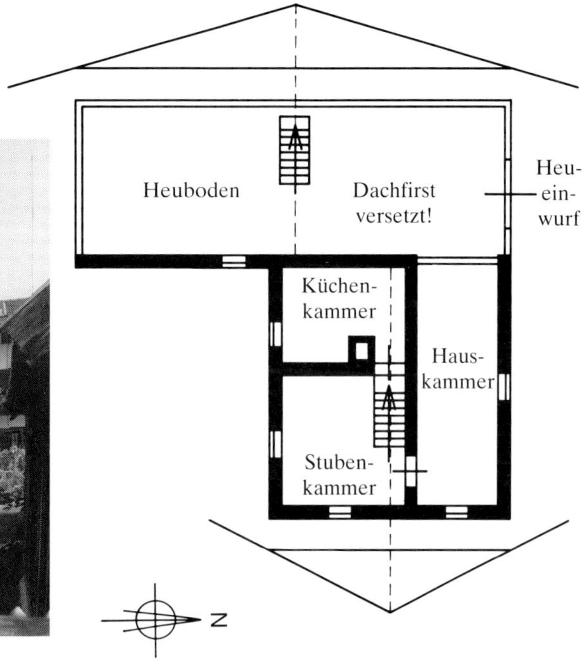

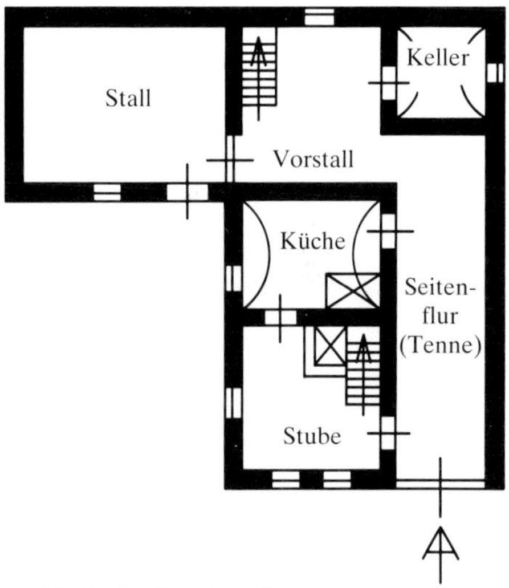

Einhof mit Seitenflur und Wirtschaftsteil

Mittenwald, Jaisweg 13, Ansicht oben von Süden, unten von Osten Grundrisse Erdgeschoß und Obergeschoß

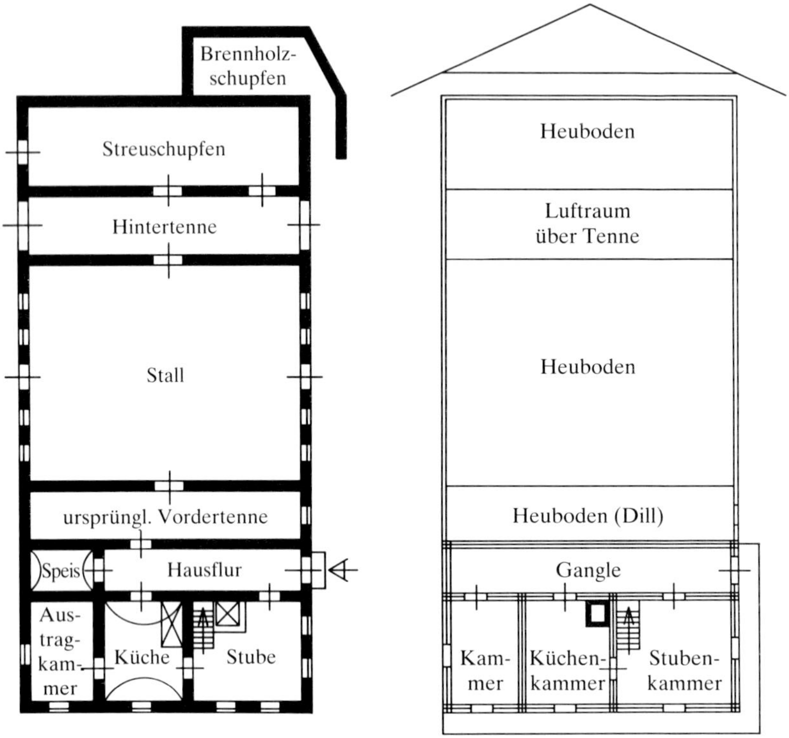

Einhof mit
Seitenflur und
Wirtschaftsteil

Farchant, Hauptstraße 21,
Ansicht des Hofes
von Südwesten

Giebel und Dachstuhl
erneuert

Grundrisse Erdgeschoß
und Obergeschoß

Mittertennhöfe

Weitaus der größte Teil der Bauernhöfe in Werdenfels sind Mittertennhöfe, mit der für diese Höfe typischen Anordnung: Wohnhaus, Tenne, Stall. Sie treten in den Formen des traufseitigen und giebelseitigen Mittertennhofes auf.
(Traufseitiger Mittertennhof siehe nächste Seite.)
(Giebelseitiger Mittertennhof siehe übernächste Seite.)
Ihre Entstehung ist auf den Zusammenbau eines Wohnhauses mit Seitenflur und eines Wirtschaftsgebäudes mit Tenne, Stall und darüberliegendem Heuboden zurückzuführen.
Das Vorhandensein eines Hofraumes = offenen Arbeitsplatzes zwischen Wohn- und Wirtschaftsgebäude ist noch bei einigen Paarhöfen des Mittenwalder Obermarktes nachzuweisen.
Es besteht daher Grund zur Annahme, daß auch die Verbreitung des Seitenflurs zur Tenne durch einen solchen Hof erfolgte, da das Wirtschaftsgebäude nach seinem Grundriß keinen Seitenflur kennt.
In einigen Höfen bleibt der Seitenflur als eigener Gang entweder mit Mauerabgrenzung oder Blockwand, ggf. Verbretterung gegenüber der Tenne erhalten. Diese Abgrenzung findet sich nur in Anwesen, die nachweislich erst im 18. Jahrhundert entstanden bzw. umgebaut wurden, weil man sich im Wohnteil bereits besser gegen Tenne und Heuboden abgrenzen wollte.
Der *traufseitige* Typ des Mittertennhofes ist besonders in Farchant vertreten (9 Anwesen), während der *giebelseitige Mittertennhof* in Garmisch und Mittenwald dominiert.
Daß der Zusammenbau von Wohnhaus und Wirtschaftsgebäude schon sehr früh erfolgte, dafür zeugt der bereits erwähnte spätgotische Spitzbogen eines gemauerten dreifachen Mittertennhofes in Mittenwald, Obermarkt 18/20/22.
Aus dieser Zeit stammt ebenfalls das Anwesen Garmisch, Schmiedgasse 6, ein traufseitiger Mittertennhof mit Spitzbogentüre. Leider fehlen Datierungen an den Häusern aus dieser Zeit. So müssen wir als Entstehungszeit dieser Anwesen die Zeit der späten Gotik von 1500 - 1520 annehmen.

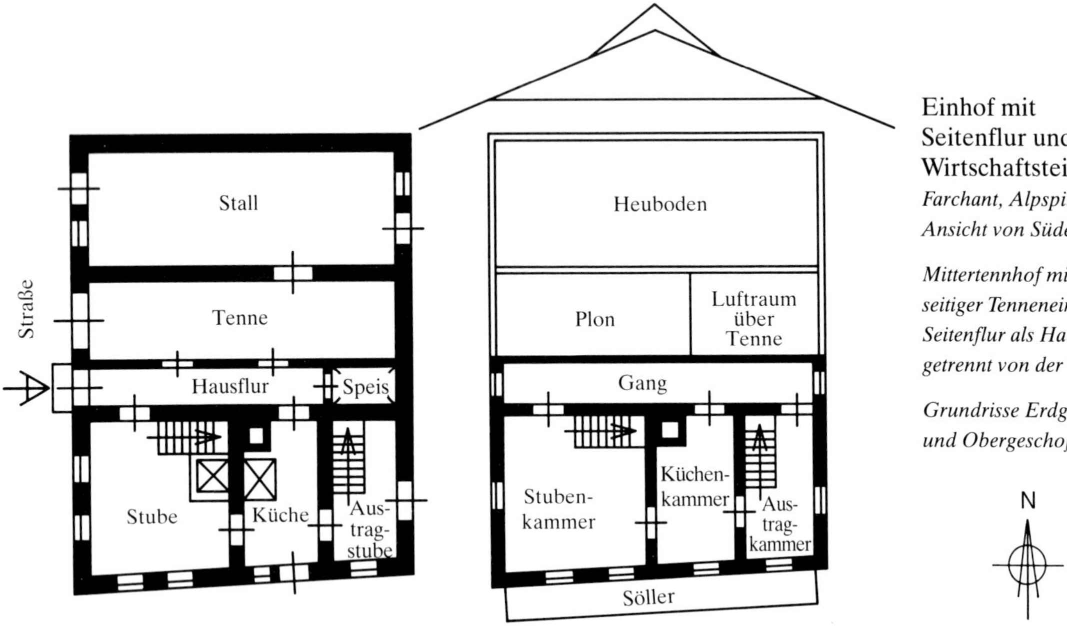

Einhof mit Seitenflur und Wirtschaftsteil

Farchant, Alpspitzstraße 5, Ansicht von Süden

Mittertennhof mit traufseitiger Tenneneinfahrt und Seitenflur als Hauseingang, getrennt von der Tenne

Grundrisse Erdgeschoß und Obergeschoß

Einhof mit Wirtschafts-gebäude

Grainau, Zugspitzstraße 3, „Zum Maurer“

Ansicht des Hofes von Südosten

Mittertennhof mit giebelseitiger Tennen-einfahrt, die zugleich den Hauseingang bildet.

Grundrisse Erdgeschoß und Obergeschoß

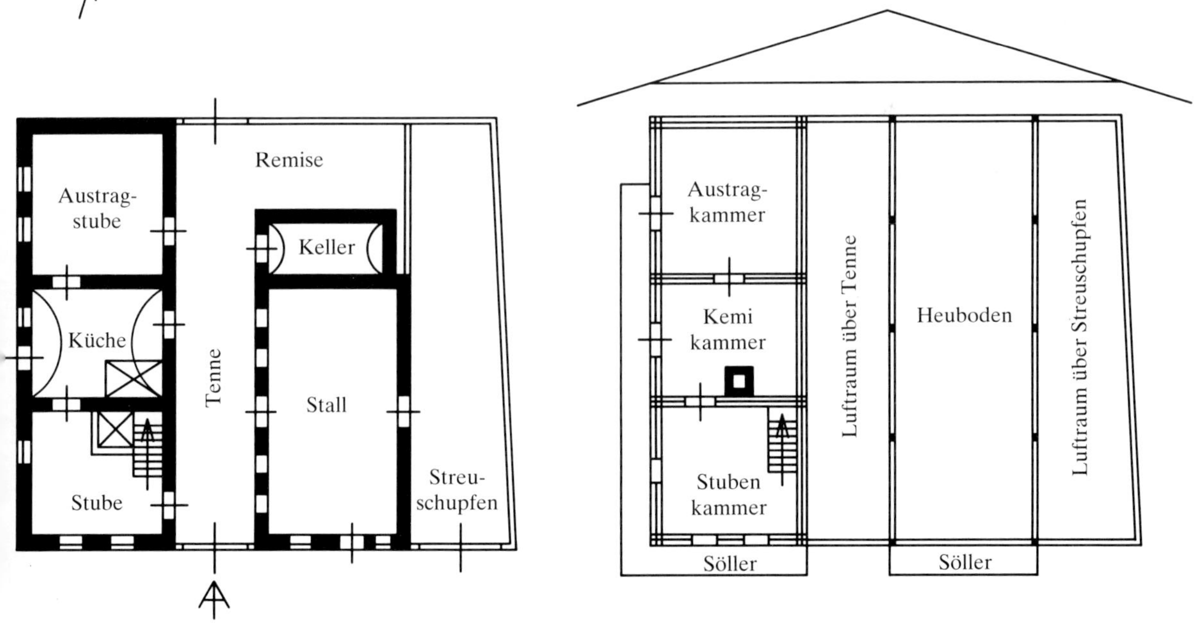

Einhofbildung mit Mittelflurhaus und Wirtschaftsgebäude

Eine größere Zahl von Einhöfen entstand in Werdenfels durch den Zusammenbau von Mittelflurhaus und Wirtschaftsgebäude. Dieser Hoftyp geht, wie das Beispiel des Hofes Garmisch, Frühlingstraße 29, durch seine spitzbögigen Türen im Innern zeigt, ebenfalls in die Zeit der Spätgotik zurück. Das Gehöft wurde nachweislich 1524 (durch Salbucheintrag festgestellt) im Wohnteil einschließlich des Dachbodens in Bruchsteinmauerwerk erbaut. In diesem Hof ist im Grundriß eindeutig der Zusammenbau von Wohnhaus und zunächst einem Wirtschaftsgebäude mit erdgeschossigem Stall und Lagerräumen für Getreide zu erkennen. Später wurde nach der Zweiteilung des Anwesens ein zweiter Wirtschaftsteil an den ersten in der Längsrichtung neu angebaut.

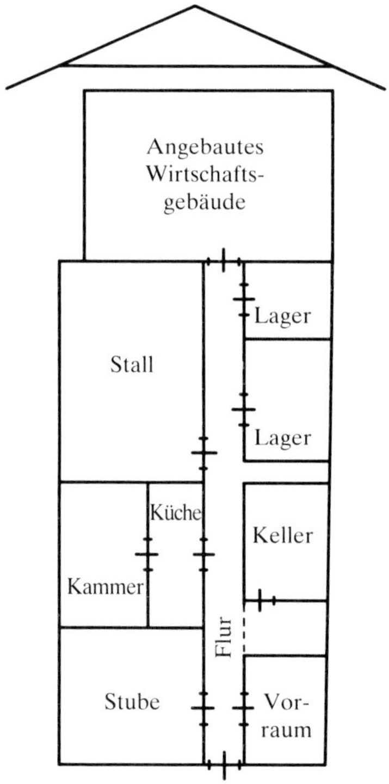

Gotischer Bogen und Türe in Garmisch, Frühlingstraße 29
Schematischer Grundriß

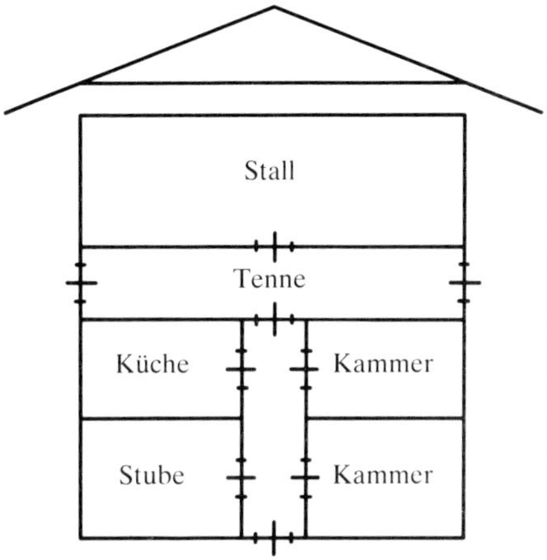

Einhof mit Mittelflurhaus und Wirtschaftsgebäude

Garmisch, Bahnhofstraße 92, „Polzn-Kaspar-Anwesen“
Als für die Zeit der Erbauung sicher datiert durch Inschrift 1595 im Blockbau besitzt das Polzn-Anwesen in Garmisch obigen schematisierten Grundriß. Diesen Grundriß weisen fast sämtliche aus dem Zusammenbau von Mittelflurhaus und Wirtschaftstrakt entstandenen Höfe auf, welche auf Grund sicherer Datierungen (Inschriften in Zierbünden, Tafeln an der Außenwand) großenteils im 17. und 18. Jh. entstanden.

In den Feldfluren seit der Jahrhundertwende neu errichtete Einhöfe haben im Wohnteil durchweg einen Mittelflur, der im Wirtschaftsgebäude zu einem Vorplatz im Stall und dann unmittelbar zu seinem Mittelgang führt. An den Stall schließt sich unter Wahrung alter Tradition die ebenerdige quer zum First verlaufende Tenne an. Die Kontinuität der Volkstümlichkeit, die sich auch in der Beibehaltung der Zierbünde im Vordergiebel der Wohnteile dokumentiert, ist also auch bei Neubauten durchaus gegeben.

Einhofbildung mit Mitterstallhof und Wirtschaftsgebäude

In Farchant hat sich in drei und in Grainau in zwei Anwesen ein Hoftyp erhalten, welcher von Rhamm als *Mitterstallbau* bezeichnet wurde und als solcher in der Fachliteratur eingeführt ist. Beim Mitterstallbau folgen in der Firstrichtung im Erdgeschoß aufeinander Wohnhaus, Stall, Tenne und ggf. Schupfen.
Im Anwesen Farchant, Alpspitzstraße 7, wurde an ein Eckflurhaus ein Wirtschaftsgebäude Wand an Wand angebaut.
Anders bei 2 Anwesen in Grainau–Hammersbach Nr. 6 und 12. Hier erfolgte der Zusammenbau eines ausgesprochenen Seitenflurhauses mit dem Wirtschaftsgebäude in Firstrichtung in der Reihenfolge Wohnhaus, Stall, Tenne, Streuschupfen.

Hammersbach bei Partenkirchen
Zeichnung von Max Schultze, 1879 (Ausschnitt)

DOPPEL- UND DREIFACHANWESEN

Als Folge des in Werdenfels geltenden Grundsatzes der Realteilung bei der Erbfolge sowie einer steten Bevölkerungsvermehrung wurde besonders im 17. und 18. Jahrhundert eine Vielzahl von Höfen geteilt, in einigen Fällen sogar gedrittelt. Nach den forstlichen Hauskatastern, welche den Stand der Höfe im Jahre 1803, dem Jahr des Übergangs von Werdenfels an das Kurfürstentum Bayern, wiedergeben, standen im Eigentum:

in	1. Besitzer	2. Besitzer	3. Besitzer	Sa. Anwesen
Farchant	67, 91,8%	6, 8,2%	–	73
Garmisch	187, 82,7%	38, 17,2%	1, 0,1%	226
Grainau	48, 85,7%	8, 14,3%	–	56
Partenkirchen	202, 91,8%	18, 8,2%	–	220
Wamberg	23, 95,8%	1, 4,2%	–	24
Mittenwald	214, 75,6%	62, 21,9%	7, 2,5%	283
Krün	25	–	–	25
Wallgau	33	–	–	33
Sa:	799, 84,9%	133, 14,2%	8, 0,9%	940, 100%

Die Zahl der geteilten Höfe ist zahlenmäßig und prozentual gemessen an der Gesamtzahl in Mittenwald mit 24,4% am höchsten. Garmisch erreicht 17,3%, Partenkirchen nur 8,2%.

Die geringere Zahl von Doppelanwesen in Partenkirchen gegenüber Garmisch und Mittenwald erklärt sich daraus, daß Partenkirchen hauptsächlich von Gewerbetreibenden bewohnt war, wie aus den vielen Hausnamen zu ersehen ist, die nach dem Gewerbe ihrer Besitzer benannt waren.

Partenkirchen war wohlhabender als Garmisch und Mittenwald, hatte daher auch bessere Wohnverhältnisse als die beiden anderen Orte.

Krün und Wallgau hatten 1803 keine geteilten Höfe. Erst später wurde ein Hof in Krün (Mittenwalder Straße Nr. 18) geteilt, inzwischen aber wieder in einer Hand vereinigt. Die beiden Gemeinden tendieren bevölkerungsmäßig mit dem Bindeglied der Isarflößerei bereits zum bairisch besiedelten Isarwinkel, der beim Erbfall keine Realteilung der Höfe kennt.

Doppel- und Dreifachanwesen in Mittertennhoftypen

Traufseitige Mittertennhöfe werden in Werdenfels nicht geteilt. Eine Teilung findet nur in giebelseitigen Mittertennhöfen statt. Die von 2 Familien unter einem First bewohnten giebelseitigen Mittertennhöfe zeigen meist folgendes Grundrißschema. Der First bildet die Eigentumsgrenze für die Dachhaut, sowie den Dachstuhl, welche von beiden Eigentümern für ihre Dachhälfte unterhalten werden.

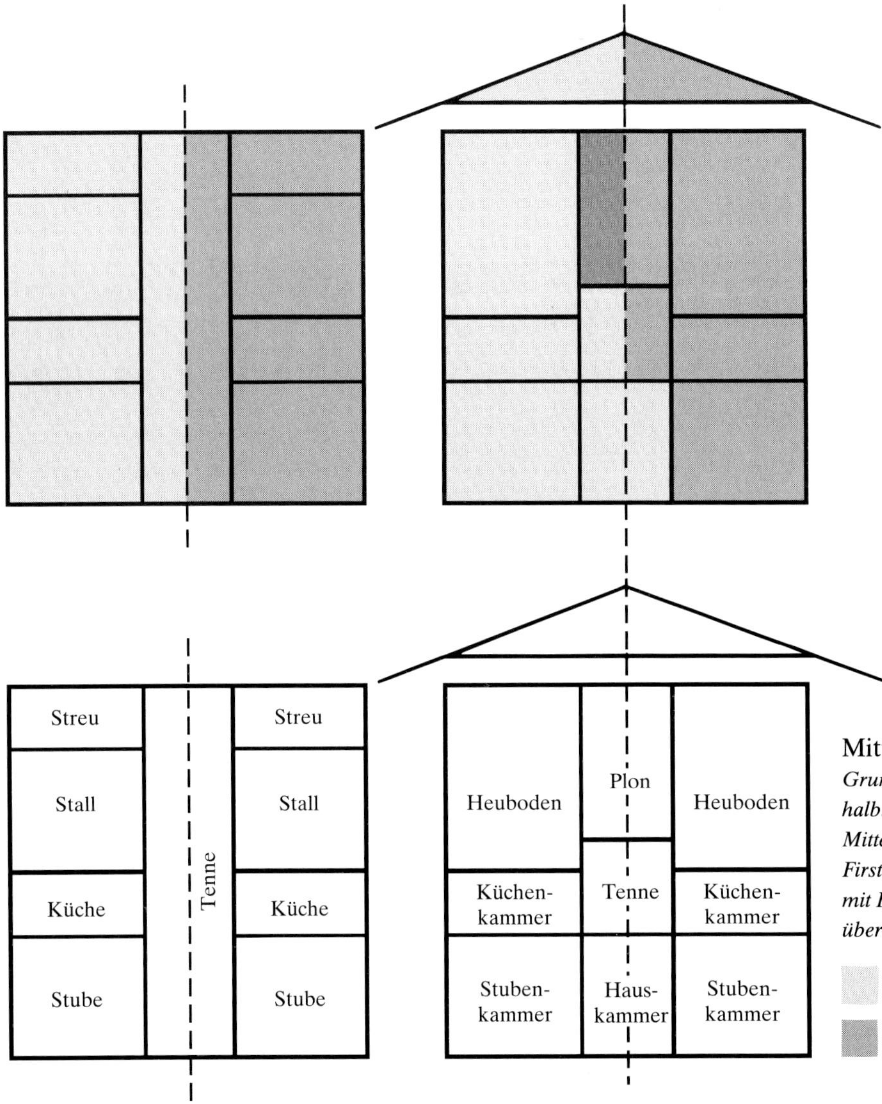

Mittertennhof

Grundriß-Schema eines halbierten giebelseitigen Mittertennhofes. Teilung in Firstrichtung (I + II). Tenne mit Hauskammer und Plon überbaut.

I

II

Unter dem Dach läuft diese Grenze nur noch auf der Tennenbodenmitte für das Erdgeschoß. Im Obergeschoß greift sie nach beiden Seiten über, ohne in den einzelnen Anwesen ein festes Schema einzuhalten.
In Mittenwald sind im Gries zwei doppelte Mittertennhöfe mit den rückwärtigen Giebelseiten Wand an Wand zusammengebaut (siehe Grundrißskizzen).

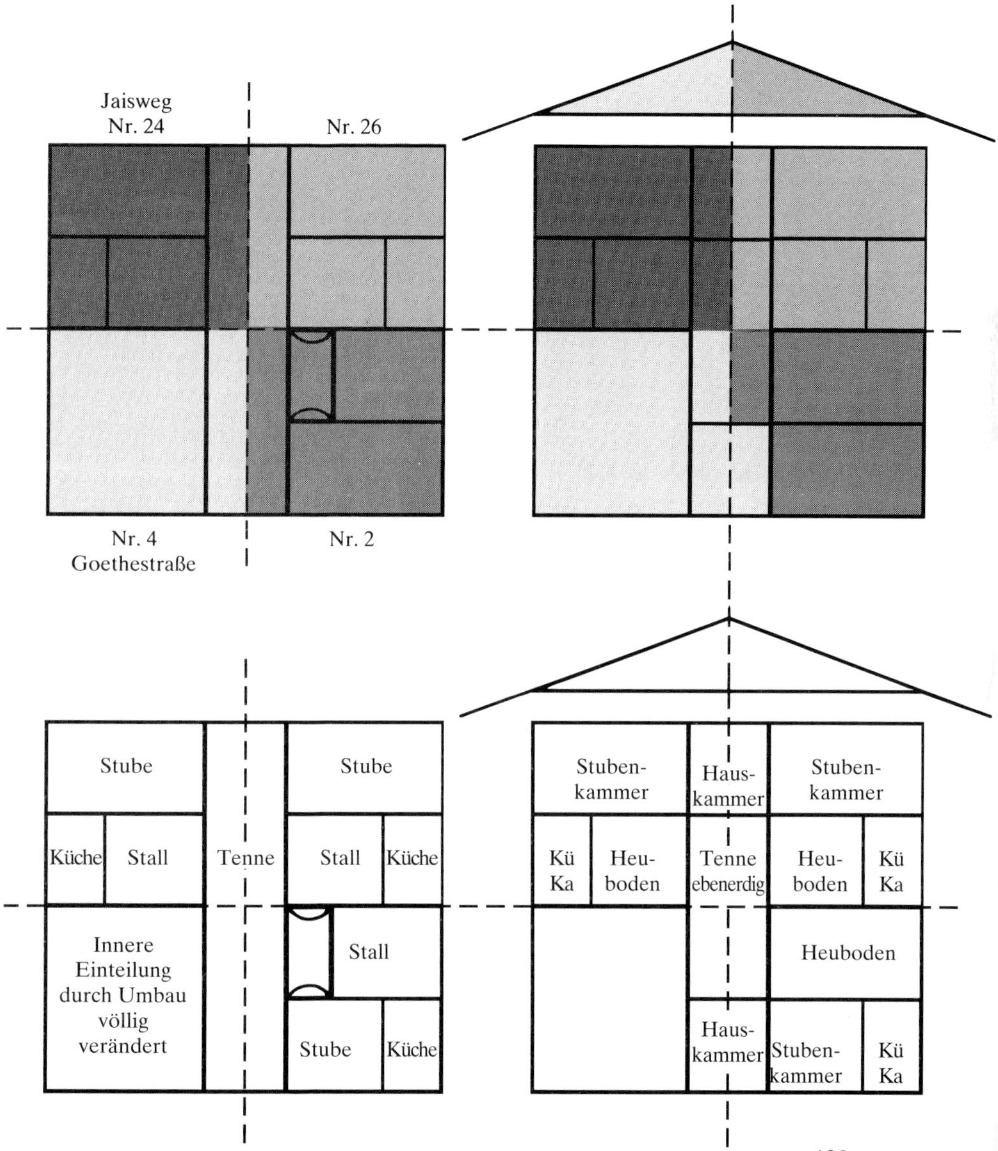

Mittertennhöfe
Zwei Doppelhöfe mit rückwärtigen Giebelseiten zusammengebaut.

Mittenwald, 1. Doppelhof Jaisweg 24 und 26, 2. Doppelhof Goethestraße 2 und 4

Im ursprünglichen Zustand befindet sich nur Hof IV, die Höfe I und II sind teilweise umgebaut, Hof III ist völlig umgebaut.

Eine andere Art der Zweiteilung zeigt das Anwesen Höllentalstraße 5 in Garmisch. Hier ist, wie die Skizze zeigt, der Hof quer zum First in zwei gleiche Hälften geteilt:

Mittertennhaus
mit Seitenflur
Doppelhaus

Giebelseitig, Garmisch-Partenkirchen Höllentalstraße 5 und 5 a, zum „Vo[rderen] und Hinteren Gsei[...]

Anwesen urkundlich erwähnt erstmals 1595. Teilweiser Neubau für zw[ei] Familien zwischen 1750 und 1760.

Ansicht von Norden

Grundrisse Erdgeschoß und Obergeschoß

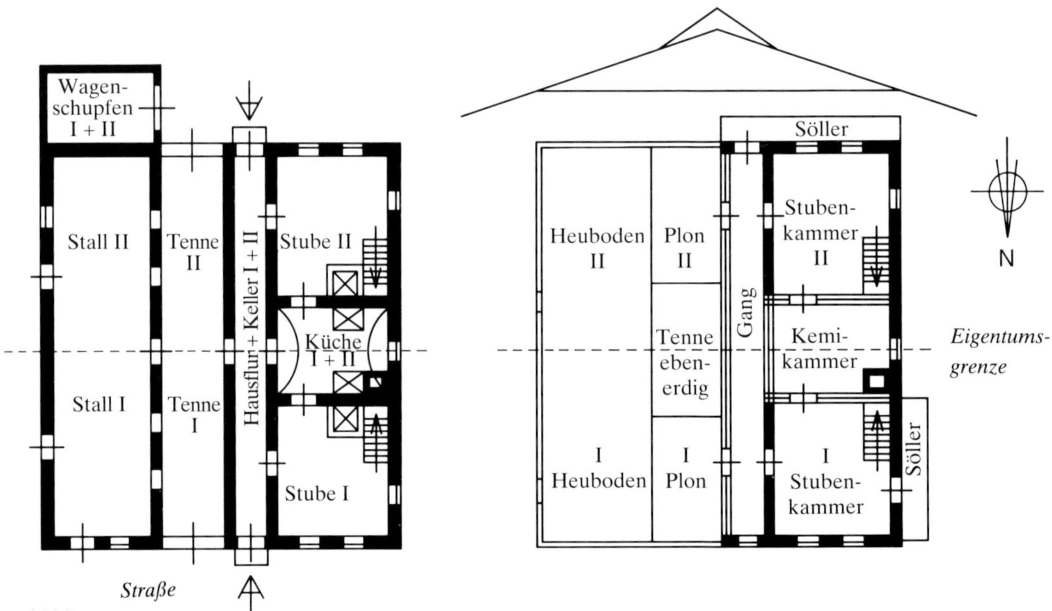

Küche und Kemikammer sind gemeinschaftlich, keine erkennbare Abgrenzung in Seitenflur, Tenne und Stall. Der Grundriß zeigt den Altbauzustand vor Einbau einer Wohnung in Erd- und Obergeschoß im Wirtschftsgebäude an der Höllentalstraße.
Die Aufteilung eines Doppelanwesens durch Halbierung quer zum First ist in Werdenfels nur bei nebenstehend beschriebenem Anwesen bekannt.

Eine weitere Variante sind in Mittenwald die Anwesen mit durchgehender Tenne, welche 3 Besitzern gehören. 7 solcher Anwesen gibt es noch in Mittenwald.
Der schematische Grundriß eines dieser Anwesen (Obermarkt Nr. 19/21/23) zeigt folgende Aufteilung:

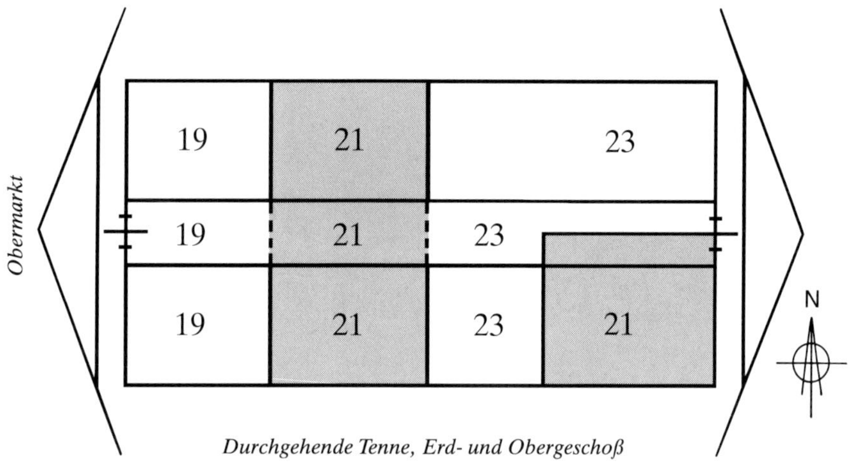

Durchgehende Tenne, Erd- und Obergeschoß mit gleicher Eigentumsabgrenzung

Es hat den Anschein, als ob zuerst das Anwesen Nr. 19 gebaut wurde, an das sich dann Nr. 21 mit einem zusätzlichen Schupfen in Osten anschloß (letzterer freistehend) und daß sich endlich Nr. 23 in die Baulücken zwängte.
Der Dachfirst und die Tennenmitte bilden bei diesen 3 Anwesen nicht mehr die Eigentumsgrenze. Jeder Besitzer hat hier die Dachfläche zu unterhalten, die über seinem Hauseigentum liegt.
Wie schon oben erwähnt sind in Mittenwald Jaisweg Nr. 24/26 und Goethestraße Nr. 2/4 2 doppelte Mittertennhöfe Rückwand an Rückwand unter einem Dach zusammengebaut. Die Überschneidung der Besitzverhältnisse in den Oberstöcken durch die sog. Hauskammern (über der Tenne) zeigt die Wohnungsnöte der Bevölkerung deutlich auf.

Doppelanwesen in Einhöfen mit Mittelflurhäusern

Auch in diesem Hoftyp fanden Teilungen in zwei Anwesen statt. Die Abteilungen in diesen Typen waren wesentlich unkomplizierter als in den Mittertennhöfen. Sie erfolgten entlang des Firstes und der Hausgangmitte und schufen im wesentlichen zwei spiegelgleiche Hälften (siehe unten und nächste Seite).

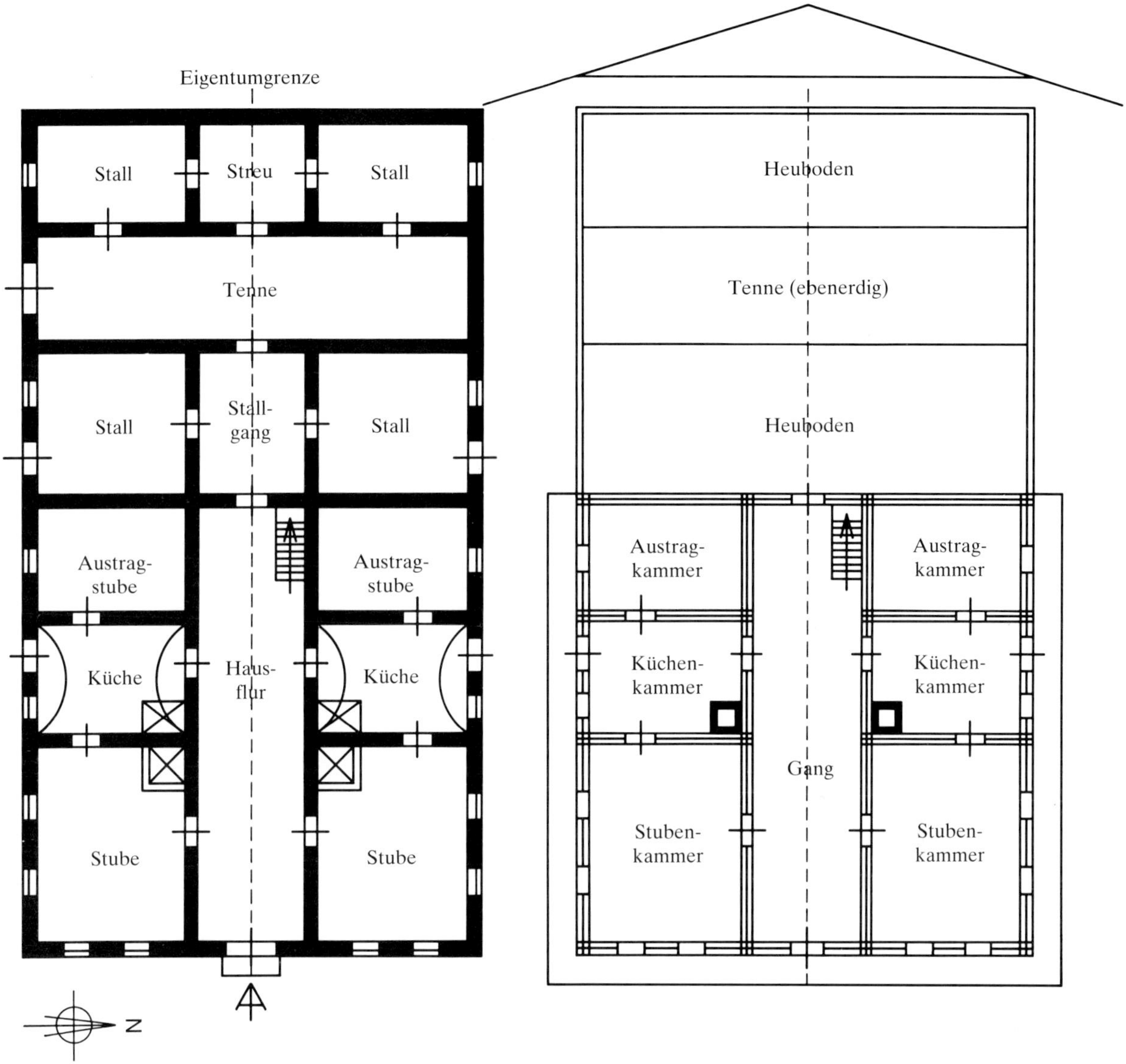

Mittelflurhaus mit Wirtschaftsteil

Garmisch, Zugspitzstraße 21/21 a, Hof „Zum Schnellreich“, Ansicht des Hofes von Osten
Als Doppelanwesen erbaut laut Inschrift über der Mitteltür im Jahre 1687.
Erdgeschoß von Wohn- und Wirtschaftsteil Bruchstein-Mauerwerk. Obergeschoß des Wohnteils Holzblockwände, im Wirtschaftsteil Traufbundwerk. Quertenne ebenerdig mit traufseitiger Einfahrt auf der Südseite.

Ganz allgemein sei zu dem Wohnen von zwei und mehreren Parteien unter einem Dach gesagt, daß ein hohes Maß an gegenseitiger Konzilianz, geboren aus jahrhundertelanger nachbarlicher Behutsamkeit Streit mit den Nachbarn zu vermeiden, verlangt. Es spricht für den verträglichen Sinn der Werdenfelser, daß es verhältnismäßig selten zu offenem Streit zwischen den Parteien kommt, dann kann allerdings sonst eintreten, was ein alter Werdenfelser-Spruch sagt: „Geteiltes Haus, doppelte Höll".

ÜBERSICHT ÜBER DEN DERZEITIGEN BESTAND AN EINHÖFEN IN WERDENFELS

Gegliedert nach Wohnhaustypen

Zahlenmäßige Zusammenstellung aufgegliedert nach Wohnhaustypen in den Gemeinden der ehemaligen Grafschaft Werdenfels nach dem Stande von 1977

	Eckflurhaus		Seitenflurh. reiner Typ		Mittertennh. traufseitig		Mittertennh. giebelseitig		Mittelflurh.		
Gemeinde	u	um	u	um	u	um	u	um	u	um	Sa.
Farchant	1	–	1	2	4	14	2	1	4	1	30
Garmisch-P.	3	–	10	1	–	9	24	39	7	17	110
Grainau	–	–	2	–	1	4	9	15	1	–	32
Wamberg	–	–	–	–	1	–	–	–	4	4	9
Mittenwald	–	–	12	16	–	–	5	56	–	1	90
Krün	1	–	–	–	–	1	–	1	–	3	6
Wallgau	1	1	3	1	–	–	–	–	2	2	10
Sa.	6	1	28	20	6	28	40	112	18	28	287
									hierzu Paarhöfe		3
									= Altanwesen		297

Bemerkung: Bezeichnung u = Ursprünglicher Zustand, um = Umbau

DATIERUNGEN AN EINHÖFEN IN WERDENFELS

Gegliedert nach Wohnhaustypen

Wie aus folgender Zusammenstellung ersichtlich ist, finden sich in Werdenfels an den Häusern zahlreiche *Jahres*zahlen, zumeist in das Holz der Zierbünde, Firstbäume oder auch in den Blockbauten eingeschnitzt, aber auch in eigenen Steintafeln in den Bruchsteinmauern vermerkt (z. B. in Garmisch, Zugspitzstraße 21/21a).

Sicher mögen die einen oder anderen Zahlen die Erbauung des Hauses angeben, ein zuverlässiges Mittel dafür sind sie nicht. Denn bei den vielen Bränden, welche durch die Jahrhunderte in Werdenfelser Anwesen ausbrachen, die oft ganze Häuserreihen ergriffen, blieben die Grundmauern stehen und die Häuser wurden wieder aufgebaut. Die Datierungen bezeichnen sehr oft nur die Errichtung neuer Dachstühle und Dächer.

In der Zusammenfassung darf wiederholt werden, daß es in Werdenfels bereits in der ausgehenden Spätgotik (bis 1530) Eckflur- und Seitenflurhäuser gab, darunter schon voll entwickelte Mittertennhöfe. Auch Mittelflurhäuser lassen sich für diese Zeit nachweisen (Garmisch, Frühlingstraße 29). Alle Hoftypen wurden bis ins 19. Jahrhundert zeitlich nebeneinander gebaut.

Datierungen an Einhöfen in Werdenfels

Mittelflurhäuser

Ga	1595	Bahnhofstraße 92
Ga	1687	Zugspitzstraße 21/21 a
Ga	1692	Lazarettstraße 2
Ga	1715	Wankweg 2
Ga	1732	Bankgasse 5
Ga	1766	Loisachstraße 43
Ga	1790	Zugspitzstraße 3
Ga	1822	Badgasse 22
Mw	1797	Klausnerweg 2/4
Kr	1765	Mittenwalder Straße 18
Kr	1867	Gerold Nr. 270
W	1681	Nr. 6
W	1765	Nr. 5

Seitenflurhäuser

Gr	1633	Hammersbach 6
Mw	1720	Lainweg 2/4
Mw	1752	Laintalstraße 2
Mw	1762	Goethestraße 23
Mw	1764	Ballengasse 3
Mw	1767	Dekan-Karl-Platz 20

Mittertennhäuser
giebelseitig

Fa	1803	Hauptstraße 20 a
Ga	1632	Loisachstraße 20/20 a
Ga	1742	Zugspitzstraße 4
Ga	1772	Ludwigstraße 8
Ga	1792	Badgasse 29/31
Gr	1757	Zugspitzstraße 4
Gr	1768	Zugspitzstraße 30
Gr	1779	Ob. Dorfplatz 7
Gr	1779	Rosenweg 9
Gr	1779	Waxensteinstraße 28
Gr	1796	Höhenrainweg 2
Gr	1802	Baderseeweg 14
Mw	1671	Ob. Markt 34/36
Mw	1671	Ob. Markt 38/40
Mw	1686	Im Gries 73/75
Mw	1715	Fritz-Prölß-Platz 8/10
Mw	1719	Malerweg 5/5
Mw	1721	Untermarkt 6/8/10
Mw	1730	Laintalstraße 38
Mw	1755	Dekan-Karl-Platz 9/11
Mw	1770	Math.-Klotz-Straße 11/13
W	1768	Nr. 9

Mittertennhäuser
traufseitig

Fa	1602	Heubergweg 1
Fa	1672	Am Gern 3
Fa	1748	Am Gern 4
Fa	1768	Alpspitzstraße 2
Fa	1777	Schulstraße 4
Ga	1604	Alpspitzstraße 1
Ga		Schmiedstraße 7

Ortsbezeichnungen:

Fa = Farchant
Ga = Garmisch-Partenkirchen
Gr = Grainau (Ober- und Untergr.)
Mw = Mittenwald
Kr = Krün
W = Wallgau

HOFFORM-LANDSCHAFTEN

Bei fortschreitender Kenntnis der Hofformen und ihrer zusammenhängenden Verbreitung in größeren Räumen lag der Gedanke nahe, die verschiedenen Haus- und Hofformen zu Hofformlandschaften zusammenzufassen. Die Zusammenfassung konnte wertvolle Aufschlüsse über die Art der Ausbreitung liefern und zugleich die Kräfte aufscheinend machen, welche diese Ausbreitung bewirkten.
Die Impulse zu dieser Forschungsart kamen von Österreich, das um die Jahrhundertwende in der Haus- und Hofforschung führend war.

Die ersten Vorarbeiten über die Hofformlandschaften wurden von Bancalari und Rhamm geleistet. Der eigentliche Erforscher der Hofformlandschaften ist für Bayern Rudolf Hoferer geworden, der leider mitten in seiner Arbeit, 1943, sterben mußte.

Karl Ilg hat die Haustypen in Nord- und Südtirol sowie in Vorarlberg eingehend untersucht. Schier hat endlich in einer weiträumigen Zusammenschau Hauslandschaften und Kulturbewegungen zusammengefaßt.

Bei der Vielfalt des Nebeneinander der einzelnen Formen war es natürlich schwierig, diese Hofform-Landschaften im richtigen Maß abzugrenzen, umsomehr, als die verschiedenen Hoftypen nicht abrupt wechselten, sondern meist nur ganz allmählich ineinander übergingen. Es ergaben sich daher mitunter breite Übergangsräume. Selbst im Hochgebirge, wo klare Trennungen möglich wären, verschwimmen diese Grenzen, werden durch Flußtäler und bedeutende Straßenzüge verwischt. Die Schwierigkeiten, mit denen die Wissenschaft anfänglich zu kämpfen hatte, kamen davon her, daß die Bauernhofforschung in ihren Anfängen (1890 – 1900) davon ausging, die verschiedenen Hoftypen vereinfachend bestimmten Volksgruppen zuzuordnen. Man sprach damals von bayerischen, fränkischen, schwäbischen oder schon auch von oberbayerischen, südschwäbischen, tirolischen, vorarlbergischen Hoftypen. Von dieser Unterstellung ging auch noch der sehr gründlich arbeitende Rhamm aus, welcher z. B. den Mittertennhof als Hausbau des baierischen Stammes im Alpenland bezeichnete.

Man ließ sich eben in der Forschung noch bis in die 20er Jahre unseres Jahrhunderts von der Vorstellung leiten, daß jeder größere deutsche Stamm aus sich heraus nur ihm eigentliche Besiedlungsformen und Hoftypen entwickelt habe, welch letztere in ständiger Evolution zu den jetzigen Typen führten. In letzter Zeit ist man in der Beurteilung der Gründe der Entwicklungsreihen auf Grund neuerer Forschungsergebnisse zu anderen Schlüssen gekommen.

Gleichwie die moderne Dialektgeographie jede Behandlung von Dialekten „als mehr oder weniger geschlossene, aus sich erwachsene Einheit" vollkommen ablehnt, so besteht nach Steinbach auch für das Studium der Hausformen die grundsätzliche Forderung, jede Gleichsetzung von vornherein mit Rassen, Völkern, Stämmen und politischen Verbänden zu vermeiden.

Zu demselben Schluß kommt auch Wrede.

Nach neuerer Kenntnis bildeten sich die einzelnen Stämme in ihrer späteren Eigenart sowieso erst dann heraus, nachdem sie am Ende ihrer Wanderzeit endgültig seßhaft geworden waren und die fremden volklichen Bestandteile, die sie auf ihren Wanderungen aufgenommen oder in ihrem neuen Gebiet antrafen, vollkommen assimiliert hatten.

Dieser Prozeß begann bei den Alemannen im 5. Jahrhundert, bei den Bajuvaren im 6. Jahrhundert n. Chr. Er endete eigentlich erst bei beiden Stämmen mit Absorbierung der romanischen Bevölkerungsteile, die bis in das 9./10. Jahrhundert andauerte. Erst dann haben sich „unter dem Einfluß von Landschaft und Geschichte die Kulturkreise der einzelnen Stämme in ihrer heutigen Schärfe herausgebildet". [a]
Drei mächtige Komponenten haben die Entwicklung der einzelnen Hoftypen maßgebend beeinflußt:

1. *Die Landschaft:* Ebenes Land, die Lage an großen Flüssen, an guten Verbindungsstraßen, gleiche Klimabedingungen ermöglichen die Ausbildung gleichartiger Gehöfte.
2. *Die geschichtliche Entwicklung* eines Landstriches, die ja meistens volkstumsmäßige Zusammenhänge seit Beginn der Staatenbildung nicht berücksichtigte, können auch zu einheitlichen Hofformen (etwa durch Erlaß von Bauordnungen) führen.
3. *Die deutschen Stämme* haben, wie oben bereits betont wurde, ihre Eigenkulturen verhältnismäßig spät entwickelt. Diese führten erst vom Mittelalter an auch auf dem Gebiet des bäuerlichen Bauens zu Eigenentwicklungen.

Das Bild der bäuerlichen Höfe, wie man sie aus den Landschaftsbildern Albrecht Dürers kennt, zeigt Bauernhäuser in einer Mischung ober- und niederdeutscher Bauelemente.[b]
Einige dieser Bauformen, die mit fast bis zum Boden herabreichenden Walmdächern an Gehöfte Niederdeutschlands erinnern, haben sich in Altbayern und Schwaben hier und da noch erhalten. Auch in Südtirol trifft man diese Formen, besonders bei den Wirtschaftsgebäuden der Paarhöfe in Hafling, am Ritten und im Sarntal noch vereinzelt an.
Man gewinnt daraus den Eindruck, daß in der Zeit Albrecht Dürers, also zu Beginn der Renaissance, das ländliche Bauwesen „noch in etwa einheitlich gewesen zu sein scheint, daß sich eine strengere Scheidung in die später lokal begrenzten Stilarten noch nicht vollzogen habe".[c]
Diese Folgerung gilt m. E. mit der Einschränkung, daß Differenzierungen vermutlich auch schon früher dort eingesetzt haben mögen, wo das örtliche Klima zu anderem Bauen zwang als anderswo. Man mußte sich z. B. im Hochgebirge weit mehr vor Kälte und Schnee schützen als im Flachland.
Schließlich spielt auch die Frage, welcher Baustoff – Holz, Stein oder Lehm – in größerer Menge zur Verfügung stand, eine Rolle in der Formendifferenzierung.

a, b, c: Steinbach F., Studien zur westdeutschen Stammes- und Volksgeschichte, Darmstadt 1962

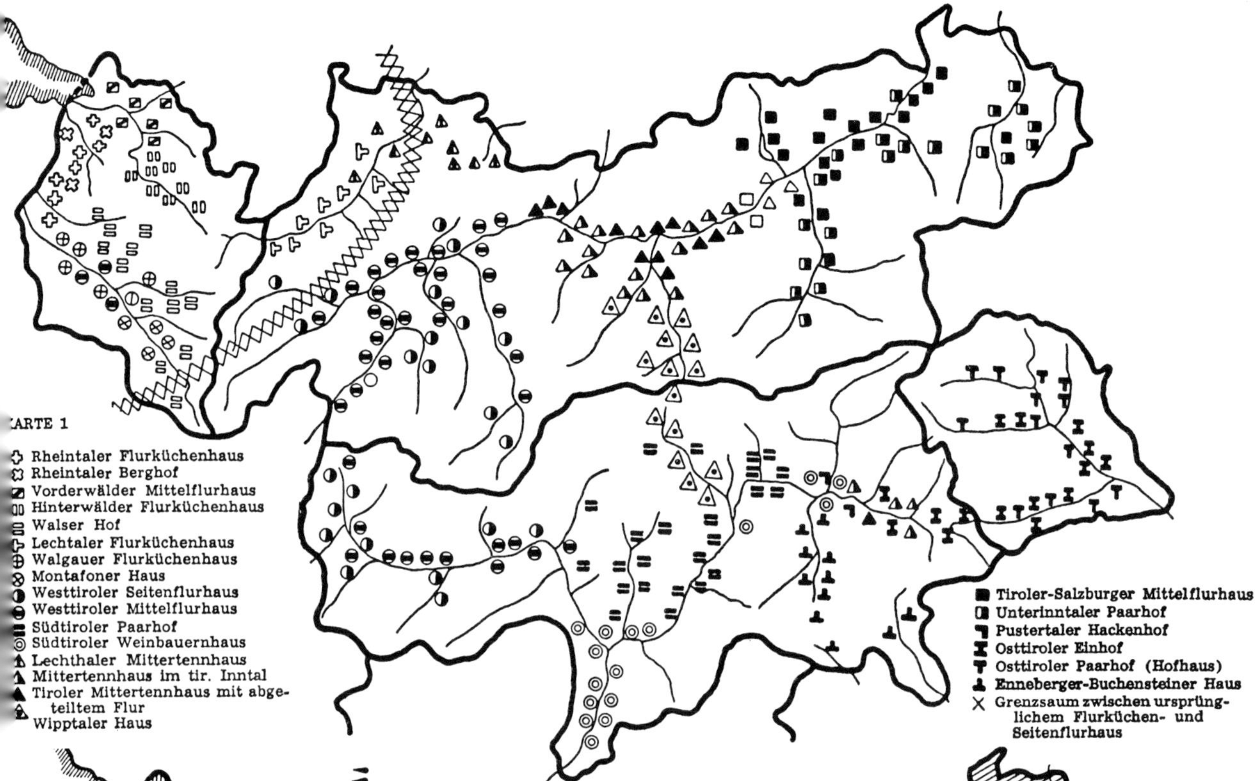

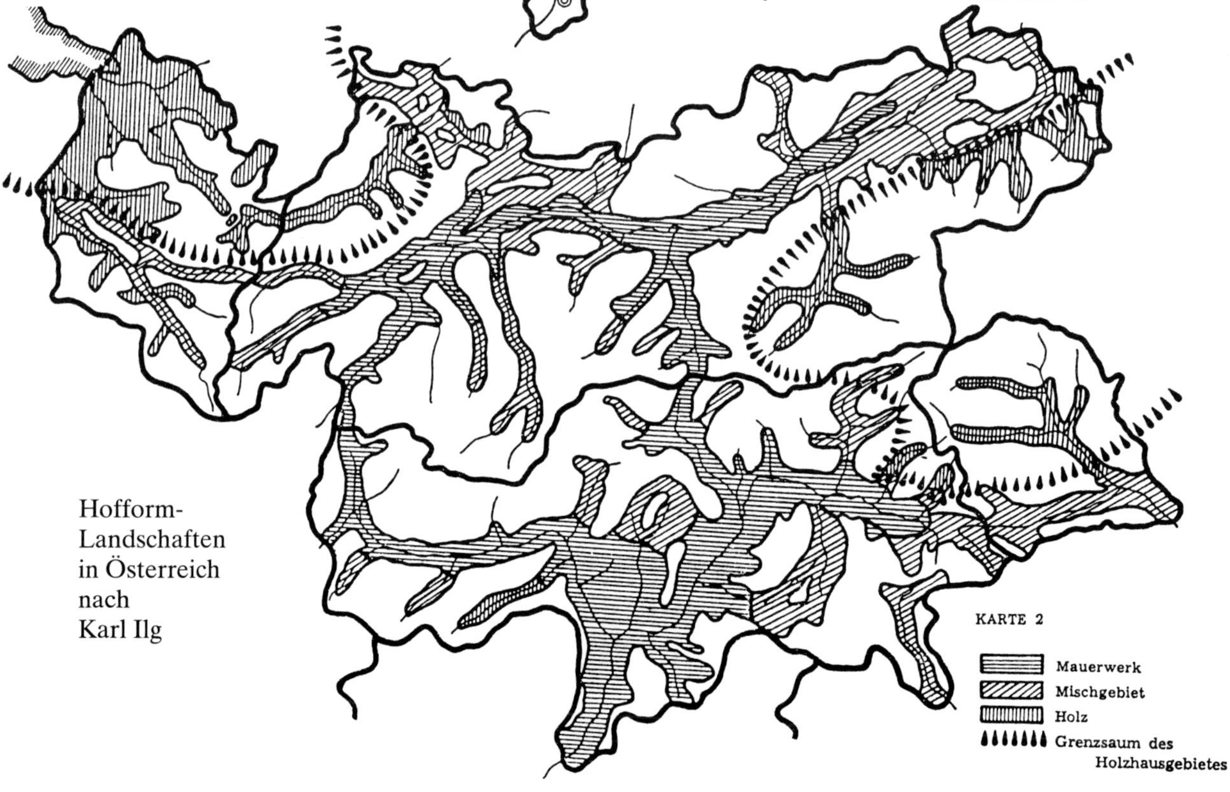

Hofform-Landschaften in Österreich nach Karl Ilg

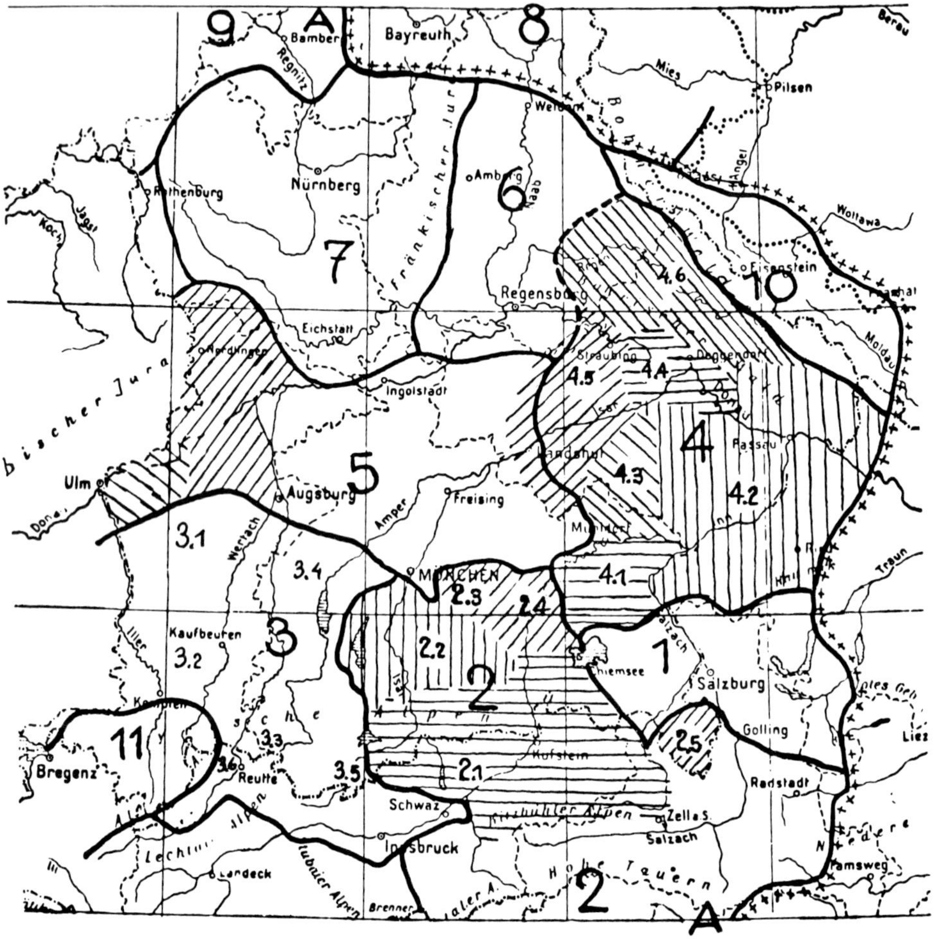

Hofformlandschaften in Bayern (Altbaiern) nach Rudolf Hoferer

1 Das Haus des Rupertigaus (Salzburger Flachgaus)
2 Das Südbayerische Haus
2.1 Der Einhof Nordosttirols
2.2 Der Einhof des Alpenvorlandes südlich Münchens
2.3 Der Einhof zwischen mittlerer Isar und Inn
2.4 Der Hof des Berchtesgadener Landes (Zwiehof)
3 Das Oberschwäbische Haus
4 Das Niederbayerische Gehöft
5 Das Westbayerische Gehöft
6 Das Haus der Altmühlgegend (Jurahaus)

Baierische Volkstrachten aus dem Landgericht Werdenfels
nach einem Aquarell von L. Neureuther um 1800

Wallgau

Dorfplatz 5 und 6

Ensemble von Bundwerkgiebel-Häusern des 17. und 18. Jhdts.

DIE BAUERNHÄUSER

GRUNDLEGENDE ERÖRTERUNGEN

Der Raumbedarf des Bauern

Der Raumbedarf eines bäuerlichen Anwesens setzt sich im allgemeinen aus vier Komponenten zusammen.

Der Bauer benötigt zunächst vorrangig eine Unterkunft für sich, seine Familie und sein Gesinde. Er bedarf weiters eines Stalles, der Unterkunft für seine Haustiere, er braucht einen Stadel für die Aufbewahrung des Futters für die Tiere, endlich wird ein Raum für die Vorräte zur Lebenshaltung der Menschen benötigt.

Im folgenden ist zunächst das Wohnhaus und mit ihm verbunden der Vorratsraum für die Lebensmittel, also der menschliche Lebensbereich eines Bauernhofes Gegenstand unserer Betrachtung.

Stall und Stadel, beide zusammen der Wirtschaftsteil des Anwesens, werden später gesondert behandelt werden.

Bauliche Entwicklung der Bauernhäuser

Die Kenntnis der Entwicklungsformen des bäuerlichen Wohnhauses zeigt uns, wie die Menschen im Lauf der Jahrhunderte mit den Problemen, die das Wohnen an sie stellte, fertig geworden sind. Sie gibt uns wertvolle Einblicke in die Steigerung der Ansprüche, die an das Wohnen gestellt wurden, die nur dadurch befriedigt werden konnten, daß die Menschen Fortschritte in der Bearbeitung der Baumaterialien machten und daß sie sich hierfür Werkzeuge schufen, die dafür geeignet waren.

Die Unterkunft mußte von Anfang an Schutz bieten gegen die Unbilden der Witterung, gegen drohende Gefahren von Menschen und wilden Tieren.

Die Primitivform einer solchen Behausung war ein Einraum, wie er uns in der Lex Alemannorum und der Lex Bajuvariorum entgegentritt. In diesem Einraum spielte sich ein Großteil des bäuerlichen Lebens ab. Sein Mittelpunkt war die Feuerstelle, die als Licht- und Wärmequelle, sowie zum Kochen der Speisen diente. Sie galt darüberhinaus als Inbegriff des Hauswesens überhaupt. Nicht umsonst wurde das Wohnhaus des Paarhofes Feuerhaus genannt.

In alten Rechtsprotokollen des Hochstiftes Freising[1] aus dem Ende des 18. Jahrhunderts ist bestimmt, daß ein Haus keine Rechtholzbezüge mehr erhält, wenn sein Herdfeuer erloschen ist. Die Feuerstelle ist nach dieser Auffassung die Bestehensgrundlage des Hauswesens.

Daß in dem Einraumhaus Haustiere, zumindestens Kleintiere mit Menschen zusammenlebten, ist wahrscheinlich, aber nicht erwiesen. Ställe treten in den alten Stammesgesetzen noch nicht auf. Sie entstanden allmählich erst später.[2]
Aus dem Einraumhaus entwickelte sich später durch Teilung, Abtrennung und Aufstockung das mehrräumige, mehrstöckige Wohnhaus.

Äußere Form der Bauernhäuser
In Werdenfels begegnen uns rechteckige und fast quadratische Grundrißformen der Bauernhäuser.
Einen langrechteckigen Grundriß zeigt der traufseitige Mittertennhof, wie man ihn in Farchant und vereinzelt in Garmisch antrifft. Er ist der Typ eines größeren Hofes, wie er im Alpenvorland bis zum Ammer- und Starnberger See hinab entwickelt wurde. Platz zur Ausdehnung des Hofes ist in dem leicht gewellten Hügelland reichlich vorhanden, keine Rücksicht auf steile Hanglagen beeinträchtigt die längere, rechteckige Ausformung. Je kleiner der Hof, desto mehr verkürzt sich sein rechteckiger Grundriß.
Das gleiche gilt für Eckflurhöfe, mit der Einschränkung, daß diese in Werdenfels nur durch mittlere und kleinere Anwesen vertreten sind.
Seitenflurhöfe haben hier ebenfalls nur die Flächengröße mittlerer bis kleiner Anwesen, bei denen, wie in den allgemeinen Vorbemerkungen bereits dargelegt wurde, Zwergbetriebe von 0,01 – 2 ha mit 41% der Betriebe zahlenmäßig sogar überwiegen.
Soweit sie den reinen Typ des Seitenflurhauses verkörpern, zeigen sie rechteckige Grundrisse in einem durchschnittlichen Verhältnis der Breite zur Länge von 1 : 2.
Der Mittertennhof, der den Orten in Werdenfels das Gepräge gibt, zeigt mit seiner Firstdrehung um 90° und seiner giebelseitigen Einfahrt einen fast quadratischen Grundriß, ist sogar oft breiter als tief.
Er entstand aus der Platznot in den Hauptorten entlang der Rottstraße, die traufseitige Einfahrten nicht zuließ. Wegen seiner betrieblichen Vorteile des engen Beieinanderseins von Wohnteil, Stall und Heuboden fand er auch in den Dörfern mit mehr Platz weitere Verbreitung.
In Werdenfels stehen die Einhöfe mit Eckflur-, Seitenflurhäusern und daraus entwickelten trauf- und giebelseitigen Mittertennhöfen sowie Mittelflurhöfen, in bunter Mischung, oft Haus an Haus nebeneinander.
Werdenfels ist zunächst vom Einhof her betrachtet ein Hofformenmischgebiet, was sich aus der Tatsache erklärt, daß durch Werdenfels von Urzeit her bis in die Gegenwart eine der meist benutzten Querverbindungen über die Alpen zieht, auf der von Nord und Süd die Anregungen zum Haus- und Hofbau kamen.

Johann Georg von Dillis (1759 - 1841)
oben: Die Wetzsteinmühle bei Ohlstadt, Ölgemälde um 1820

nächste Seite: Wetzsteinklopfer, Aquarell um 1800

Lorenzo II. Quaglio (1793 - 1869)

Waxenstein, davor Hammerbachalpe mit Sennerin und Jäger

Aquarell um 1851

Johann Georg von Dillis (1759 - 1841)
Kleinbauerngehöft im herbstlichen Gebirgstal
Ölgemälde auf Papier

Der Wissenszweig der Hofformlandschaften vermittelt für das Hofmischgebiet von Werdenfels die wertvolle Erkenntnis der Herkunft und der eigentlichen Verbreitungsgebiete der hier vorkommenden Hofformen.

Der Hof mit *Eckflurhaus,* in Werdenfels nur vereinzelt auftretend, ist in Vorarlberg (im Rheintal, Montafon und Walgau) sowie im Allgäu weit verbreitet. Auch in Westtirol (Oberinntal) kommt er vor.[3]

Die Hofbildung mit dem *Seitenflurhaus* in seinen Varianten stellt in Werdenfels das Hauptkontingent der Bauernhöfe.

Höfe mit seitlich angeordneten Fluren bei giebelseitigen Eingängen findet man häufig in Mittenwald. Sie haben ihre Entsprechung im Westtiroler Seitenflurhaus nach Karl Ilg (Oberinntal und Seitentäler).

Mittertennhöfe mit Tenne senkrecht zum First und traufseitigem Eingang sind besonders anzutreffen in Farchant und vereinzelt in Garmisch.

Das große Verbreitungsgebiet dieser Höfe liegt nach Hoferer[4] zwischen Lech und Starnberger See. Es reicht auch bis in den Außerfern herein (hier von K. Ilg als sog. Lechtaler Mittertennhaus bezeichnet).[5]

Mittertennhöfe mit Firstdrehung um 90° (Tenne in Firstrichtung) sind in Werdenfels weit verbreitet. Besonders kommen sie in Garmisch und Grainau vor. Das Werdenfelser Vorkommen stellt das nördliche Randgebiet einer größeren örtlichen Verbreitung dar, welche sich im Inntal von Schwaz innaufwärts bis Telfs erstreckt und auch in seine südlichen und nördlichen Seitentäler hineinreicht.

Die Hofbildungen mit *Mittelflurhäusern* sind in Werdenfels besonders in Garmisch häufiger anzutreffen. Sie haben im Anwesensgrund- und Aufriß nichts mit dem Tiroler-Salzburger Mittelflurhaus des Unterinntals gemeinsam.

Während sich bei diesem unmittelbar an den Wohnteil der Stall anschließt und der Heuboden im Obergeschoß nur durch eine Tennenauffahrt zu erreichen ist,[6] schließt an das Werdenfelser Mittelflurhaus meist unmittelbar die ebenerdige Quertenne an, hinter der erst die Stallung liegt. Dieser Typ findet seine Entsprechung im Westtiroler Mittelflurhaus des Oberinntals.

Mit Ausnahme eines Hofes in Wallgau (Haus Nr. 31½ „zum Lex“), der trotz völligen Umbaus die Wesenszüge eines Großbauernhofes des baierisch besiedelten, benachbarten Isarwinkels erkennen läßt, weisen alle Bauernhöfe von Werdenfels Merkmale von Hoftypen auf, die im schwäbischen bzw. alemannischen Gebiet vorkommen.

Bei Besprechung der Haustypen wird sich diese Erkenntnis noch verfestigen.

Die niedrigen Geschoßhöhen der Räume mit durchschnittlich 2 – 2,10 m ergeben bei den durchweg zweistöckigen Bauernhäusern Firsthöhen von 7 – 8 m. Bei Breiten von ca. 8 – 11 m wirkten die Giebelfronten der Häuser behäbig. Diese Wirkung wurde früher noch erhöht durch die Kleinheit der Fenster (ca. 30 : 30 cm). Ein Eindruck der Massigkeit kann bei den altartigen Bauernhäusern von Werdenfels nicht entstehen. Durch das Filigran des meist kunstvoll gezimmerten Zierbundwerkes im Giebel wirken sie eher wohlproportioniert und ohne Schwere.

Hof zum Eham

Typisches Tiroler-Salzburger Mittelflurhaus mit Quertenne und Tennenauffahrt: „Hof zum Eham", Wegscheid-Lenggries, Landkreis Bad Tölz-Wolfratshausen.

Zusammenhänge zwischen Baumaterial, Konstruktion und Hausgrundriß

Das Baumaterial und seine Verwendung prägt „Grund- und Aufriß" eines Hauses. Der Steinbau in Werdenfels tritt schon sehr früh (nachweislich in der Frühzeit) als wahrscheinliche Fortführung alter Überlieferung entlang der Römerstraße bei Wohnhäusern auf. Er erlaubt Grundrisse in beliebiger Ausdehnung.

Anders der Bau mit Holz. In Werdenfels kommt hierfür wegen des Fehlens von Eichen nur Fichten-, Tannen- und Lärchenholz in Frage. Wie die Primitivbauten der Alphütten und Wiesstädel zeigen, kann er bis auf ein ebenso hohes Alter wie der Steinbau zurückblicken. Wohnhäuser aus Holz in Erd- und Obergeschoß wurden in Werdenfels bis zur Wende des 18. zum 19. Jahrhundert erbaut.

Der Bau mit Holz ist an die Längen und Stärken des vorhandenen Holzes gebunden. Die gängigen Längen der Stammhaushaltung mit 10 bis 14 m reichen für die Längen und Breiten der Wohnhäuser aus. Mit Ausnahme der giebelseitigen Mittertennbauten, bei welchen der Wohnteil nach der Gliederung des Anwesens nur ein Drittel der quadratischen Grundfläche in Form eines Rechtecks einnimmt, haben alle anderen Haustypen eine fast quadratische Form. Denn nur in Form eines Quadrates können die Längen der Stammhölzer für die Schaffung von Wohnräumen am besten genutzt werden.

Raumanordnung

Die Aufteilung des einräumigen, primitiven Wohnhauses in mehrere Räume ließ im Laufe der Entwicklung in den Bauernhäusern von Werdenfels folgende, allen Grundrißtypen gemeinsame Merkmale räumlicher Anordnung entstehen:

Die Wohnstube, der Aufenthaltsraum der Bewohner, liegt fast immer an einer Ecke der Giebelseite des Anwesens und zwar dort, wo die meiste Sonnenbestrahlung der Mauern erfolgt, das ist die Südost-Ecke.

Ihr schließt sich Wand an Wand mit einer Tür verbunden auf der Längsseite in den meisten Häusern rückwärts die Küche an. Der Zusammenhang beider Räume ist die Regel.

Die übrigen Kammern im Erdgeschoß dienen als Ablageräume oder als Austragsstuben, d. i. Aufenthaltsräume der im sogenannten Austrag nach der Übergabe befindlichen Personen. Im Oberstock befinden sich die Schlafkammern, welche nur durch eine steile Stiege hinter dem Stubenofen erreicht werden.[7] Stiegen in Hausgängen sind nur bei den altartigen Mittelflurhäusern in Werdenfels bekannt. Die Größe der Kammern im Oberstock entspricht jeweils der der Räume im Erdgeschoß.[8] Als Arbeitsräume bei schlechter Witterung werden nur die Tennen des Wirtschaftsgebäudes benutzt.

DIE VOLKSTÜMLICHEN GRUNDRISSTYPEN DER WOHNTEILE IN DEN EINHÖFEN

Bei den bäuerlichen Anwesen in Altwerdenfels sind im wesentlichen drei Hausformen erkennbar:
Das vereinzelt vorkommende *Eckflurhaus;* zahlenmäßig am stärksten vertreten ist das *Seitenflurhaus* und der aus ihm entwickelte *Mittertennhof.*
Besonders in den Gemeinden Farchant, Garmisch und Wamberg trifft man das *Mittelflurhaus* an.
Zahlenmäßig ausgedrückt gibt es in Werdenfels zur Zeit noch:

7 Eckflurhäuser,
48 Seitenflurhäuser des reinen Typs,
34 traufseitige Mittertennhöfe,
152 giebelseitige Mittertennhöfe,
46 Mittelflurhäuser

also insgesamt 287 altartige Bauernhäuser.
Diese Zahl reicht gerade noch aus, um sich ein Bild über die örtliche Verteilung der Haustypen in Werdenfels machen zu können.

Das Eckflurhaus

Bei dem Haus Krün, Wettersteinstraße 1, betritt man den Eckflur von der Giebelseite her, bei den übrigen 5 Anwesen (Garmisch, Schmiedstraße 10, Schmiedstraße 6, Hofgasse 2; Farchant, Alpspitzstraße 7 und Wallgau Nr. 25) von der Traufseite. Beachtenswert ist die Bezeichnung des Eckflurraumes. Er wird in Werdenfels im allgemeinen Vorplatz genannt, nur im Anwesen Garmisch, Schmiedstraße 10, heißt er „Vorhaus“ und trägt damit die Bezeichnung, welche auch in Vorarlberg üblich ist. Dieses Vorhaus besaß bis vor geraumer Zeit noch keine Raumdecke, sondern nach oben lediglich die Abdeckung durch die Dachhaut.

Geschichtliche Entwicklung des Eckflurhauses:
Es entstand, wie alle örtlichen Haustypen, aus einem Einraum mit zentraler Feuerstätte. Dabei ist es gleichgültig, ob der Eingang giebelseitig oder traufseitig angeordnet ist. Das Eckflurhaus in Werdenfels ist dadurch charakterisiert, daß sein quadratischer Grundriß in 4 annähernd gleichgroße, ebenfalls quadratische Räume aufgeteilt ist.

Mit Schemazeichnungen stellt sich die weitere Entwicklung folgendermaßen dar:

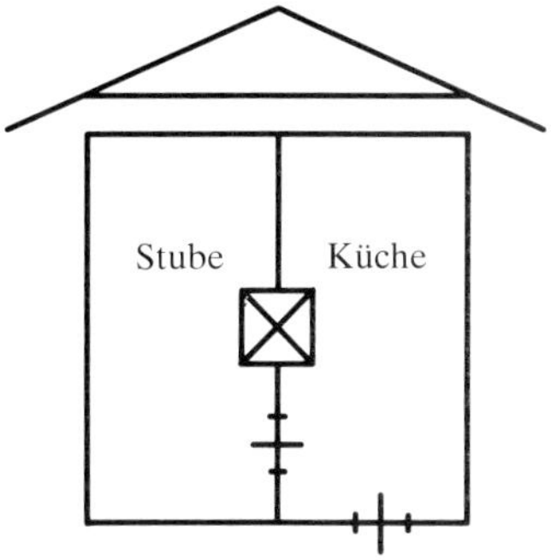

1 Eingang giebelseitig: Teilung des Einraumes in Rauchküche und rauchfreie Stube. Ergebnis: Zweizelliges Haus mit Flurküche.

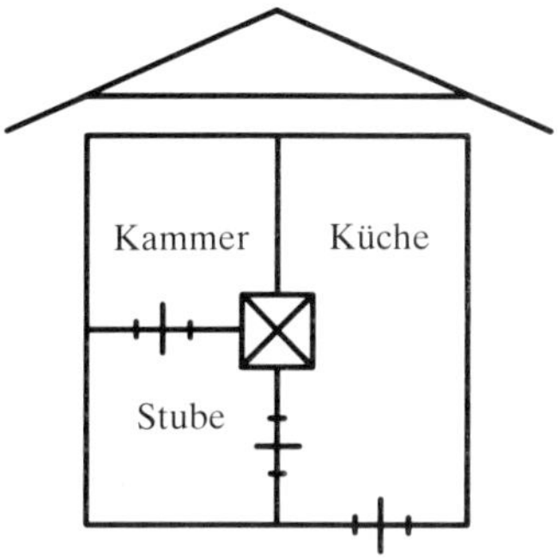

2 Teilung der Stube in Stube und Kammer.

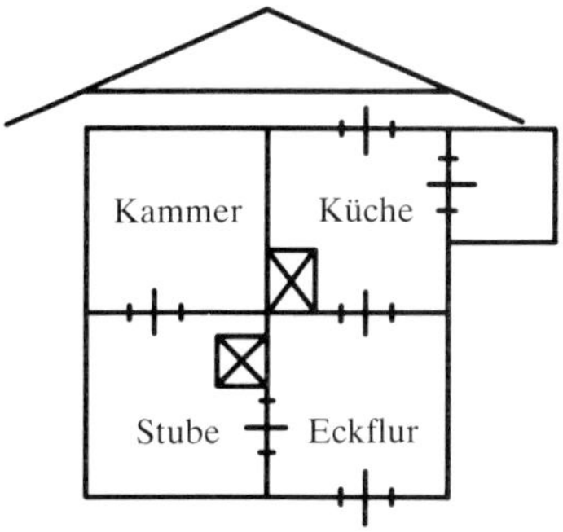

3 Abtrennung des Eckflurs (Vorplatz), Teilung der Feuerstätte in Küchen- und Stubenofen (Schemagrundriß des Hauses Krün, Wettersteinstraße 1).

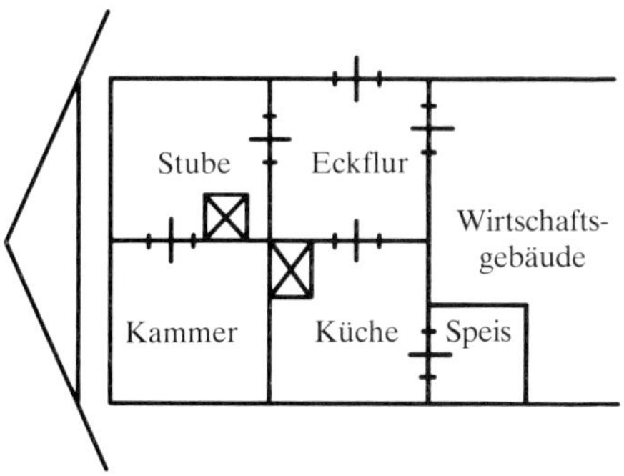

4 Eingang traufseitig: Die Entwicklung des Grundrisses ist die gleiche wie beim Eckflurhaus mit giebelseitigem Eingang, nur ist hier der Grundriß des Hauses um 90 Grad in der Firstrichtung gedreht.

Wallgau
Haus Nr. 25,
Schöttlkarstraße 2,
Ansicht von Westen

Durch Um- und Anbaute entstehen häufig Mischformen von Eck- und Seitenflurhäusern.

Das Seitenflurhaus

Dieser Haustyp tritt in Werdenfels in einer Fülle von Variationen auf. Diese ergaben sich einerseits durch eine gewisse Möglichkeit, sich auszubreiten, welche den Bau von Häusern mit traufseitigen Eingängen und Einfahrten ermöglichte, andererseits aber durch den Zwang entlang der Handelsstraße, welche durch Mittenwald und Partenkirchen zog, enggedrängt aneinander bauen zu müssen, der nur giebelseitige Einfahrten ermöglichte. Bei zunehmender Bevölkerungszahl ab dem 17. Jahrhundert und der sich daraus ergebenden Notwendigkeit, neue Wohnmöglichkeiten schaffen zu müssen, verknappte auch in Garmisch der Baugrund und ließ ähnliche Häuserzeilen wie in Partenkirchen und Mittenwald entstehen.
Es ist ein Charakteristikum der alten Ortskerne von Mittenwald, Partenkirchen und Garmisch, daß die Häuser der Zeilen meist ohne Zwischenraum zum Nachbarn, oft mit gemeinsamen Wänden in giebelseitiger Folge Haupt- und Nebenstraßen säumen. Bei dieser Sachlage waren natürlich traufseitige Einfahrten nicht möglich.
Auch das Seitenflurhaus ist, wie die anderen Haustypen, aus der Primitivform des Einraumes entstanden. Bei ihm kommt allerdings noch zu der Urform die offene Laube hinzu, welche einer Seite des Einraumgrundrisses in voller Breite vorgelagert war. Durch spätere Einbeziehung der Laube in den Baukörper des Hauses und ihre Wandlung in einen geschlossenen Flur, entstand das Seitenflurhaus.

Geschichtliche Entwicklung des Seitenflurhauses

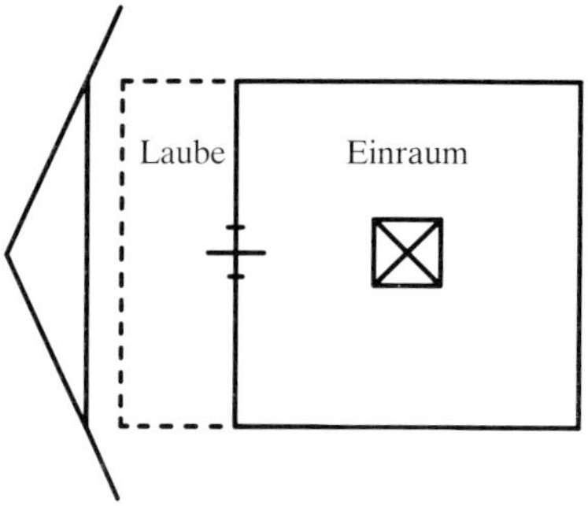

1 *Urform: Flureingang traufseitig (Flur senkrecht zum First). Die Laube wird zum geschlossenen Flur.*

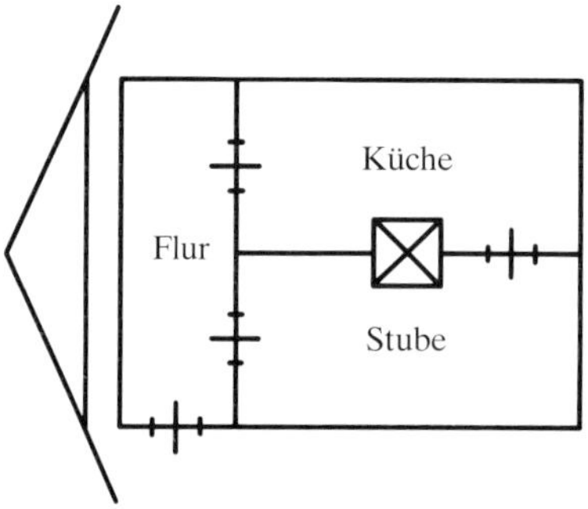

2 *Der Einraum ist geteilt in Küche und Stube.*

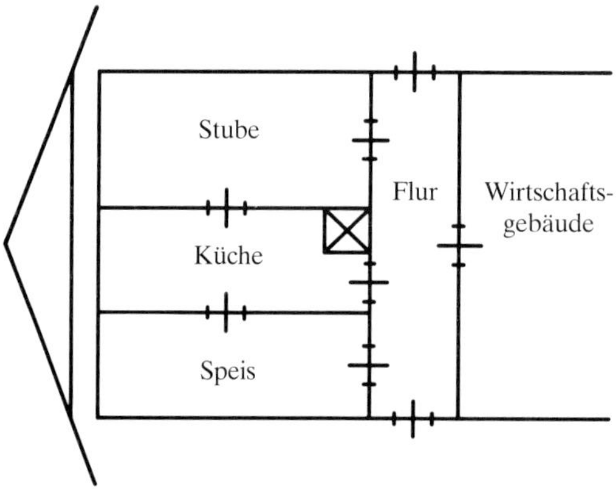

3 *Küche geteilt in Küche und Speis. Beim Zusammenbau mit dem Wirtschaftsgebäude wird der Flur – ins Hausinnere verlegt – zum Verbindungsraum mit dem Wirtschaftsgebäude. (Anwesen Haus Nr. 6 in Hammersbach, Gemeinde Grainau)*

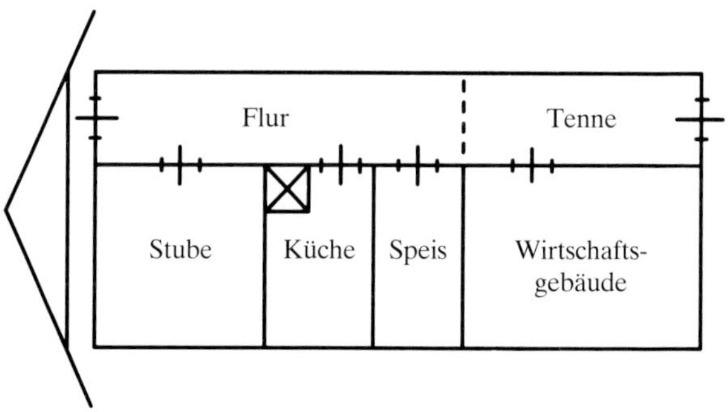

4 *Flureingang giebelseitig (Flur gleichlaufend mit dem First). Flur des Wohnhauses und Tenne des Wirtschaftsgebäudes zu einer Raumeinheit vereinigt.*
(Anwesen Haus Nr. 30 in Mittenwald)

Eine Variante zum Haus mit dem giebelseitigen Eingang zeigt einen Flur, welcher nicht mit der Tenne die Gesamtlänge des Anwesens durchzieht, sondern abgekürzt im Wohnteil endet, wie nachstehender Grundriß eines dieser Häuser zeigt:

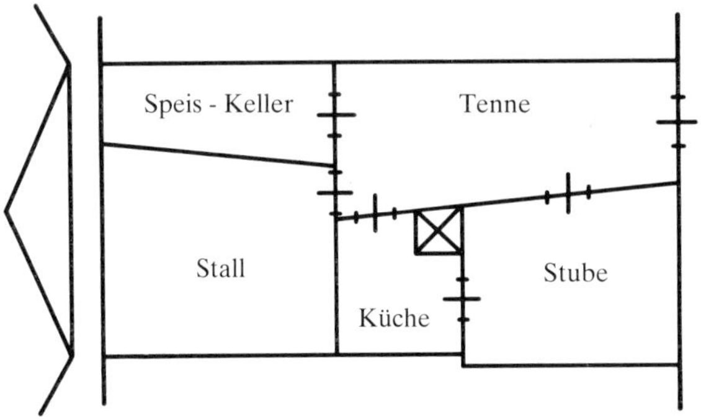

Schematischer Grundriß des Anwesens Mittenwald, Haus Nr. 53, Im Gries. Grundriß des Altbaus. Anwesen 1960 völlig umgebaut. Erdgeschoß.

Ein Beispiel für die Vermengung von Merkmalen eines Eckflur- und Seitenflurhauses zeigt ein Anwesen in Garmisch, Schmiedstraße. Der am Ende der Spätgotik (erwiesen durch seine gotische Haustüre) um ca. 1530 erbaute Hof zeigt den im nachfolgenden Plan ersichtlichen Grundriß:

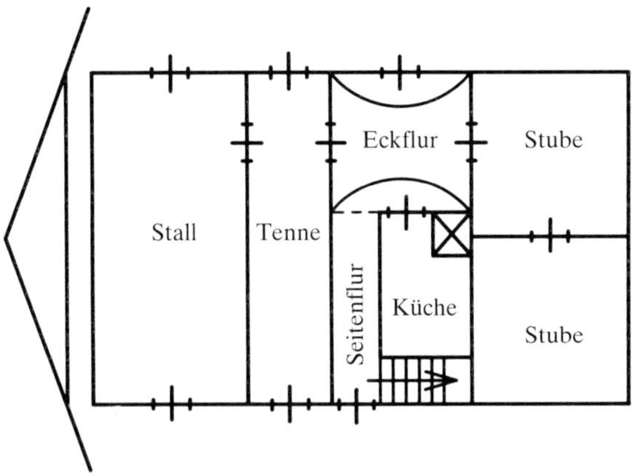

Schematischer Grundriß des Anwesens Garmisch, Schmiedstraße 6, Erdgechoß.

Vom gemauerten und gewölbten Eckflur zweigt ein nur die Hälfte der Breitseite einnehmender Seitenflur ab, von welchem man in einen großen Keller (ehem. Weinkeller) gelangt. Vom Eckflur führt eine Tür in die (ehemals lichtlose) Küche. Im übrigen weist der Hof die Merkmale eines traufseitigen Mittertennhofes auf.

Der Grundriß des Hofes in Farchant Am Gern 5 zeigt im Erdgeschoß einen, die ganze Länge des Hofes durchziehenden nicht befahrbaren Seitenflur, der den Wohn- und Wirtschaftstrakt durch eine Mauer trennt. Im Obergeschoß ist die Trennwand des Seitenflurs zum Wirtschaftstrakt durch eine Bretterwand gebildet, nahezu die ganze Grundfläche des Wirtschaftstraktes nimmt der Stall ein, in dessen NO-Ecke die gewölbte Speisekammer eingebaut ist.
Die Heuzulieferung erfolgt über eine giebelseitige Hochtennenauffahrt, eine einmalige Anordnung in ganz Werdenfels.
Das Erdgeschoß des Hofes und das Obergeschoß des Wohntraktes sind bruchsteingemauert. Der Heuboden ist mit einem Brettermantel verkleidet.

Haus mit Seitenflur
Farchant „Am Gern 5“
Grundrisse Erdgeschoß
und Obergeschoß

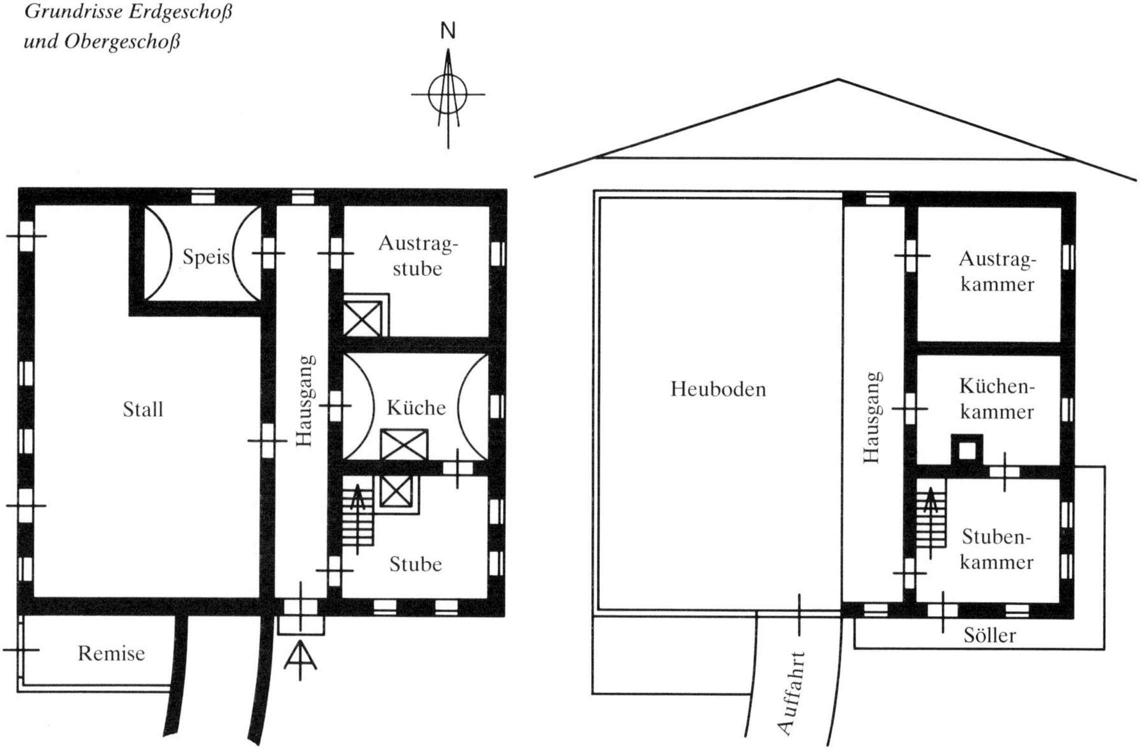

Farchant
Am Gern 5
Ansicht von Süden

Garmisch
Hofgasse 2
Ansicht von Süden

Ähnlich sieht der Grundriß des Hauses Garmisch, Hofgasse 2, aus, das sich noch in ursprünglichem Zustand befindet. Auch hier betritt man das Haus durch einen Eckflur, der sich abgewinkelt in einem Seitenflur quer zur Firstrichtung bis zur Außenmauer fortsetzt.

Haus mit Eck- und Seitenflur
Garmisch, Hofgasse 2
Grundriß Erdgeschoß und Obergeschoß

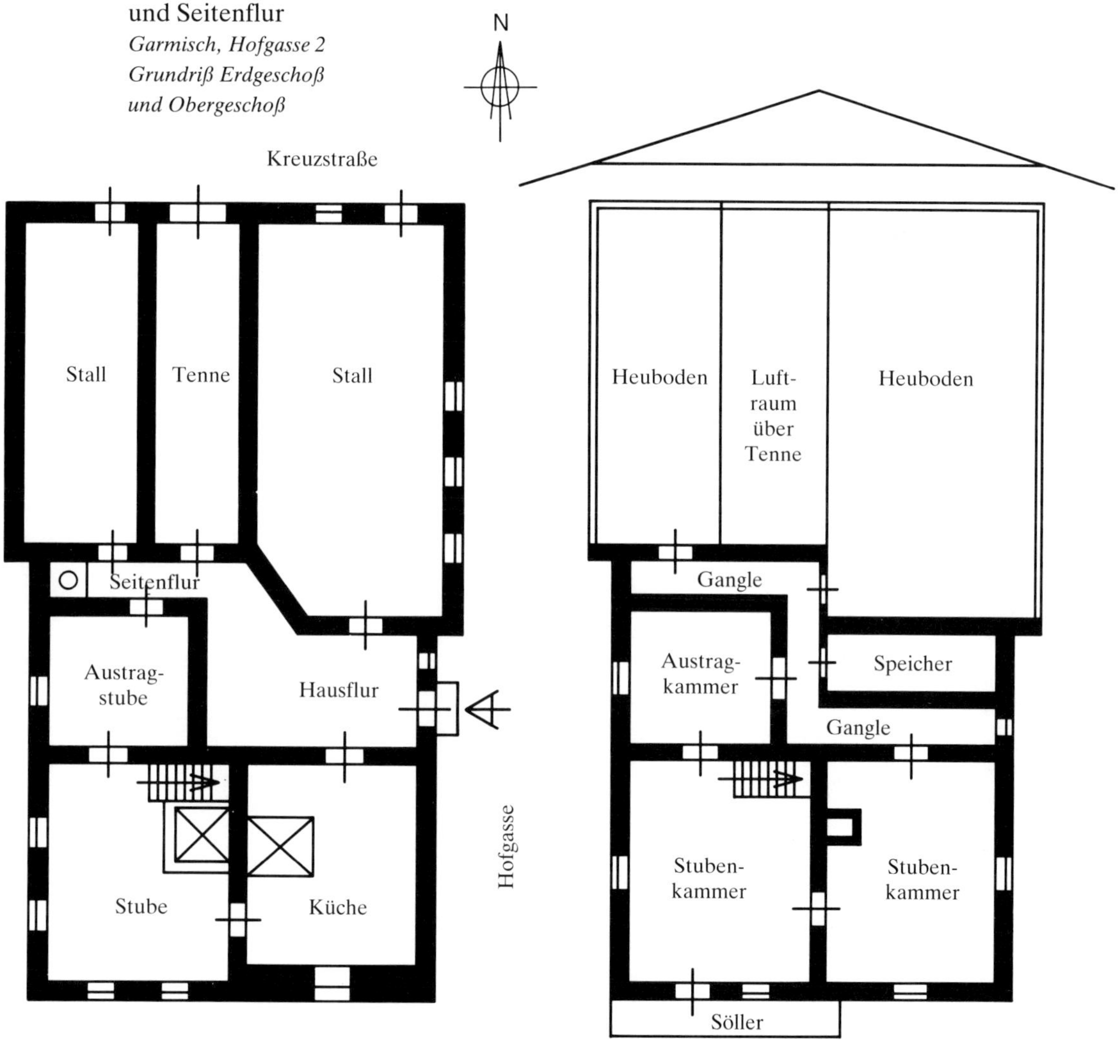

Eine andere Form einer Variante, diesmal eines Zusammenbaus von drei Anwesen unter einem Dach, bieten die Grundrisse des dreigeteilten Hauses in Mittenwald, Gröblalmweg 1, 3 und 5. Die Anwesen 1 und 3 sind ein Zusammenbau zweier Seitenflurhäuser und ideal geteilt durch die Mitte der Gänge im Erd- und Obergeschoß, durch eine Mittellinie in Stall und Heuboden. Anwesen Nr. 5 ist ein selbständiger Anbau eines Seitenflurhauses unter dem gleichen Dach.
Die Hausnummern 3 und 5 besitzen noch ein zweites Obergeschoß mit der gleichen Raumeinteilung wie im 1. Obergeschoß.

Mittenwald, Gröblalmweg, Ansicht Haus Nr. 1 Haus Nr. 3 Haus Nr. 5

Dreifachhaus mit Seitenfluren

Mittenwald, Gröblalmweg Nr. 1, 3, 5

- - - - - - - - - - - -

Eigentumsgrenze

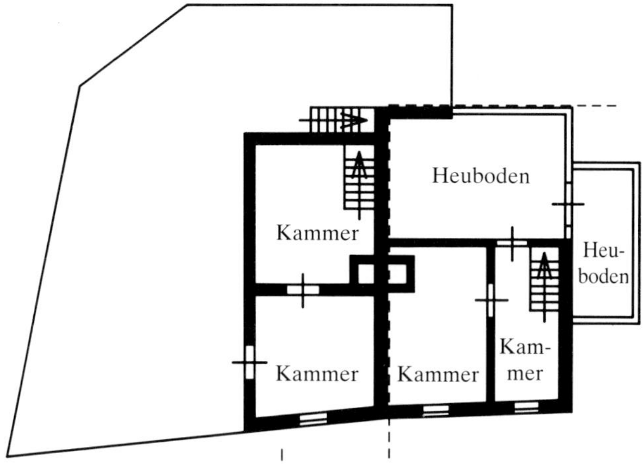

Grundriß 2. Obergeschoß

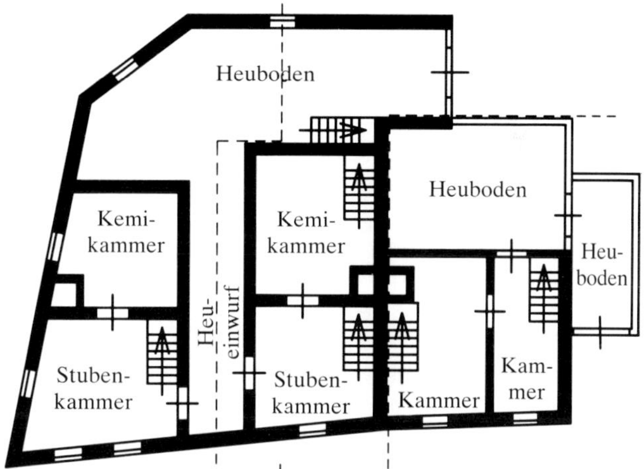

Grundriß 1. Obergeschoß

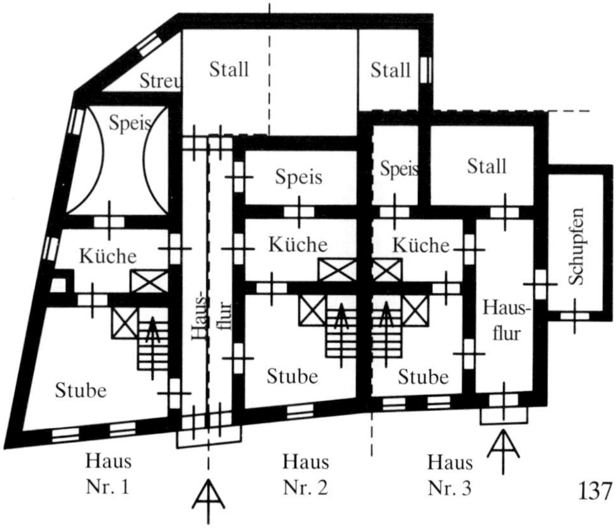

Grundriß Erdgeschoß

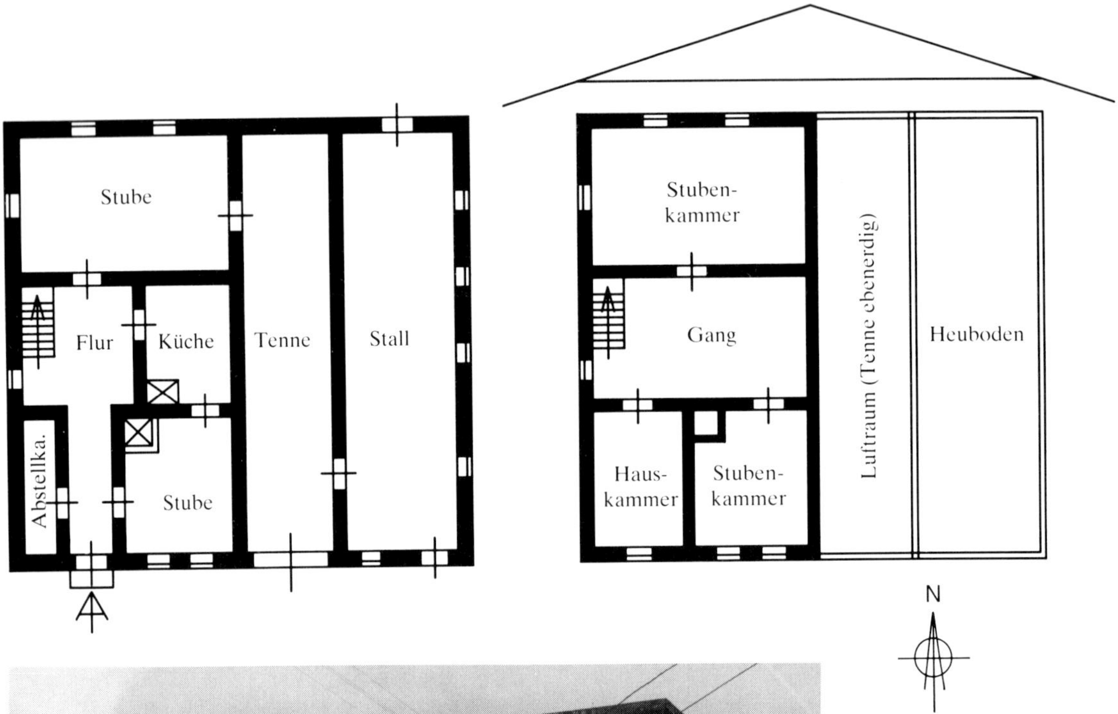

Haus mit Seitenflur

Farchant, Gernweg 5,
Ansicht von Süden

Der an der westlichen Außen-wand liegende Flur führt in 2 Stuben und in eine lichtlose Küche. Er stellt das Rudimen einer Flurküche dar, von der Küchenraum später zur Rauc freihaltung der übrigen Räum durch eine Steinmauer abgetre wurde.

Im übrigen zeigt die Hofanla die Kennzeichen eines giebel-seitigen Mittertennhofes.

Grundrisse Erdgeschoß und Obergeschoß

Das Mittertennhaus

Das Mittertennhaus gliedert sich von außen klar erkennbar in die 3 nebeneinander liegenden Teile Wohntrakt, Tenne und Wirtschaftstrakt. Diese Aufteilung trifft man in Werdenfels sowohl der Länge, als auch der Breite des Anwesens nach.
Das Mittertennhaus mit der Dreiteilung der Länge des Anwesens nach (traufseitig) findet man 34 mal im Garmischer Becken des Loisachtales und seiner Zuflüsse. Die weitere Verbreitung dieses Typs stellt Karl Ilg im Ausserfern im sog. „Lechtaler Mittertennhaus" fest.
Das Mittertennhaus mit der Dreigliederung in der Breite des Anwesens (giebelseitig) ist in Werdenfels weitverbreitet (165 mal) und eigentlich charakteristisch für das Werdenfelser Bauernhaus schlechthin. Sein Vorkommen in Werdenfels ist der nördliche Teil eines großen Verbreitungsgebietes, das in Tirol beginnend von Schwaz das Inntal flußaufwärts bis Telfs, mit den Seitentälern Sellrain und Stubai, umfaßt.
Der Typ dieses Hauses tritt in Werdenfels nachweislich am Ende des Mittelalters voll ausgebildet auf, (Garmisch, Schmiedstraße 6) ist also entwicklungsgeschichtlich sehr alt.
Er entstand dadurch, daß an den Seitenflur des Wohnteils Stall und Heuboden übergangslos angeschlossen wurden. Der Seitenflur, wahrscheinlich durch den früheren „Hof", den Arbeitsplatz zwischen Wohn- und Wirtschaftsteil, vergrößert, wurde zur befahrbaren Tenne und damit zur mittleren Raumeinheit unter dem gemeinsamen Dach. Diese übernahm für das Anwesen folgende Funktionen:
1. Zugang zu den Räumen des Wohnteiles,
2. Zugang zu Stall und Streuschupfen,
3. Einfahrt für Fuhrwerke (im allgemeinen keine Durchfahrt),
4. Arbeitsplatz.

Vorbedingung für die Mittertennhäuser war ein verhältnismäßig ebener Grund zur Einfahrt in die Tenne.
Von der 2. Hälfte des 18. Jhs. an begann man in der Tenne einen Seitenflur, gemauert oder mit hölzernen Wänden (letztere in Werdenfels Schließwände genannt) als gesonderten Eingang in die Wohnräume abzugrenzen, um die Einwirkungen der Landwirtschaft (Stallgeruch, -wärme, Heudampf) von den Wohnräumen abzuhalten.
Das letzte giebelseitige Mittertennhaus wurde in Werdenfels 1876 auf alten Mauerresten neu aufgebaut (Garmisch, Fürstenstraße 18). Seitdem wird dieser Typ nicht mehr gebaut, er hat bei der gegenwärtigen Entwicklung der landwirtschaftlichen Betriebe keine Zukunft.

Nachstehend folgen die Grundrisse von Mittertennhäusern des trauf- und giebelseitigen Types ohne und mit Seitenflur.

Eines der ältesten Häuser dieses Typs, Untergrainau, Haus Nr. 29, ist uns leider nur im Lichtbild und dem Lageplan des Häuserkatasters des Forstamtes Garmisch erhalten. Es wurde bereits 1916 abgebrochen. Sein hohes Alter gründet sich auf der Tatsache, daß, wie aus dem Lichtbild zu ersehen ist, der Holzblockbau des Erdgeschoßes aus unbehauenen Rundholzstämmen zusammengefügt ist. Das Obergeschoß, offensichtlich später aufgesetzt, zeigt bereits eine leichte Glättung der Blockwand. Die Entstehung des Hauses kann nach obigen Merkmalen schon im 15. Jh. angenommen werden, da Häuser in Garmisch, die im Hochmittelalter nach 1500 entstanden (z. B. Garmisch, Schmiedstraße 6), bereits vierkant behauene Balken im Blockbau aufweisen. Das Haus ist nach seinem Grundriß bereits ein reines traufseitiges Mittertennhaus, wie nebenstehender Plan zeigt.

linke Seite:
Garmisch, Fürstenstraße 18 (erbaut 1876)

Mittertennhaus

Untergrainau Haus 29 „Zum Schmiedfranzl“,
Ansicht des Hofes von Süden
Traufseitiger Eingang, Tenne, Hauseingang und Tenneneinfahrt gemeinsam in einer Raumeinheit.
Grundriß Erdgeschoß

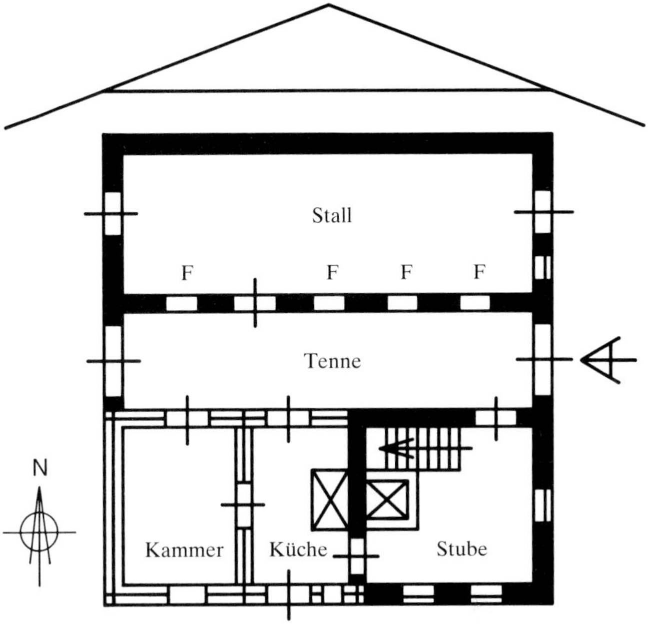

Mittertennhaus

Giebelseitig mit Tenne und Seitenflur
Partenkirchen, Sonnenbergstraße 6, „Zum oberen Lares"
Ansicht des Hofes von Nordwesten, Altzustand, Wohnteil 1978 umgebaut
Obwohl mitten im Ort, Landwirtschaft noch voll im Betrieb.

rechts: Grundrisse Erdgeschoß und Obergeschoß

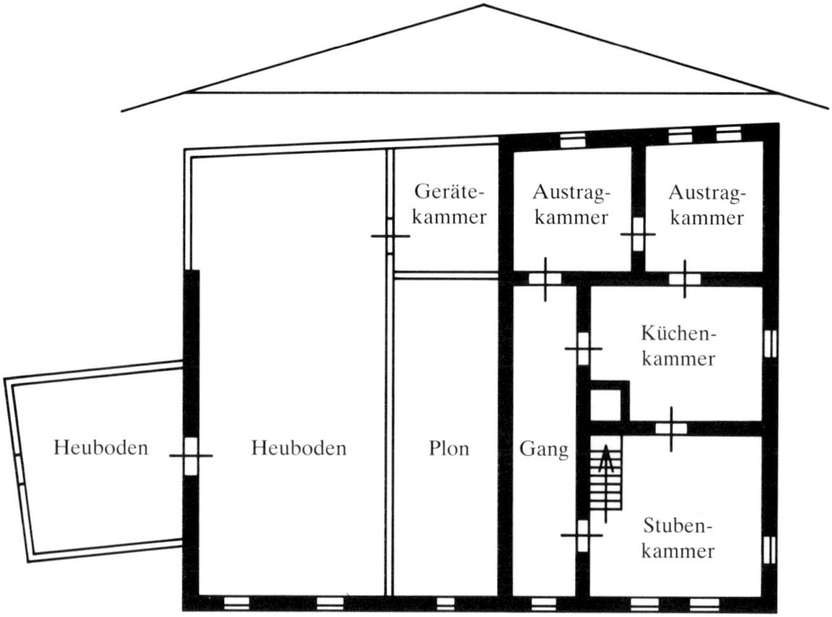
Geräte-
kammer
Austrag-
kammer
Austrag-
kammer
Küchen-
kammer
Heuboden
Heuboden
Plon
Gang
Stuben-
kammer

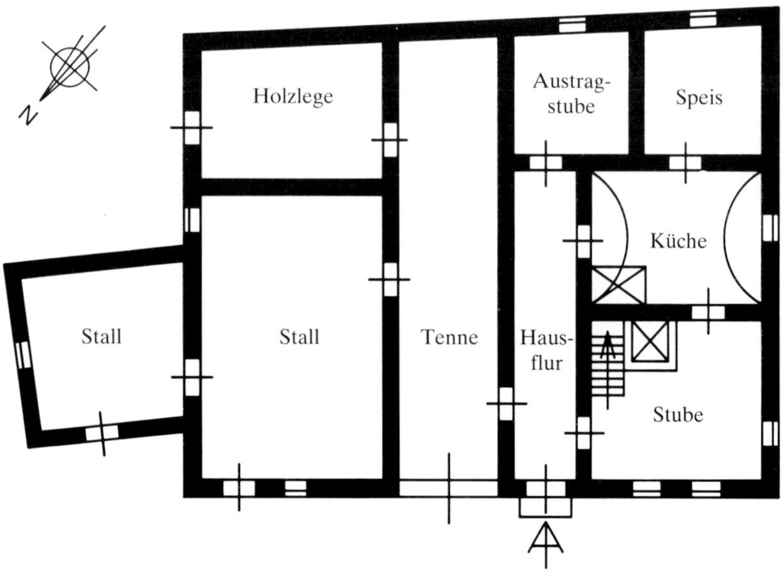
N
Holzlege
Austrag-
stube
Speis
Küche
Stall
Stall
Tenne
Haus-
flur
Stube

Das Mittelflurhaus

Das Mittelflurhaus in Werdenfels macht als Wohnteil eines längeren Hofes in Streckform bei ziemlicher Breite der Giebelseite (bis 18 m!) einen behäbigen Eindruck. Die Ausgangsform dieses Typs ist das Seitenflurhaus.
Durch Anbau von Kammern an den verbreiterten Seitenflur gegenüber dem Wohnteil entstand im 16. Jh. der Typ des Mittelflurhauses. Seine ältesten Vertreter findet man in Garmisch in einem nachweislich 1524 schon gebauten Haus, Frühlingstraße 29, welches bis unter das Dach bruchsteingemauert ist, sowie im sog. Polzenkasperhaus (Bahnhofstraße 92) mit einer im Blockbau des Obergeschoßes eingehackten Datierung von 1595.
Die Mehrzahl der Häuser dieses Typs entstand im 17. und angehenden 18. Jh. Eines dieser Häuser (Garmisch, Zugspitzstraße 21/21a, datiert 1687) besitzt bereits eine regelrechte Stiege vom Hausflur in den Oberstock neben den allgemein üblichen Leiterstiegen von der Stube in die darüber liegenden Kammern.
Das Mittelflurhaus ist gegenüber dem Wirtschaftsteil völlig abgeschlossen. Die Verbindung beider stellt nur eine Türe an der Rückwand des Hausflurs her. Die Raumverhältnisse in den Wirtschaftsteilen werden später bei ihrer Behandlung im Abschnitt über die Wirtschaftsteile eingehend dargelegt.

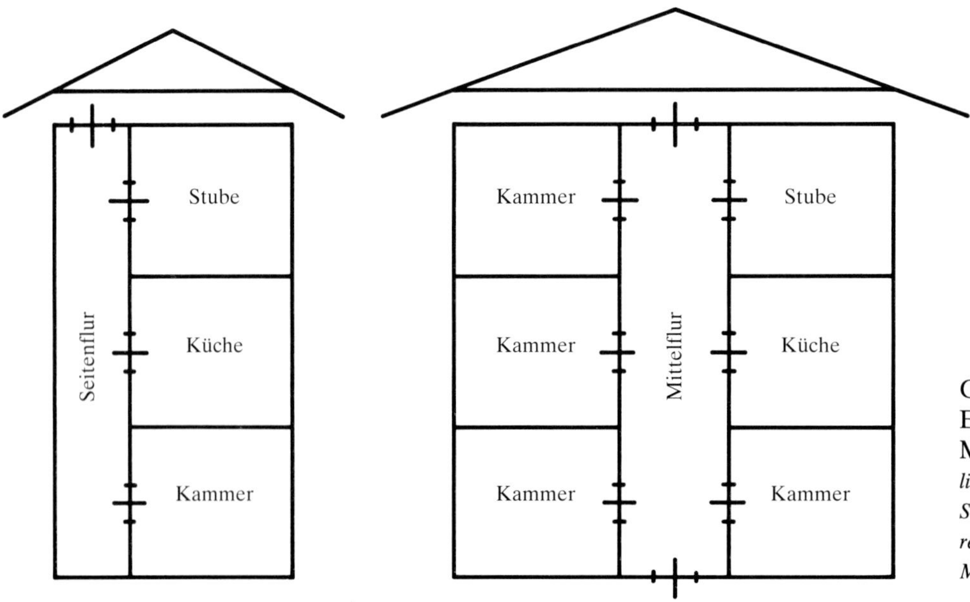

Geschichtliche Entwicklung des Mittelflurhauses
links: Seitenflurhaus
rechts: Mittelflurhaus

Mittelflurhaus mit Wirtschaftsteil

Farchant, Hauptstraße 20
Ansicht von Südosten

Hof zum „Klos“, Mittelflurhaus mit Quertenne im Wirtschaftsteil. Wohnteil bruchsteingemauert, Wirtschaftsteil Ständerbau mit Brettermantel im Obergeschoß

Grundrisse Erdgeschoß und Obergeschoß

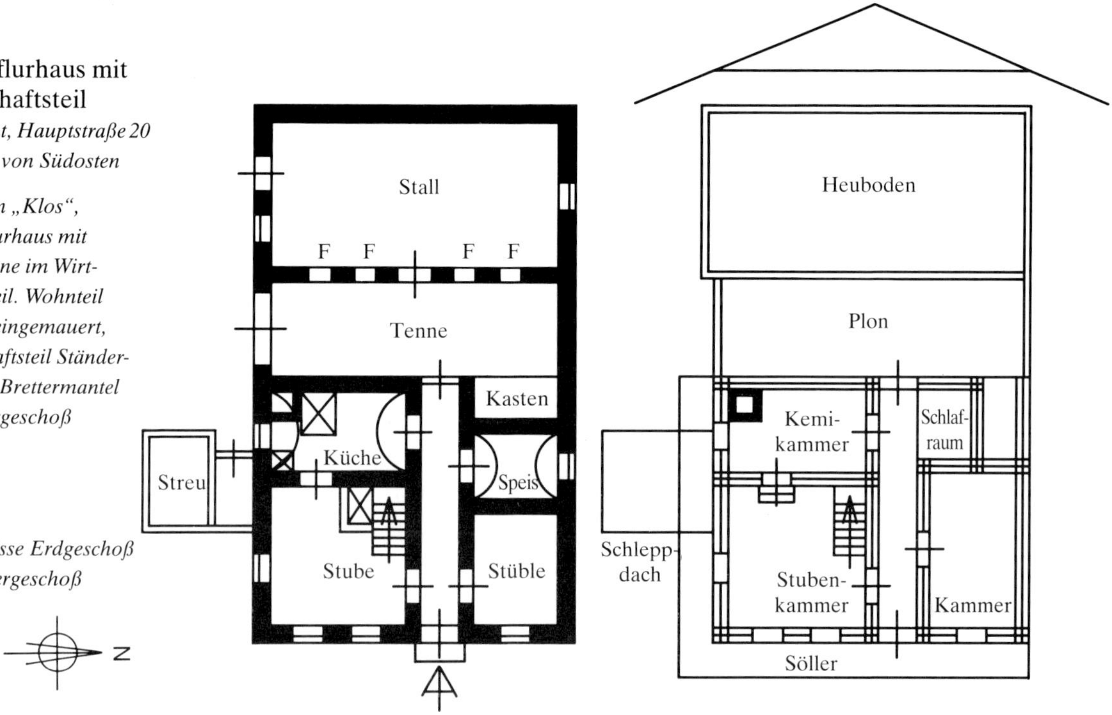

Garmisch

Frühlingstraße 29, Ansicht von Süden

Erbaut nach Salbucheintrag 1524 von Paulus Traber, Unterrichter von Garmisch, von Beruf Getreideaufkäufer. Ursprüngliches Anwesen (bis zur Linie A-A1) im Eigentum einer Familie. Zweigeteilt unter Anbau eines dreigeteilten Wirtschaftsteiles im 17. Jh. Der ganze Wohnteil (Erd- und Obergeschoß) bis zum Speicher (Dillboden genannt) ist bruchsteingemauert. Die meisten Räume des Altbaues sind gewölbt. Das ursprüngliche Anwesen besaß keine Tenne, sondern nur einen „Heueinwurf“ (Brettertüre an der Westseite des Wirtschaftsteiles im Obergeschoß).

Mittelflurhaus mit Wirtschaftsteil
Grundrisse Ergeschoß und Obergeschoß

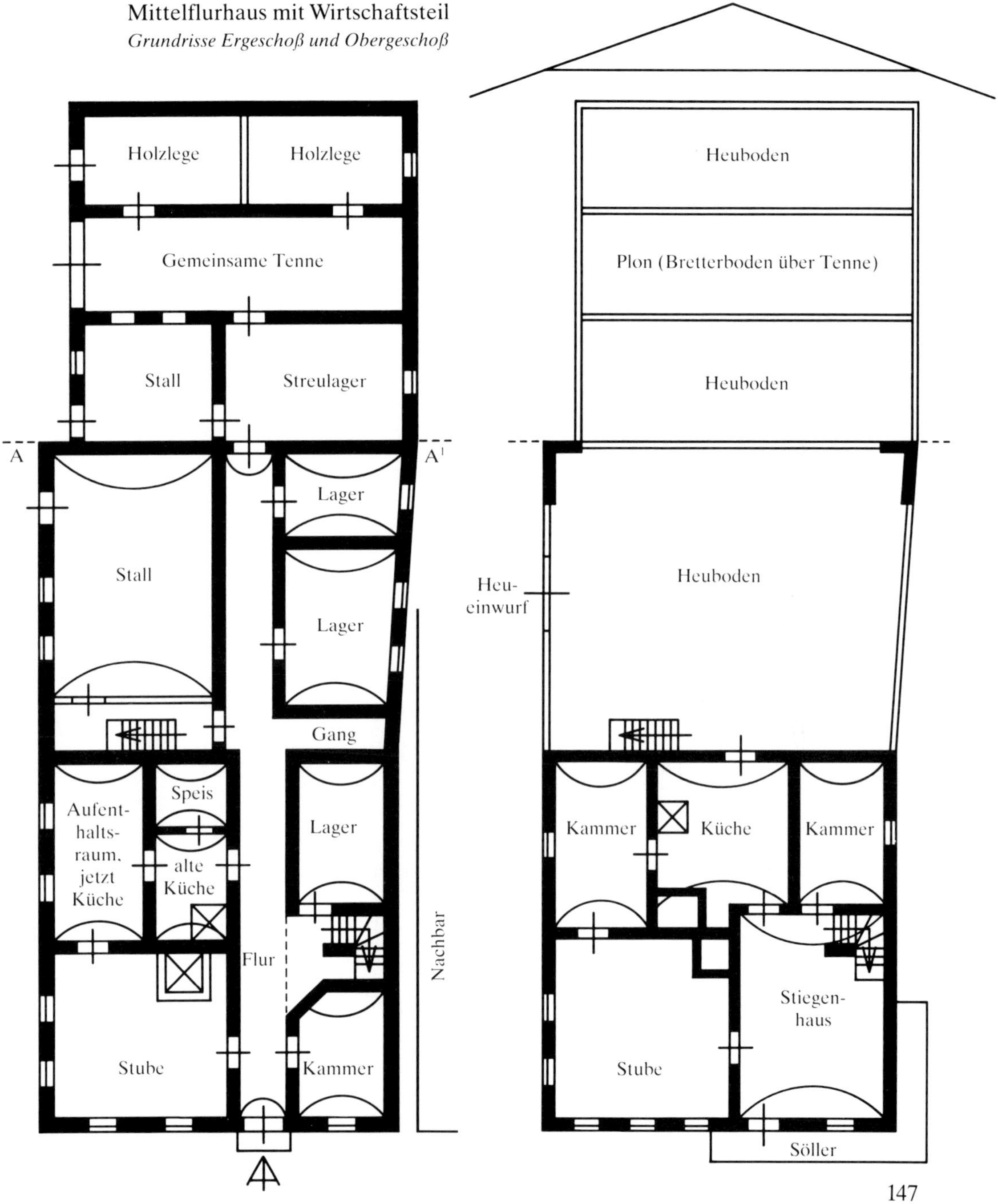

Garmisch, Bahnhofstraße 92, beim „Polznkasper“, Mittelflurhaus mit Quertenne im Wirtschaftsteil, erbaut 1595. Datierung im Blockbau des Obergeschoßes eingehackt (x). Erdgeschoß aus Bruchsteinmauerwerk. Obergeschoß des Wohnteils Holzblockbau mit Ausnahme der bruchsteingemauerten Westwand, Wirtschaftsteil Ständerbau mit Brettermantel.

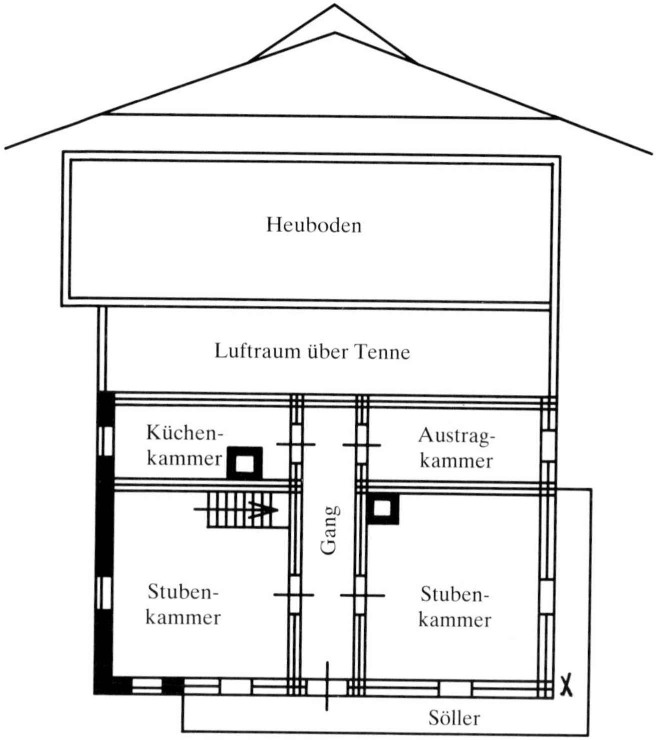

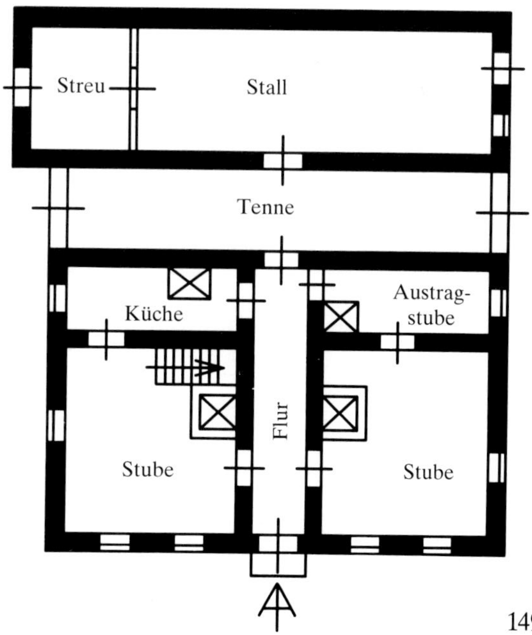

Mittelflurhaus mit Wirtschaftsteil

Garmisch, Bahnhofstraße 92,
Ansicht des Hofes von Süden

Anwesen z. Zt. weitgehend im Innern umgebaut. Dargestellte Grundrisse nach dem ursprüngl. Zustand des forstamtlichen Häuserkatasters (Forstamt Garmisch- Partenkirchen).

Grundrisse Erdgeschoß und Obergeschoß

Mittelflurhaus mit Wirtschaftsteil

Farcha
Esterbe
Ansich
Süden (

Grundrisse Erdgeschoß und Obergeschoß

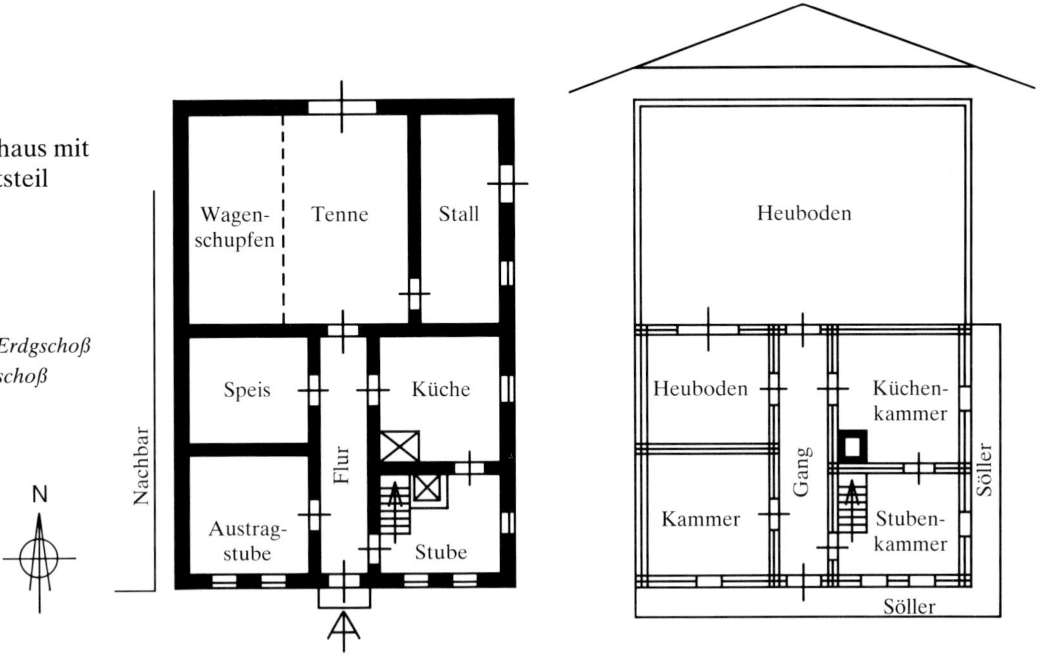

Hof zum „Knoascht“, Kleinbauernhof. Mittelflurhaus, Tenne schließt in Firstrichtung an den Mittelflur des Wohnteils an. Erdgeschoß von Wohn- und Wirtschaftsteil in Bruchsteinmauerwerk. Obergeschoß im Wohnteil Holzblockbau, im Wirtschaftsteil Ständerbau mit Brettermantel.

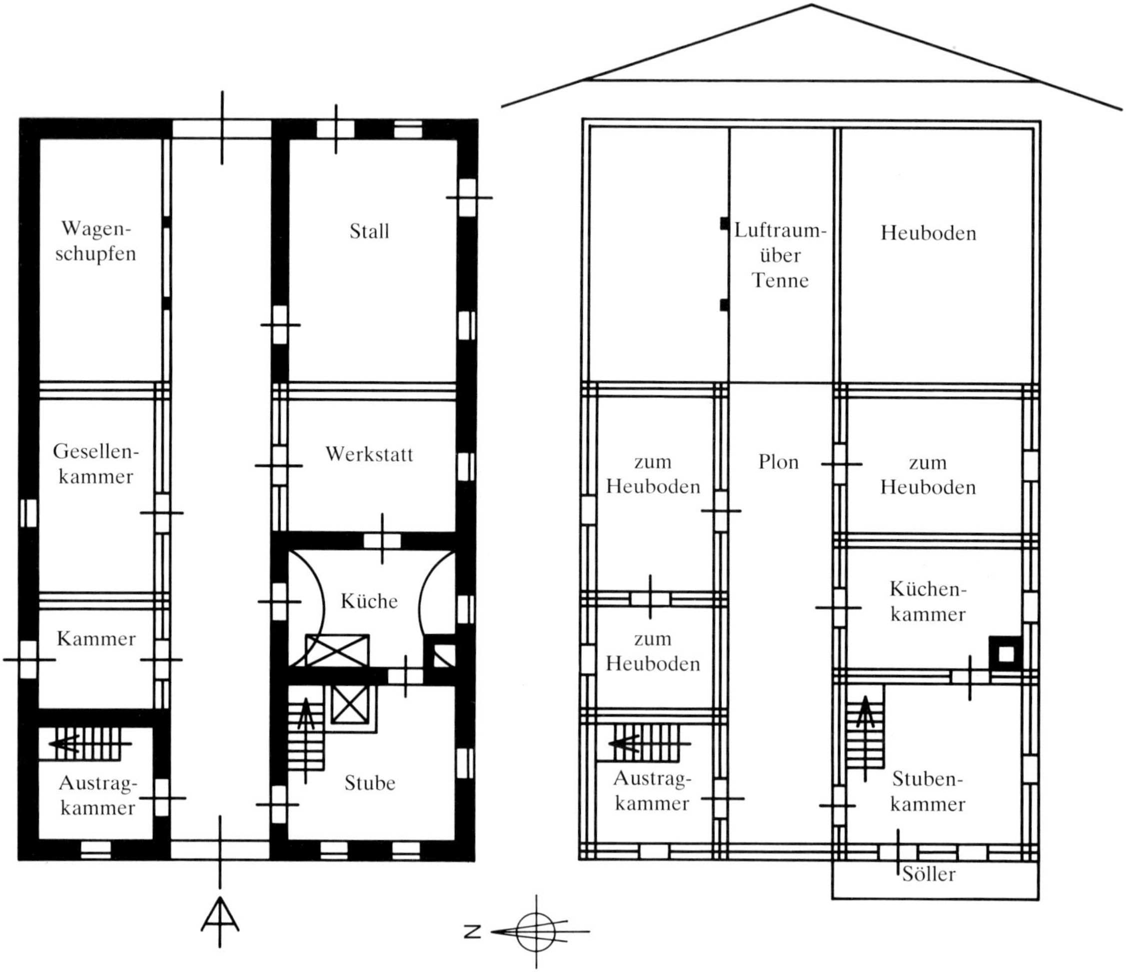

Das Anwesen zeigt nach seinem Grundriß einen in Werdenfels singulären Typ eines Mittelflurhauses mit Wirtschaftsteil. Eine 3 m breite Tenne durchzieht von der Mitte der Giebelseite leicht nach Norden versetzt der Länge nach (in Firstrichtung) den gesamten Hof. Der Mittelflur, bei anderen Häusern dieses Typs nur als begehbarer Hausgang, wurde hier zur befahrbaren Tenne mit Durchfahrt erweitert. Stall und Heuboden sind nach rückwärts versetzt. das Erdgeschoß des Hofes besteht, soweit nicht bruchsteingemauert, aus Wänden von Rundholz (ca. 25 cm ∅), ebenso das Obergeschoß nach Plan. Die Außenwände sind durchwegs verbrettert. Die Verwendung von Rundholz läßt auf ein hohes Alter schließen.

Mittelflurhaus mit Wirtschaftsteil

Farchant, Hauptstraße 9, Hof zum „Kupferschmied“

oben: Ansicht von Südwesten
unten: Innenansicht

Anwesen eines Gewerbetreibenden mit gewerblichen Räumen.

Grundrisse Erdgeschoß und Obergeschoß

Seitenflurhaus mit Mittertennanordnung

Bei nachstehenden Abwandlungen dieses Haustyps entspricht die Einteilung des Obergeschosses den Grundrissen des Erdgeschosses:
Bei *traufseitigem Eingang* über bestehendem Seitenflur. Seitenflur und Tenne sind getrennt, da Flur auch im Obergeschoß über ebenerdigem Flur.
Bei *traufseitigem Eingang* über die Tenne. Tenne und Seitenflur sind zu einer Raumeinheit verschmolzen.
Bei *giebelseitigem Eingang* über Seitenflur oder Tenne.
Beim *Doppelhaus im giebelseitigen Mittertennhof,* welches in Firstrichtung geteilt wird, gehört in Mittenwald stets, wie bereits beschrieben wurde, dem einen Teilbesitzer die Hauskammer über der gemeinsamen Tenneneinfahrt. Es spielt dabei keine Rolle, ob die Hauskammer zum rechten oder linken Teilbesitz gehört. Dafür, daß der eine Teilbesitzer über eine Hauskammer verfügt, wird der andere durch einen flächenmäßig gleichgroßen Heustock über der Abdeckung der Tenne (Plon) an der Rückseite des Wirtschaftsgebäudes entschädigt. Im übrigen besteht auch bei diesem Typ die Gleichheit der Raumeinteilung im Grundriß und Obergeschoß. Ebenso entspricht wiederum die Einteilung des Obergeschosses (oder des 2. Oberstockes) dem Grundriß des Erdgeschosses.
Bei den *dreistöckigen* Seitenflurhäusern (Mittenwald, Gröblalmweg 3 und 5 und Farchant, Hauptstraße 20 a).

Beim *Mittelflurhaus.*
Bei *Doppelanwesen* im Mittelflurhaus.

AUFRISS DES BAUERNHAUSES

Neben der Länge und Breite des Bauernhauses, welche zusammen mit der Raumverteilung die Grundrisse der Geschosse ergeben, ist der Aufriß, welcher den vertikalen Aufbau eines Hauses zeigt, die dritte maßgebliche Komponente der räumlichen Gestaltung, des Raumeindruckes eines Hauses.
Die altartigen Bauernhäuser in Werdenfels waren mit 4 Ausnahmen (2 einstöckige in Garmisch, Griesstraße 1, Griesgartenstraße 24, und 3 dreistöckigen, je 1 in Farchant, Hauptstraße 20, und in Mittenwald, Gröblalmweg 3/5) doppelstöckig (zweigädig) d. h. sie besaßen ein Erd- und ein Obergeschoß.

zweikant und später vierkant behauenem Holzwerk noch steigern mußte.
Den Holzblockbau mit Rundhölzern im Obergeschoß treffen wir ab Mitte des 15. Jahrhunderts, den mit vierkantbehauenen Balken ab dem 16. Jahrhundert in Werdenfels an. (Früheste Datierung 1595 Polzn-Anwesen in Garmisch, 1602 Kasten in Partenkirchen, Ludwigstraße 15; 1602 in Farchant, Anwesen Heubergweg 2.)

Holzblockbau

Kasten des Anwesens Ludwigstraße 15 in Partenkirchen (1602)

ENTWICKLUNG DER WOHNHAUSTYPEN IM GESCHICHTLICHEN ABLAUF

Wie bereits dargelegt wurde, stand am Beginn der Entwicklung des Hausbaus der Einraum, wie er in seinen Einzelheiten in der Lex Bajuvariorum und der Lex Alemannorum erscheint. Die Einraumhäuser behaupteten sich sehr lange. Erst mit der wachsenden Fähigkeit, die Baumaterialien Stein und Holz besser zu bearbeiten, konnte man um die Wende des 13. zum 14. Jahrhundert damit beginnen, den Einraum des Wohnhauses abzuteilen, und erst von dieser Wende ab entwickelten sich die Haustypen zu ihrer heute erkennbaren Form in steter Kontinuität.
Sichere Beweise über das Bestehen fertig ausgeformter Typen besitzen wir in Werdenfels erst von der Zeit des ausgehenden Mittelalters, also ab 1500, beweisbar durch das bereits erwähnte Auftreten von gotischen Spitzbogentüren an einem Seitenflurhaus in Garmisch, an einem Mittertennhof in Mittenwald und an einem Mittelflurhof in Garmisch. Diese 3 Typen waren also in Werdenfels um ca. 1500, dem Ende des gotischen Stils, schon zu gleicher Zeit fertig ausgebildet.
Den Nachweis früher Entstehung für das Eckflurhaus zu erbringen, fällt mangels irgendwelcher Datierungen schwer, doch lassen die altertümlich wirkenden Grundrisse, z. B. der des Hauses Garmisch, Schmiedstraße 10, mit einem Vorhaus ohne obere Raumabdeckung, ein ähnlich hohes Alter vermuten.

Garmisch
Beispiel für ein offenes Vorhaus, ohne obere Raumabdeckung

BAUMATERIAL UND KONSTRUKTION

Arten und Aufbereitung des Baumaterials

Steine

Zur Verwendung als Baumaterial standen in Werdenfels Steine in ausreichenden Mengen überall zur Verfügung. Es handelte sich dabei ausnahmslos um Kalksteine aus Hauptdolomiten und Wettersteinkalken. Der vor dem Gebirge zum Hausbau vielfach verwendete Kalk-Tuffstein (große Steinbrüche bei Kloster Polling) fand keinen Eingang in Werdenfels.

Steine wurden gewonnen aus Geröllhalden und Wasserläufen, hier meist in Form von Rundgeröll (sog. Bachkugeln). Zur Verarbeitung als Baumaterial wurden die Bruchsteine meist nur oberflächlich behauen.

Die Verwendung von Bruchsteinen als Baumaterial mit dem Bindeglied des Kalkmörtels blickt in Werdenfels, wie bereits erwähnt, auf ein sehr hohes Alter zurück. In Mittenwald reihen sich im Obermarkt südlich an die Pfarrkirche anschließend mehrere alte, durchwegs aus Bruchstein gebaute, mehrstöckige Häuser aneinander (Westseite Haus Nr. 2 mit 22, Ostseite Haus Nr. 1 mit 7), die erkennbar z. T. noch aus dem 16. Jahrhundert stammen. Im Haus Nr. 8/10/12/14 befindet sich noch im 2. Stockwerk (!) eine Spitzbogentüre, Haus Nr. 18/20/22 hat ein Spitzbogenportal, Haus Nr. 1 besitzt im 1. Stock eine gotische Hauskapelle. Auch in Garmisch Frühlingstraße 29 gibt es ein vollkommen aus Bruchsteinen gemauertes Haus, mit 3 Spitzbogentüren im Innern (erbaut nach Salbucheintrag i. J. 1524).

Könz bezeichnet in seiner Studie über den Hausbau im Engadin[9] als Ostgrenze des auch im Oberinntal verbreiteten Engadiner Stein-Haustypes, das Mittelinntal bei Innsbruck.

Bei einer gewissen Verwandtschaft der Bauformen (Fensterlaibungen) der Mittenwalder Steinbauten mit den Engadiner Häusern liegt der Gedanke nahe, daß für die frühen Steinbauten in Werdenfels, welche bevorzugt entlang der Römer-, späteren Rott-Straße, der uralten Querverbindung durch die Alpen nach dem Süden, stehen, eine Verbindung zu den Bauten im Oberinntal bestand, die auf römische und vielleicht noch ältere Bautradition zurückgeht. Ähnlich liegen die Verhältnisse im Vorarlberger Walgau und Montafon, „wo das steingebaute Bauernhaus seit alters und zahlreich beheimatet ist“.[10] Zu einem ähnlichen Schluß kommt Baumeister, der das rhaetoromanische (Stein-)Haus nur als Fortsetzung des römischen und nicht als selbständig entwickelten Typ bezeichnet.

Bereits Anfang des 16. Jahrhunderts treten in Werdenfels, abgesehen von den m. E. wesentlich älteren Steinbauten im Mittenwalder Obermarkt, die gemauerten Erdgeschosse auf, die dann bald zur Regel werden.

Der frühe Beginn dieser Bauweise wird dadurch bewiesen, daß das im Erdgeschoß gemauerte Haus Schmiedgasse 6 in Garmisch noch eine Haustüre mit gotischem Spitzbogen besitzt, während der Oberstock mit verputzten Holzblockwänden aufgeführt ist. Datiert mit 1595 (Inschrift im Blockbau) ist schließlich das sog. Polznkasperhaus (Garmisch, Bahnhofstraße 92), welches über einem auch im Innern gemauerten Erdgeschoß ebenfalls einen vierkant-behauenen Blockbau im Obergeschoß aufweist.
Vom Anfang des 18. Jahrhunderts an wird dann auch mehr und mehr das Obergeschoß des Wohnhauses, zunächst nur die Außenwände, später dann auch die zunächst noch hölzernen Innenwände in Bruchsteinmauerwerk aufgeführt, bzw. mit Kalkmörtel verputzt. Dadurch entstehen auch im 18. Jahrhundert die Wandflächen, welche zur Anbringung von Freskomalereien geeignet waren, deren Anfänge in der Mitte des 18. Jahrhunderts fallen (Kirchturm Mittenwald 1746, Apostelhaus Mittenwald, ca. 1748, Schlipferhaus Mittenwald 1762).
Als Bindemittel für das Bruchsteinmauerwerk dient seit eh und je der Kalkmörtel (Löschkalk mit etwas Sandzusatz).

Holz

Als Baustoff zum Hausbau stand in reichlicher Menge Holz zur Verfügung. Abgesehen von den vorstehend beschriebenen mittelalterlichen Steinbauten in Mittenwald und Garmisch bediente man sich seit frühester Zeit – hier wie im ganzen Alpenraum – des Holzes zum Hausbau und zwar ausschließlich des Nadelholzes von Fichte und Tanne; Lärchenholz gab es kaum und Eichenholz stand in dem rauhen Klima von Werdenfels nicht in ausreichender Menge zur Verfügung.
Schon den Römern, die an den Steinbau gewöhnt waren, fiel die Vorliebe der Germanen, zum Hausbau nur Holz zu verwenden, auf.[11]
Die Bestimmungen der „leges Bajuvariorum" handeln auch nur von Wohnhäusern, die mit einem Stangengerüst von Holz errichtet wurden.
Daneben gab es wohl schon seit langer Zeit auch den Blockbau. Denn aus dem Federseegebiet in Oberschwaben sind Blockwände bereits aus der La Tène-Zeit bekannt.
Die Blockbauten der Hirtenhütten und Viehunterstände am Berg, sowie die Wiesstädel auf den Mähwiesen sind als ursprüngliche Bauten anzusehen, weil sich in Werdenfels keine anders gearteten Vorgänger feststellen lassen.
In der 2. Hälfte dse 16. Jahrhunderts beherrschte alle verantwortlichen Stellen die Befürchtung, es könnte durch einen Raubbau in den Waldungen infolge zugroßen Holzverbrauches für den Hausbau, für die Zäunungen, durch einen übergroßen Brennholzverbrauch eine fühlbare Verknappung des Rohstoffes Holz entstehen.[12]

Um den vermeintlichen oder da und dort tatsächlichen Raubbau einzudämmen, wurden gegen Ende des 16. Jahrhunderts die ersten sogenannten „Forstordnungen“ erlassen.
Während die Freisinger Forstordnung von 1598 nur ganz allgemeine Richtsätze erließ, ging die Forstordnung der „Fürstenthumben Obern- und Nider-Bayern“ von 1616 bereits stark in die Einzelheiten.
Diese Forstordnung ist im bayerischen Landrecht von 1616, dem sogenannten „codex Maximilianeus“ enthalten, welcher mit Konsens des Hochstiftes Freising für sein Gebiet und dann auch für Werdenfels galt.
Die Forstordnung verhängt im 42. Artikel, S. 751, ein Verbot, wonach 2-gädige Bauernhäuser künftig nicht mehr in Holz auszuführen, sondern zu mauern sind:
„So wird mit den zweigädigen gezimmerten Bauernhäusern vil Holtz verschwendt / welche abgeschafft / oder denen / die es haben wöllen / und bedürftig seind / eins oder beede Gaden zu mawren / vil ehe vergunt werden solle / als von geschlossenem oder ungeschlossenem Holtz zu zimmern / dann bey den gemawrten Häusern vil Holtz zu ersparen ist.“
Geschlossenes oder gestricktes Holz ist ein Blockbau, dessen einzelne Stämme vierkant behauen und an den Ecken durch Verstrickung bündig verzinkt sind. Gestricktes Holz fand nur bei Wohnhäusern und Kästen Verwendung. Unter ungeschlossenem Blockbau ist entweder der Ständerbohlenbau (senkrechte Säulen, in diese eingelassene, waagrechte Bohlen) oder der offene Blockbau aus Rundhölzern mit sogenannten Vorköpfen zu verstehen.
Die Forstordnung von 1616 verbietet ferner in Artikel 41, S. 750, den Bau von sogenannten Austragshäusern[13] (Wohnung für Bauern, die ihren Hof übergeben haben) aus Holz und ordnet ferner in Art. 39, Seite 750, an, daß künftig in jedem Dorf wegen Brennholzersparnis nur noch eine Badstube unterhalten werden dürfe.
In ausführlicher Weise ergeht sich die Forstordnung besonders darüber, das Holz zu rechter Zeit zu schlagen. Im 27. Artikel (S. 743) ist zu lesen:
„Wie das Holtz zu rechter und nit ungewohnlicher oder unrechter zeit geschlagen sol werden.
Es hat sich auch bißher vilmals begeben / daß die Schneidt- und Zimmerbäum / auch anders Holtz zu unrechter oder ungewohnlicher zeit nidergehawen / und derhalben erfault / auch durch die Würm schadhafft werden / welches nicht allein denen / die es zu den Zimmmern gebraucht / in bedenkung / daß inen uber volführung irer Gebäw nit geringer Unkosten auffgegangen / beschwerlich und nachtheilig / sonder man hat umb souil desto eher ander Holtz abhawen / und uber die Gebäw abermals beschwerlichen Unkosten wenden müssen. Damit aber solcher merklicher schad hinfüran abgestellt und verhütet werde / solle man den Forstern / Knechten / und Holtz-

hayen bey iren Pflichten mit allem ernst aufferlegen / daß sie darob halten / auff daß hinfüran allerley Holtz / so zu den Gebäwen abgegeben wirdt / zu rechter / und nicht unrechter oder ungewohnlicher zeit / sonderlich das Holtz / so man zu den Zimmern / oder Gebäwen brauchen wil / erst nach dem 24. Octobris wann die Sonn in das Zeichen deß Scorpions geht / und dann biß zu end deß Monats Februarii im abnehmenden Mon / oder im Februario 3. oder 4. Tag nach dem Nowmon im zunemmen geschlagen / und mit mehrerm nutz / als hieuor / gebraucht werde / dann wie sich bey den alten in erfahrung befindet / wann ein Zimmer- oder Schneidholtz im Fabruario oder Hornung zunemmmenden Mons 3. oder 4. Tag darnach geschlagen würde / so würde es nimmermehr wurmig / es gewinnt auch kein Sonnenklufft / doch solle es von stunden nach dem schlag von der Rinden geschitt / und nit in der Rinden / biß mans zu dem zimmern oder schneiden verbrauchen wil / gelassen / noch auch dergleichen abgehawen Holtz / so lang es zimmermessig / abgegipflet / sonder ime sein müglichiste läng gelassen werden / bey vermeydung gebürlicher Straff."

Die Art, das Holz nach den sogenannten „Zeichen" zu schlagen, hat sich nachweisbar durch Jahrhunderte bewährt, ist aber seit jüngster Zeit nicht mehr beachtet worden, weil sie heutzutage in unserer schnellebigen Zeit durch Einhaltung der Termine viel zu beschwerlich geworden ist. Man ist daher allgemein zur künstlichen Trocknung übergegangen und hat das Schlagen des Holzes unter den altgewohnten Vorzeichen außer Acht gelassen, aber nicht vergessen.

Die Ziegel

Die Kenntnis des *Ziegelbaus* kam erst im 12. Jahrhundert aus der Lombardei in das nördliche Alpengebiet und das Alpenvorland.

Als Baumaterial bei Profanbauten hat sich der Ziegel in Werdenfels weder zum Hausbau noch zur Dachdeckung bis zum Ausbau der Eisenbahnstrecke München–Garmisch 1889 durchsetzen können. Dafür war er zu teuer, denn die großen Ziegeleien lagen östlich von München; allein die Frachtkosten von dort nach Werdenfels schlossen eine Verwendung als Baumaterial in Bauernhäusern aus.

In Werdenfels selbst gab es keine Ziegeleien. 2 kleinere Ziegeleien in Ettal und Murnau befriedigten nur den Bedarf bei den Kirchen- und Klosterneubauten der Umgebung, sowie bei Amtsgebäuden der freisingischen Verwaltung. In Altwerdenfels selbst befanden sich keine größeren, zur Ziegelherstellung verwertbaren Lehmvorkommen.

Erst durch den Bahntransport mit seinen billigen Frachten fand der Ziegelbau auch in Privathäusern Eingang. Er verdrängte den Bruchsteinmauerbau bis zur Jahrhundertwende zum 20. Jahrhundert restlos. Zur Zeit gilt es als etwas aufwendig, mit Ziegeln zu bauen.[14] Daß jedoch der Ziegelbau ganz verschwinden wird, ist bei Bauten normaler Wohnhäuser angesichts der Vorzüge der Ziegel nicht zu erwarten.

Zement

Der Ziegelbau seinerseits wird in der Gegenwart besonders beim Bau der Kellergeschoße weitgehend verdrängt durch den *Zement.* Seine Vermengung mit Sand und Kies mit dem Endprodukt *Beton* findet wegen seiner außerordentlichen Härte und Widerstandskraft eine zunehmende Verwendung beim Hausbau.

Eisen

wurde im Hausbau bis ins Hochmittelalter kaum benutzt. Es war schwer zu bekommen.[15] Nur vereinzelt wurden im Erdgeschoß der Häuser von Wohlhabenden Fenstergitter angebracht, wurden Fensterläden oder Kellertüren mit Eisenplatten belegt (z. B. Haus Nr. 47 in der Ludwigstraße, Partenkirchen, im Heimatmuseum). Eisen war teuer, es mußte im Handel mit Geld erworben werden, schwierig für die Landwirtschaft früherer Zeiten, die ohne merklichen Geldumlauf noch fast ganz auf Güteraustausch eingestellt war. Eisennägel wurden aus diesem Grund sehr sparsam verwendet. Ihre Stelle nahm bis in die Mitte des 19. Jahrhunderts der Holzdübel aus Hart- oder Weichholz ein. Türangeln waren bis ins 19. Jahrhundert aus Holz.

Hölzerne Türangel am Polznkasper-Anwesen in Garmisch, Bahnhofstraße 92

Glas
wurde zur Erhellung von Räumen in Bürger- und Bauernhäusern, wie überall, so auch in Werdenfels verhältnismäßig spät verwendet. Die anfänglichen Möglichkeiten, das Tageslicht in die Räume einzulassen, bestanden zunächst in der Anbringung einer Öffnung über der Haustüre, dem sogenannten Oberlicht (zugleich für Rauchabzug), verschließbar mit einem Schuber,[16] in Öffnungen in der Blockwand, zu verschließen mit einem Stück Kantholz. Dann kam die Erweiterung der Wandöffnungen auf eine Größe von ca. 30 : 25 cm, welche immer noch mit Schubern verschlossen wurde. Erst später entstanden Glasfenster mit Kreuzstöcken und Fensterkreuzen. Die Verwendung von den im 15. Jahrhundert aufkommenden Butzenscheiben ist nirgendwo in Werdenfels festzustellen. Erst mit dem Aufkommen kleinflächigen Tafelglases, Mitte des 16. Jahrhunderts, erhielten die Fenster bleigefaßte Kleinglasscheiben.[17] Für den Erwerb des Glases mußte, wie bereits beim Eisen erwähnt wurde, ein wenn auch bescheidener Geldumlauf vorausgesetzt werden, da das Glas wie das Eisen von auswärts kommend, gekauft werden mußte.

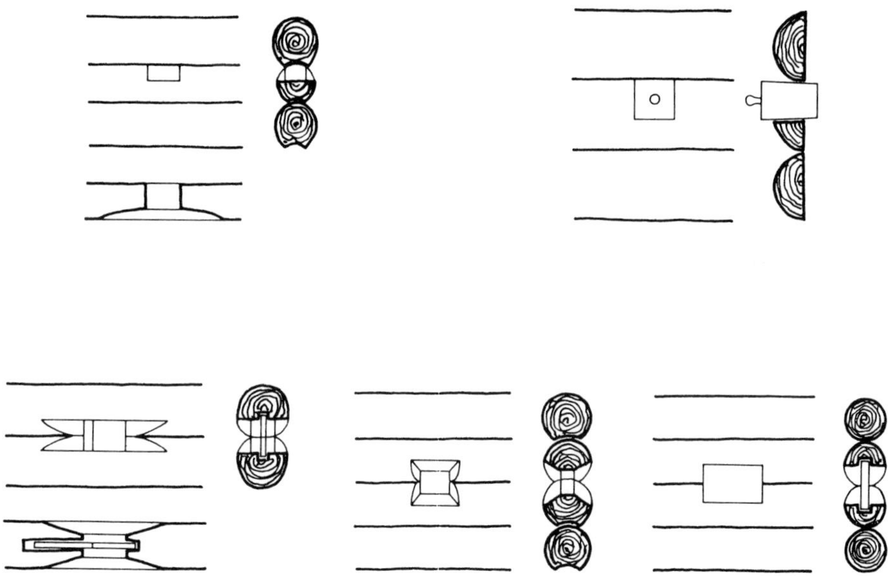

Lüftungsöffnungen in Blockwänden (Rund- oder Kanthölzer).
Hier wird kein Balken abgeschnitten, sondern höchstens bis etwa um ein Drittel ausgeschnitten, eine senkrechte Ausspreizung ist dabei nicht nötig. Geschlossen wird die Öffnung durch einen in einer Nut laufenden Schieber oder durch einen Holzpflock. (Nach Phleps, „Der Blockbau“)

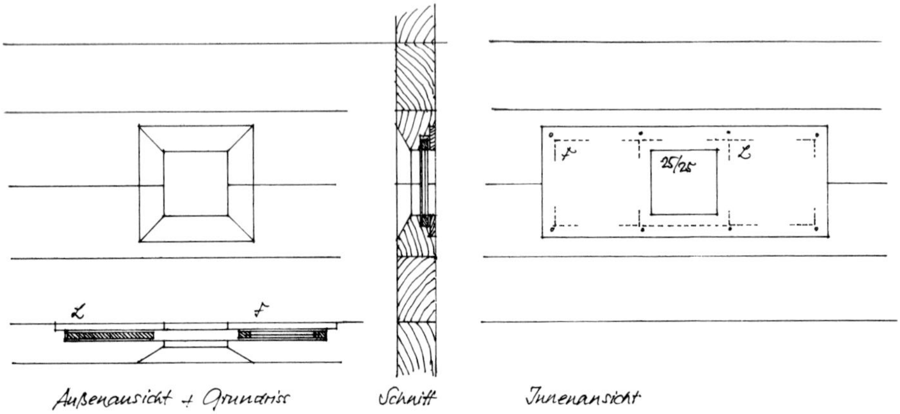

Gotisches Schiebefenster in Blockwand. Das nur ca. 25 × 25 cm große Fenster ist so in die Blockwand eingeschnitten, daß jeweils der obere oder untere Balken nur bis zur Hälfte ausgesägt werden muß. Außen wird die Öffnung ringsum stark abgeschrägt, um den Lichteinfall zu vergrößern. Innen wird in die Blockwand eine Nische gestemmt, in die ein Deckbrett eingepaßt wird. Zwischen Blockwand und Deckbrett laufen in der Nische zwei Schieber, ein Fensterrahmen (F) mit der lichten Öffnung von 25 × 25 cm (Außenmaß 34 × 34 cm) und ein ebenso großer Brettladen (L). Damit bietet das Fenster drei Möglichkeiten der Nutzung: a Lüftung, beide Schieber zurückgeschoben; b Belichtung, Fenster zugeschoben; c Verdunkelung, Brettladen zugeschoben.

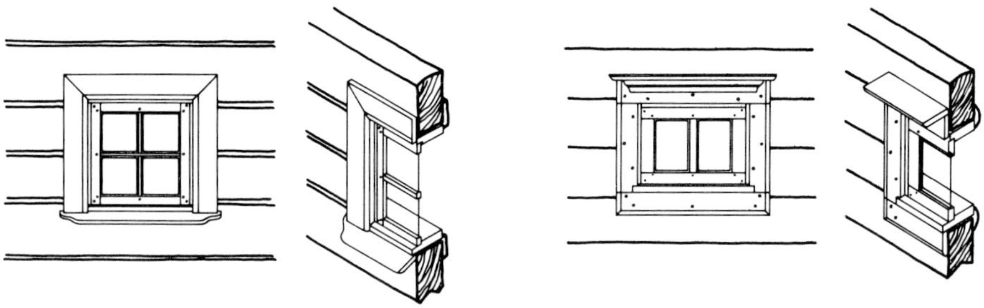

Fenster in Blockwänden (Kanthölzer). Die Fenster werden durch Ausschneiden der Öffnung aus der Blockwand und durch Einsetzen von Bohlenzargen gebildet, die den Fensterstock mit dem oder den Flügeln halten. (Nach Phleps, „Der Blockbau")

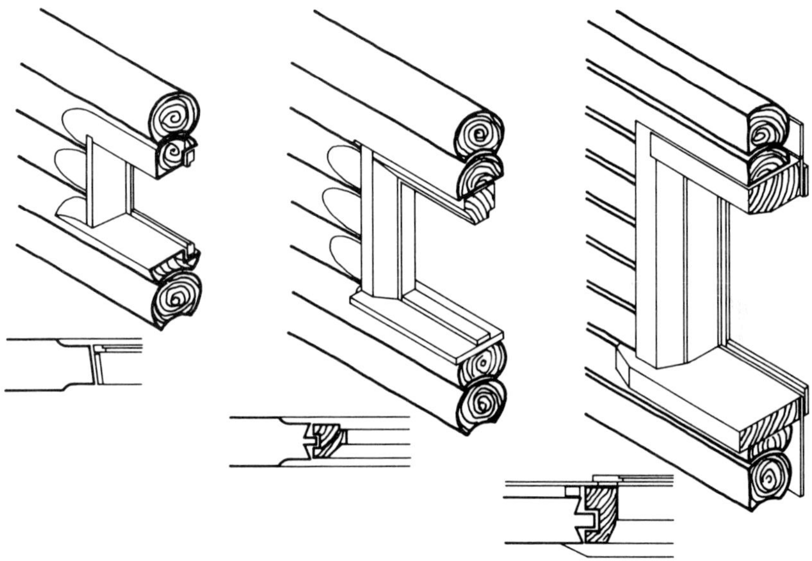

Fenster in Blockwänden (Rund- oder Kanthölzer):
Nur ein Balken wird abgeschnitten, die beiden anderen sind oben bzw. unten halbiert und durch stehende Bohlenstücke links und rechts verspreizt. Damit ist das statische Gefüge uneingeschränkt erhalten. Nach dem gleichen Prinzip sind hier die weitaus größeren Fenster gebaut. (Nach Phleps, „der Blockbau")

Der Sockel

Bei der Untersuchung über die Art, wie die altartigen Häuser fundiert wurden, erlebt man für das Gebiet von Werdenfels eine Überraschung. Beim Abbruch alter Bauernhäuser muß man feststellen, daß die Fundierung keinesfalls den gegenwärtigen Vorstellungen eines sorgfältig gebauten Fundamentes entspricht, welches imstande ist, den starken Gebäudedruck auszuhalten.
Nur wenige Häuser in den Hanglagen von Mittenwald, Wallgau, Gschwandt, Hintergraseck und Obergrainau sind in den Hang hineingebaut. Hier stieß man bei der Gründung meist sehr bald auf gewachsenen Fels (Hauptdolomit), der besondere Fundierung überflüssig machte. Anders bei der Großzahl der Höfe, die auf ebenem Grund errichtet wurden.
Reine Holzblockbauten besitzen hier nur Fundamente aus locker nebeneinander, direkt auf den Boden gelegten Bruchsteinen, leicht mit Mörtel verkittet. Die Fundamentstiefe liegt zwischen 30 und 50 cm. Bei Mauerbauten reichen die Fundamente, ebenfalls aus leicht vermörtelten Bruchsteinen kaum tiefer. Die Breite der Mauer schwankt zwischen 40 und 70 cm. Der Humus auf der Hausgrundfläche wurde vor dem Bau abgezogen.
Trotz der verhältnismäßig leichten Fundierung ist aber kein Einsturz in Bauernhäusern bekannt geworden. Dies rührt wohl davon her, daß die Häuser im Innern durch die reichliche Verwendung von gegenseitig verzapften Holzbalken ein hohes Maß von Festigkeit an sich erreichten.

Partenkrichen, Ludwigstraße 45
Details aus dem Kellergewölbe im Gasthaus „zum Rassen“

Das Erbübel des alten Mauerwerks, die Salpetrierung, ist in Werdenfels in den Sokkeln häufig anzutreffen. Bei der, bereits in der Einleitung festgestellten hohen Luftfeuchtigkeit (Durchschnitt rund 80%), zieht das infolge der Verwesung stickstoffhaltiger Substanzen gebildete Salpetersalz durch seine hygroskopische Wirkung Luftfeuchtigkeit an und durchfeuchtet das Mauerwerk der Fundamente. Gegen die Salpetrierung ist bis jetzt noch kein wirksames Gegenmittel bekannt.

Mittelstütze im Gewölbe-Keller zum Rassen

Der Keller

Ganz unterkellerte alte Häuser trifft man in Werdenfels nicht an. Eine beträchtliche Zahl von ihnen hat überhaupt keinen Keller, sondern nur ebenerdig gelegene Speisekammern.
Mannigfaltig ist die Form und Größe der unterirdischen Keller. Sie sind alle bruchsteingemauert und meistens gewölbt. Man trifft besonders in Mittenwald entlang des Obermarktes, aber auch in Garmisch (Schmiedstraße 2 und 6, Marienplatz 12, Hotel Post, Zugspitzstraße 21 a) und in Partenkirchen (Ludwigstraße 45 und 47, Heimatmuseum) Keller an, die ursprünglich zur Lagerung von Wein für den örtlichen Markt bestimmt waren. Der Zugang erfolgte hier durch eigene Stiegenhäuser.

Unter den Hausgängen von Seitenflurhäusern liegen öfter schmale Keller von beträchtlicher Länge (Garmisch, Höllentalstraße 5, 5a, Partenkirchen, Sonnenbergstraße 6). Sie besitzen manchmal Kellerluken (mit Kellerhals, Sonnenbergstraße 6) und sind durch Falltüren erreichbar.
Große Keller liegen bis 7 m unter Bodenhöhe, kleinere sind bis zu 2 m tief. Daneben gibt es Kellerschächte, bruchsteingemauert oder holzverschalt, mit einem Rauminhalt bis zu 1 cbm mit Falltüren, in die man sich nur hinunterbücken kann.
Die ebenerdigen Speisekammern werden später im Abschnitt über die Innenausstattung des Bauernhauses behandelt.

Modell eines Hauses einer Alemannensiedlung, das deutlich die Entstehung der Hauswand aus dem sog. Dachhaus zeigt. Wie bei diesem sind die Sparren in den Erdboden eingegraben und stützen das strohgedeckte Walmdach nach allen Seiten hin vorzüglich ab.
Um Licht ins Haus zu bekommen, baute man etwas innerhalb des durch die Walmdachkonstruktion gewonnen Vierecks eine Wand aus Flechtwerk mit Lehmverputz und Fensteröffnungen.

Die Wände

In den bereits mehrfach zitierten Stammesgesetzen der Bayern aus dem 6. Jahrhundert findet man die Hauswand als Bauelement des Hauses noch nicht erwähnt. Es ist dort nur vom Dach und Dachgerüst die Rede. Man muß annehmen, daß der Dachbelag, wie bei anderen Primitivbauten, bis zum Boden reichte; denn so war, auch ohne Wände, ein weitgehender Schutz der Inwohner vor Einflüssen der Witterung und vor Gefahren aller Art gegeben.

Durch gesteigerte Lebensbedürfnisse in der Folgezeit wuchs auch das Verlangen nach mehr Raum. Um diesen zu gewinnen, bot sich an, das Dachgerüst und damit die Dachhaut zu heben. Der Raum unter der äußeren Dachschräge, bis dorthin, wo das Dach am Boden auflag, wurde dadurch nutzbar.

Bei der Hebung des Daches und der Dachkonstruktion mußten zunächst die bisherigen, rechteckigen Pfostenreihen im Inneren durch eine weitere nach außen vermehrt werden, welche das bisher auf der Erde aufliegende Dach in einem Abstand vom Boden mitzutragen hatte. Es entstand ein zusätzliches Ständergerüst nach außen hin. Diese Art von Wandbau nimmt auch W. Sage für die 1970 – 1972 ausgegrabenen Profanbauten des im Jahre 763 gegründeten Klosters Scharnitz bei Klais an.[18] Der neu gewonnene Raum erforderte eine Abschirmung nach außen. Es entstand als neues, weiteres Bauelement die Wand. Neben der Schutzfunktion hatte die Wand die konstruktive Aufgabe, die Last des gesamten Oberbaus eines Hauses mitzutragen. Wie die Wandbildung anfänglich erfolgte, dafür fehlen in Werdenfels bauliche oder andere Hinweise. Es ist anzunehmen, daß auch hier, wie anderswo, die Zwischenräume mit Flechtwerk oder aneinander gereihten Stangen angefüllt wurden, welche mit Lehm überzogen waren. (Wand = winden)

Andererseits zeigen die als Primitivbauten anzusprechenden Hirtenhütten, Viehunterstände am Berg, Wiesstädel, Flachsbrechelstuben im Tal den reinen Holzblockbau zu Rechtecken zusammengefügter unbehauener Nadel-Holzstämme.

Als Primitivbauten sind sie deshalb anzusprechen, weil von diesen Bauten keine andere frühere Form bekannt ist.

Es liegt der Gedanke nahe, daß die Bauweise des einfachen Blockbaus, welche mit dem Material der unbehauenen, zunächst nur in den aufeinanderliegenden Ecken eingekerbten Rundholzstämmen bereits eine gewisse Fertigkeit aufwies, sehr bald auch beim Hausbau Verwendung fand.

Die Frage, welche der beiden Bauweisen für Wände, ob Ständer- oder Blockbau, zuerst verwendet wurde, ist mangels Altbauten nicht zu lösen.

Im Zuge der Weiterentwicklung des Wohnhauses, wie es in den oben erwähnten Leges beschrieben ist, darf angenommen werden, daß die Wände im Ständerbau errichtet worden sind.

Nach Untersuchungen Ilgs in Rankweil[19] war der Bohlenständerbau um 1500 n. Chr. in den Talniederungen und im Bregenzerwald weit verbreitet. Auch in dem angrenzenden schweizerischen Voralpengebiet herrschte er vor.
Weiss stellt hierzu zur Geschichte des Ständerbaus noch folgendes fest: „Alpin – bronzezeitliche Siedlungen in Graubünden bestanden noch durchwegs aus Pfosten- oder Ständerbauten. Erst frühestens in der Bronzezeit kam mit den Metallwerkzeugen der Blockbau auf".[20]

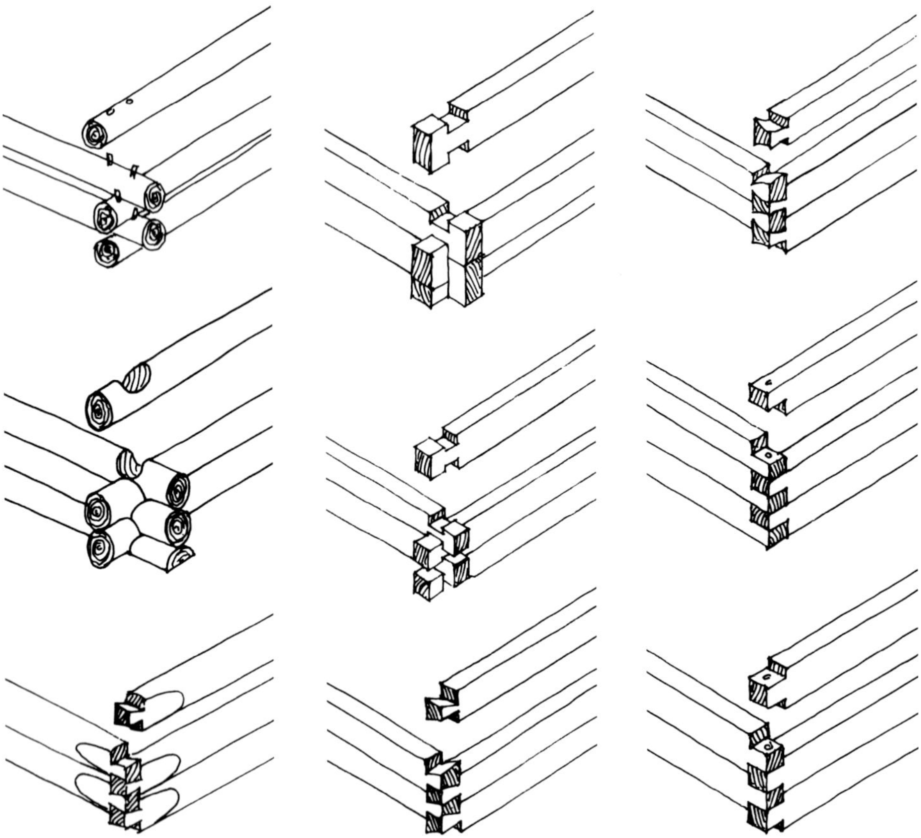

Möglichkeiten von Eckverbänden bei Rund- und Vierkanthölzern

Der Blockbau

Allgemein bemerkt ist er an Gebiete gebunden, in denen Nadelholz in ausreichender Menge zur Verfügung steht. Nadelholz von Fichte und Tanne war deshalb geeignet, weil es allseits gerade (zweischnürige) Langholzstämme lieferte, welche zudem als sogenanntes Weichholz leichter zu bearbeiten sind als Hartholz von Eiche und Buche. Nadelholz ist genügend vorhanden und wurde von der Grundherrschaft der Bevölkerung für den Hausbau ohne Entgelt zur Selbstaufarbeitung nach Anweisung durch die Förster zur Verfügung gestellt. Aus diesen Jahrhunderte alten Vergünstigungen entstanden 1829 im Königreich Bayern Rechte.

Der Blockbau verlangt mehr als alle anderen Wandarten technische Fähigkeiten von seinem Erbauer. Von diesen Fähigkeiten und der Wirkungsweise der dabei verwendeten Werkzeuge hängt die Vervollkommnung der Wandbearbeitung ab. Als Werkzeuge wurden entwickelt: die Breithacke (Schroathacke), der Rundhobel (Texl), das Stemmeisen, der Flachhobel und die Säge.

Anfänglich wurden Rundhölzer in den Eckverbänden nur leicht eingekerbt. Die Stammenden standen über die Eckverbände bis 20 cm heraus und bildeten eine Vorkopfreihe (sog. Kopfstrick).

Während man bei den Wiesstädeln, welche in Werdenfels bis in die Gegenwart als Rundholz-Blockbauten errichtet wurden, Wert darauf legte, die Stämme nicht unmittelbar aufeinander zu legen, sondern zur besseren Heutrocknung einen Zwischenraum zu belassen, war man beim Hausbau bemüht, die Zwischenräume wegen der Wärmehaltung zu beseitigen. Bei den Rundholz-Blockbauten wurden die Zwischenräume zunächst mit Moos verstopft. Später vertiefte man die Einkerbungen in den Eckverbänden auf die halbe Balkenhöhe; die Balken lagen jetzt ohne Zwischenräume aufeinander. Die Aushöhlung der Balken auf der Unterseite diente ebenfalls gesteigerter Abdichtung; eine weitere Vervollkommnung erreichte man durch die doppelte Abplattung der Rundhölzer auf ihrer Berührungsfläche. Die Balken lagen ohne Zwischenräume breitflächig aufeinander. Die natürliche Rundung (Waldkante) verblieb auf ihrer Innen- und Außenseite.

Der nächste Fortschritt war, daß die Balken vierkant (auf allen 4 Seiten) behauen wurden.

Eine wesentliche Verbesserung der Eckverbände brachte die Schwalbenschwanzverzahnung. Sie hatte zur Folge, daß man auf die Vorköpfe verzichten konnte, weil diese Verzahnung, nach innen konisch verengt, das Ausgleiten der Blockbäume verhinderte.

Um das Gefüge der Blockwand fester zusammenzuhalten, hat man die aufeinander liegenden Balken im Abstand von ca. 2 m jeweils in der folgenden Reihe um die Hälfte versetzt, mit ca. 20 cm langen und 2 cm starken Holzpflöcken verdübelt.

Entwicklung der Eckverbände bei Blockbauten

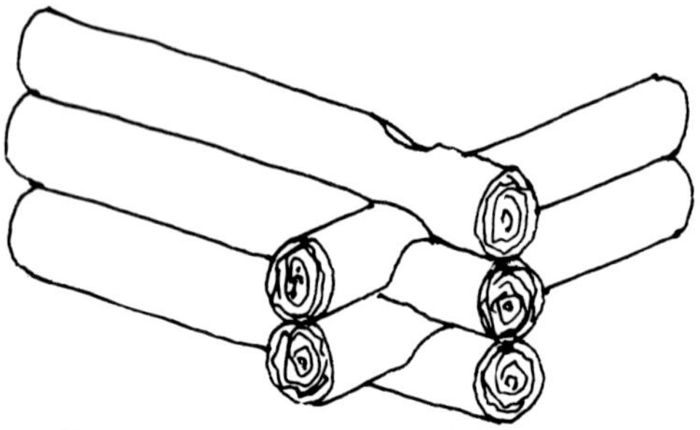

Anfänglich nur einseitige Einkerbung, später zweiseitige Einkerbung. Die Rundhölzer liegen dadurch bündig aufeinander. Die Aushöhlung der Rundholz-Unterseiten ergibt einen dichteren Schluß und verhindert das Eindringen von Wasser und begünstigt dessen Abfließen bei Schlagregen.

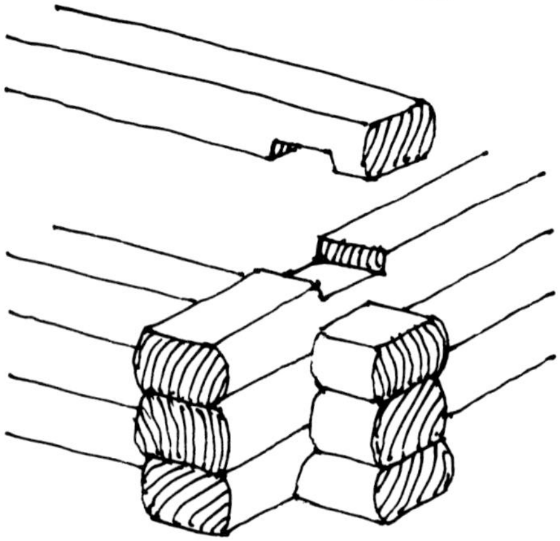

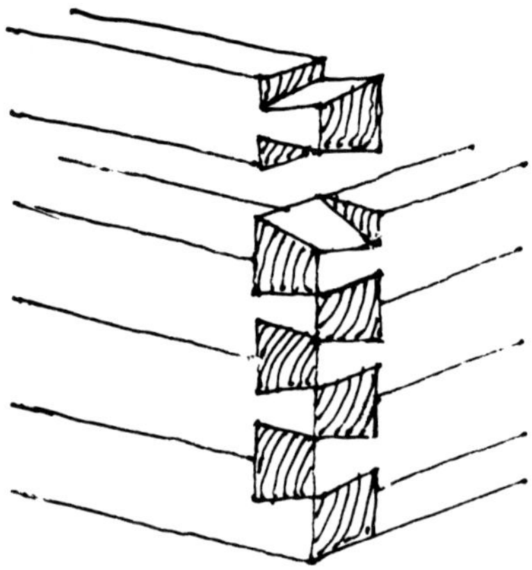

Verdübelung der einzelnen Blockbalken mit kurzen ca. 2 cm starken Fichtenpflöcken

Das Aushacken und Glätten der Auflageflächen der Balken ergibt einen Dichtschluß. Das Ausschroten der Eckverbände festigt das Blockgefüge. Schwalbenschwanz-Verstrickung im Eckverband vierkant behauener Balken

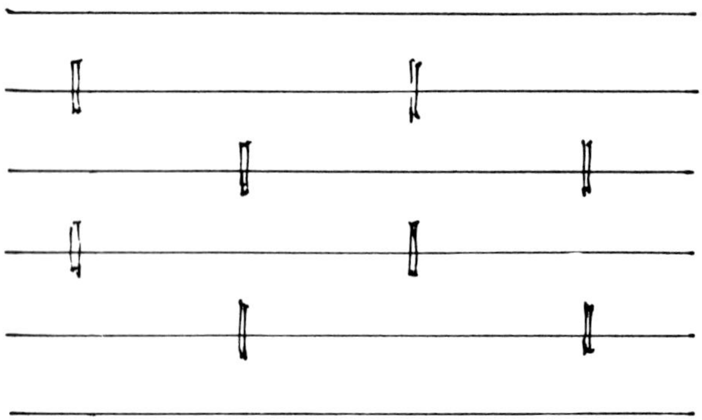

Bei Häusern, welche im Erd- und Obergeschoß ganz aus vierkant behauenen Blockbauwänden bestehen, ist häufig die unterste äußere Balkenlage (Schwellenbäume genannt), wegen der längeren Haltbarkeit aus Eichenholz, bis 15 cm höher und bis 5 cm breiter als die folgenden Balken. Damit verfolgt man auch die Absicht, die Türschwellen wegen der Schneelage höher zu legen.
Statisch betrachtet bedeutet der Blockbau in seiner Vervollkommnung durch seine Festigkeit einen großen Fortschritt gegenüber dem Ständerbau. Er hat zudem den Vorteil einer guten Wärmehaltung. Nach dem Zeugnis von Inwohnern halten Holzhäuser in den Wintermonaten warm. Außerdem können Holzblockbauten bei Bedarf verhältnismäßig leicht auseinandergenommen und neu zusammengesetzt werden. Auch sind Nagel-Holzblockbauten keinen Verzerrungen unterworfen.
Entwicklungsgeschichtlich gesehen gehört das Anwesen Farchant, Hof zum „Kupferschmied", Hauptstraße Nr. 9, einer frühen Zeit an. Sowohl die Außenwände, soweit sie im Erdgeschoß nicht bruchsteingemauert sind, als auch die Innenwände bestehen aus *unbehauenen* Rundhölzern mit Durchmessern von 20 bis 30 cm (siehe Hausplan), die bündig aufeinander liegen.
Der Hof gehört zu den Blockbauten, welche wahrscheinlich in die Zeit des ausgehenden 15. Jahrhunderts zu datieren sind. Denn bereits an einem, spätestens am Ende der Hochgotik, also um 1530, entstandenem Haus in Garmisch, Schmiedstraße 6, dessen Entstehungszeit durch eine gotische Spitzbogentür im gemauerten Erdgeschoß nachzuweisen ist, findet man im Obergeschoß einen vierkant behauenen Blockbau; ebenfalls besitzt das 1595 datierte Polznkasparhaus in Garmisch, Bahnhofstraße 92, im Obergeschoß einen vierkant behauenen Holzblockbau mit Vorköpfen an den Enden und Zwischenwänden.
Anfang des 17. Jahrhunderts treten bereits vierkant behauene Blockbauten mit Eckverstrickungen ohne Vorköpfe auf, (Farchant, Heubergweg 2, datiert 1602).
Anstelle der Vierkantverstrickung setzte sich Ende des 18. Jahrhunderts die etwas kompliziertere Schwalbenschwanzverstrickung durch (siehe Abb.). Diese Verstrikkungsart verhindert das Ausgleiten der Kanthölzer aus dem Strick.[21]
Obwohl die herzogl. bayer. Forstordnung von 1616, welche auch im freisingischen Werdenfels galt, in Besorgnis vor Holznot, das Zimmern zweigädiger (Gaden = Stockwerk) Bauernhäuser einzudämmen versuchte (Forstordnung Art. 42) wurden besonders im Loisachtal der Grafschaft zweistöckige Bauernhäuser bis Anfang des 18. Jahrhunderts gezimmert (Garmisch. Loisachstraße 19/19a, datiert 1632, Loisachstraße 35, 2. Hälfte des 17. Jahrhunderts, Loisachstraße 34, 1. Hälfte 18. Jahrhundert). Das Zimmern des Oberstockes blieb bis zum Anfang des 19. Jahrhunderts in der Übung, um dann vom Mauerwerk verdrängt zu werden.
In Werdenfels bezeichnet man heute die Holzblockwände als Schließwände.

Schließwände

oben:
Blockständerbau
im Obergeschß
Garmisch,
Sonnenstraße 17

unten:
Schwalben-
schwanzförmige
Eckverstrickung
im Blockbau

Der Ständerbau

Aus dem Ständerbau hat sich durch Einfügen von Bohlen zwischen die Ständer der Bohlenständerbau entwickelt. Diese Bauweise ist in Werdenfels nur noch bei zwei Bauten anzutreffen. Von ihrer ursprünglichen Anwendung zeugen nur die vielen Pfostenlöcher des in den letzten Jahren ausgegrabenen, 763 gegründeten Klosters Scharnitz bei Klais.

Ein Beispiel eines im 17. Jahrhundert (1620) errichteten *Bretterständerbaus* ist der gemeindliche, sogenannte „Schafstadel“ in Garmisch, Griesgartenstraße, dessen auf Grundschwellen ruhendes Ständergerüst mit Wänden durch außen und innen auf die Ständer waagerecht aufgenagelte Bretter gebildet ist.

Eine vervollkommnete Art von Ständerbau den *Blockständerbau* zeigt die West- (Längs) Wand im Oberstock des Anwesens Garmisch, Sonnenstraße 17, erbaut wohl in der 1. Hälfte des 18. Jahrhunderts. Diese Wand zeigt an beiden Seiten, der im übrigen aus sorgfältig vierkant und glatt behauenen Stämmen gefügten Wandfläche, mit Schwalbenschwanz-Überkämmung gebildete Ecken. Die Balken laufen nicht von Eck zu Eck durch, sondern sind ungefähr in der Mitte der Wand in einen senkrechten Ständer eingelassen, der auf einem die ganze Wand durchziehenden Mauerbaum ruht.

Die Wand ist nach folgender Schemazeichnung aufgebaut:

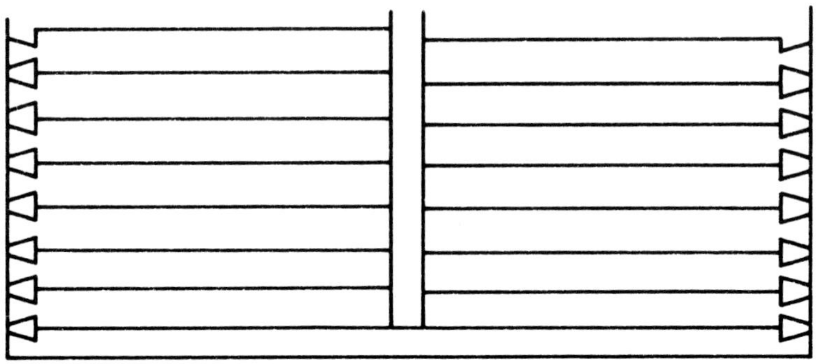

Diese Konstruktion kann nur deshalb gewählt worden sein, weil es beim Bau an durchgehend langen Stämmen – in vorliegendem Fall von mindestens 12 m Länge – fehlte. Diese Wandart kommt in Garmisch an Bauten des 18. Jahrhunderts vereinzelt vor.

Bohlenständerbau
sog. Schafstadel,
Garmisch, Griesgartenstraße

Blockständerbau
Garmisch, Sonnenstraße 17

Das Mauerwerk

Die Aufführung von Mauerwerk ermöglichte eine freizügigere Behandlung des Haus- Grundrisses als der Blockbau, da er nicht wie der Blockbau an Stammlängen gebunden war.

Solange auf ein gemauertes Erdgeschoß im Obergeschoß ein Blockbau aufgesetzt wurde, hatte sich natürlich der Mauerbau nach den Ausmaßen des Blockbaues zu richten. Erst nachdem man am Anfang des 18. Jahrhunderts dazu überging, die Häuser auch im Obergeschoß aufzumauern, gewann man die volle Freizügigkeit des Bauens. Trotz dieser Möglichkeit wurden Häuser in den überkommenen Formen weitergebaut. Das Mauern mit Bruchsteinen und Kalkmörtel war in Werdenfels bis zur Eröffnung des Bahnanschlusses von Partenkirchen an das bayerische Netz 1889 allgemein üblich.

Das Mauern mit Ziegelsteinen blieb vor dieser Zeit allein für sakrale Bauten und solche der weltlichen Herrschaft vorbehalten, denn wie schon erwähnt die kleinen Ziegeleien im Land, wie z. B. der Ziegelstadel in Ettal, produzierten nur für den Eigenbedarf der kirchlichen und weltlichen Macht. Zudem waren Ziegel von weither durch den Antransport auf der Achse sehr teuer. Erst mit dem billigeren Bahntransport kamen Ziegel in größerem Umfang aus der Umgebung von München nach Werdenfels und verdrängten hier das Bruchsteinmauerwerk seit der letzten Jahrhundertwende vollständig.

Das Mauerwerk aus Bruchsteinen kann, wie bereits an anderer Stelle berichtet wurde, in Werdenfels auf ein sehr hohes Alter zurückblicken. Hier sind vor allem zu nennen die Burg Werdenfels (um 1180), die bis zum Dachstuhl gemauerten Großhäuser am Nordende des Obermarktes in Mittenwald bei der Pfarrkirche (Anfang des 16. Jahrhunderts).

Diese, mit fast durchgängig 2 Obergeschossen, stammen, ausgewiesen durch Spitzbogentüren (noch im 2. Stockwerk Obermarkt Haus Nr. 6) zumindest aus der Spätgotik. Das Haus Frühlingstraße 29 in Garmisch, nachweislich 1524 erbaut, ist ebenfalls einschließlich des Dachbodens von Grund auf gemauert.

Eine große Zahl von Anwesen ist, beginnend in der Spätgotik (Garmisch, Schmiedstraße 6), wenigstens im Erdgeschoß gemauert. Dieser Typ, Erdgeschoß gemauert, Obergeschoß Blockbau, ist bis Mitte des 18. Jahrhunderts fast der Regelbau des Werdenfelser Bauernhauses geworden.

Die Bruchsteinmauer ist im Erdgeschoß in der Regel ca. 60 cm stark. In der unteren Mauerschicht, die (ohne eigentliches Fundament) bis zu 60 cm in den gewachsenen Boden hinabreicht, ist sie sorgfältiger gemauert als in den oberen Schichten. Hier ist in der Regel nur die äußere Schicht nach außen und innen auf ca. 15 cm Tiefe besser gesetzt und gemörtelt, während das Mauerwerk zwischen den beiden

Außenschichten weniger sorgfältig behandelt wurde. So sind auch die Bruchsteine der äußeren Mauerschichten besser zusammengefügt als die inneren.
In Werdenfels brannte es in den Hauptorten der Untergerichte, Garmisch, Partenkirchen und Mittenwald wiederholt. Die Brände legten teilweise ganze Ortsteile nieder.
Mittenwald erlebte Großbrände in folgenden Jahren: 1602, 1754, 1764, 1785, 1802; 1914 wurde die ganze westliche Häuserzeile des Untermarktes ein Raub der Flammen, 1948 brannte die östliche Zeile fast vollkommen ab.
In Partenkirchen brannte in 2 Großbränden 1863 und 1865 fast der ganze Markt ab.
In Garmisch brannte es 1648, 1662, 1683, 1685.
Trotzdem nimmt es Wunder, daß unter der Herrschaft des Hochstiftes Freising keinerlei baurechtliche Verordnungen wie die Aufführung von Feuermauern gegen die Feuersgefahr erlassen wurden.
Das bayerische Landrecht von 1616, welches auch in Werdenfels galt, kannte keinerlei baupolizeiliche Vorschriften.
Erst nach dem Übergang von Werdenfels an die Krone Bayerns 1803 wurden vereinzelt baupolizeiliche Verordnungen ab 1818 erlassen. Sie fanden ihre gesetzliche Zusammenfassung erst ziemlich spät im Polizeistrafgesetz vom 16. XI. 1861.
Erst von diesem Zeitpunkt ab kann von einer regelrechten Baupolizei gesprochen werden, in welcher feuerpolizeiliche Vorschriften verankert waren.
Das Problem der Feuerverhütung im Allgemeinen wird im Abschnitt VI behandelt.

Das Fachwerk
Der Vollständigkeit halber sei noch das Fachwerk als wandbildendes Element erwähnt, obwohl es in Werdenfels nicht anzutreffen ist.
Es fand jedoch in Innsbruck Verwendung, wie uns die Ansicht des Innenhofes der Hofburg von Albrecht Dürer 1494 und das Aquarell des Zeughauses von Jörg Kölderer um 1507 deutlich erkennen läßt. Vorzugsweise wurde es dort in den Oberstöcken eingebaut. Ob es auch in dem nahe von Insbruck gelegenen Werdenfels verwendet wurde, ist heute aber nicht mehr nachweisbar.

Alter und Entwicklung der Wände, Zusammenfassung

Zusammenfassend kann über die geschichtliche Entwicklung der Wandbildungen in Werdenfels festgestellt werden, daß abgesehen von je einem Bretter-Ständer- und einem Bohlenständerbau in Garmisch alle noch vorhandenen Häuser, welche vor 1890, dem Zeitpunkt des Bahnanschlusses errichtet wurden, Wände aus Holzblockbau oder Bruchsteinmauerwerk besitzen.

Hinsichtlich der Frage, welcher der beiden Wandarten geschichtlich die Priorität zukomme, darf zunächst festgestellt werden, daß beide Arten in den ältesten Bauten sowohl für den Holzblockbau (Farchant, Hauptstraße 9) als auch das Bruchsteinmauerwerk (Mittenwald, Obermarkt 6 – 14) in das Ende des 15. oder Anfang des 16. Jahrhunderts zu datieren sind.
Daß die Steinbauten als Vorgänger Holzblockbauten und weiter zurück Bohlenständer- und Ständerbauten mit ihren Wandbildungen hatten, ist zwar sehr wahrscheinlich, aber mangels an Bauzeugen oder sonstigem Unterlagenmaterial nicht exakt nachzuweisen.

Konglomerat-
Mauerwerk
Aus verschiedenartigen Natursteinen (Findlingen, Feldsteinen etc.) an einem alten Bauernhaus.

DIE DACHFORMEN

Das Dach ist eines der wichtigsten Bauelemente jedes Hauses. Seine Form bestimmt weitgehend das Bild des Einzelgebäudes wie geschlossener Ortschaften. Auch Stadtsilhouetten erhalten ihr Gepräge von den Formen der Dächer.
Der Unterschied zwischen den Bedachungen der Ebene und des Berglandes war deutlich und erheblich.
Im Flachland vor den Bergen traf man noch um die letzte Jahrhundertwende in Oberbayern, Bayerisch Schwaben – hier besonders im Allgäu – und im württembergischen Oberschwaben auf zahlreichen Bauernhäusern und ihren Wirtschaftsgebäuden Steildächer an, deren Neigung durchgängig ca. 50° betrug. Diese Steildächer, früher als Voll- und später als Krüppelwalmdächer weiter verbreitet, ruhten auf Sparrengerüsten und waren mit dem leichten Deckungsmaterial von Stroh und Schilf, wie es sich örtlich ausreichend anbot, gedeckt. Diese Dachdeckung verlangte eine steile Dachform, da die Niederschläge rasch abfließen mußten, um die Dachhaut nicht durchfeuchten zu lassen und damit ein schnelles Verfaulen zu vermeiden.
Im Voralpenland und Gebirge, wo Stroh und Schilf nicht in genügender Menge zur Verfügung standen, war es das Nadelholz von Fichte, Tanne und Lärche, das sich hier in Form von Schindeln zur Dachdeckung anbot. Wir finden diese als Leg- und Scharschindeln in „gespaltener Art“. Gesägte Schindeln, wie sie heutzutage verwendet werden, waren damals unbekannt. Sie sind ein Produkt maschineller Herstellung und haben noch dazu den Nachteil, daß ihre Haltbarkeit durch das Ansägen der Holzfasern weitaus geringer ist als die der echten handgespaltenen Schindeln. Denn beim Spalten bleiben die Holzfasern in der Längsrichtung vollständig erhalten.
Da die Legschindelbedachung ohne Nagelung nur durch ihr Eigengewicht auf der Dachschräge liegenbleiben mußte, war es notwendig, diese so gering als möglich zu halten, damit die Schindeln nicht abrutschen konnten. Die Dachneigung bewegte sich zwischen 20 und 25°. Auf das Dach aufgelegte Steine konnten die Fixierung der Dachung noch erhöhen (sog. Schwardächer). Dächer mit Legschindeln und geringer Neigung hatten den Vorteil, daß der Schnee auf ihnen länger liegen blieb als auf Steildächern und damit einen guten Wärmeschutz für das Haus abgab.
Satteldächer mit Legschindelbedachung, beschwert durch Steine, mit geringer Neigung und breit ausladenden „Vordächern“, waren in Werdenfels die Regel und belebten mit ihrer Behäbigkeit das Landschaftsbild.
Nur vereinzelt trifft man bei Häusern wohlhabender Bürger oder Amtsgebäuden, die als Zehenthäuser hohe Dachböden benötigten, sowie bei vereinzelten Wiesstä-

deln Steildächer mit Scharschindeln an. Scharschindeldächer bedürfen im Gegensatz zur Legschindeldachung bei ihrer starken Neigung der Nagelung.

Scharschindeldeckung (Vollwalm)

Das sog. Kernhaus in Garmisch, Fürstenstraße 10, war ursprünglich ein großes Bauernhaus mit dem üblichen flach geneigten Satteldach. Um 1820 wurde es zu einem bürgerlichen Wohnhaus umgebaut, auch im früheren Wirtschaftsteil. Dabei erhielt es entsprechend dem Zeitgeschmack ein steileres Vollwalm-Dach, das mit Scharschindeln gedeckt ist.

Der Dachstuhl (das Dachgerüst)

Der Dachstuhl ist das Bauelement, welches das eigentliche Dach – die Dachhaut – zu tragen hat.
Wie er einerseits in sich die belastenden Kräfte der Dachhaut, welche auf Druck und Zug wirken, aufzufangen hat, ist es andererseits seine Aufgabe, den Auflagedruck der Dachhaut aufzufangen und auf die Hauswände so zu übertragen, daß sie ihn voll auffangen können. Jahrhundertelange Erfahrung hat die Dachstühle so ausreifen lassen, daß sie den an sie gestellten Anforderungen voll gerecht werden konnten.

Der Dachstuhl des Sparrendaches
Wie auf der nächsten Seite dargestellt, besitzen Steildächer mit einer Dachneigung von 45 – 50° Sparrendachstühle.
In Werdenfels sind nur wenige Häuser mit Steildächern zu finden, so z. B. in Garmisch die ehemalige Brauerei des Hochstiftes Freising, Fürstenstraße 21 mit 2 Dächern, das Kernhaus, Fürstenstraße 10 und in Mittenwald das jetzige Hotel Post, Obermarkt Nr. 9 mit einem Steildach. Diese Häuser besitzen Sparrendächer.
Die Skizze auf Seite 187 zeigt den Aufbau des Sparrendaches auf dem Gebäude des Forstamtes Oberammergau, einem ehemaligen Amtsgebäude aus der Zeit um 1780.
Obwohl das Forstamtsgebäude Oberammergau nicht in Altwerdenfels liegt, bietet es noch den einzigen fast ursprünglich erhaltenen, nicht völlig ausgebauten Dachstuhl der unmittelbaren Umgebung von Werdenfels.
Im Gegensatz zu Steildächern des Voralpenlandes und der Ebene, welche auf eine lange Entwicklung aus dem Urhaus der Ansiedlungszeit mit Vollwalmen zurückblicken können, und ursprünglich mit leichtem Material wie Schilf und Stroh gedeckt waren, gehören die Steildächer von Werdenfelshäusern zu Spätbauten mit Zweckbestimmungen, welche einen großen Dachraum benötigten, wie Zehenthäuser zur Aufnahme von Naturalzinsen, Brauereigebäude zur Lagerung von Hopfen und Malz. Sie entstanden in Werdenfels nicht vor Mitte des 17. Jahrhunderts und sind reine Giebelhäuser. Statisch gesehen wirkt beim Sparrendach die Last des Daches infolge des hohen Neigungsgrades nicht so sehr durch senkrechten Druck auf das Gerüst, sondern wird weit eher entlang der Sparren abgeleitet. Aus diesem Grund erforderten die Sparrendächer nur einen Dachstuhl, der nicht so starke Dimensionen verlangt wie der eines Pfettendaches, welches wesentlich geringere Neigung aufweist. Mit einem zusätzlichen Gewicht einer Schneeauflage ist zudem beim Sparrensteildach nicht zu rechnen, weil diese schnell abrutscht.

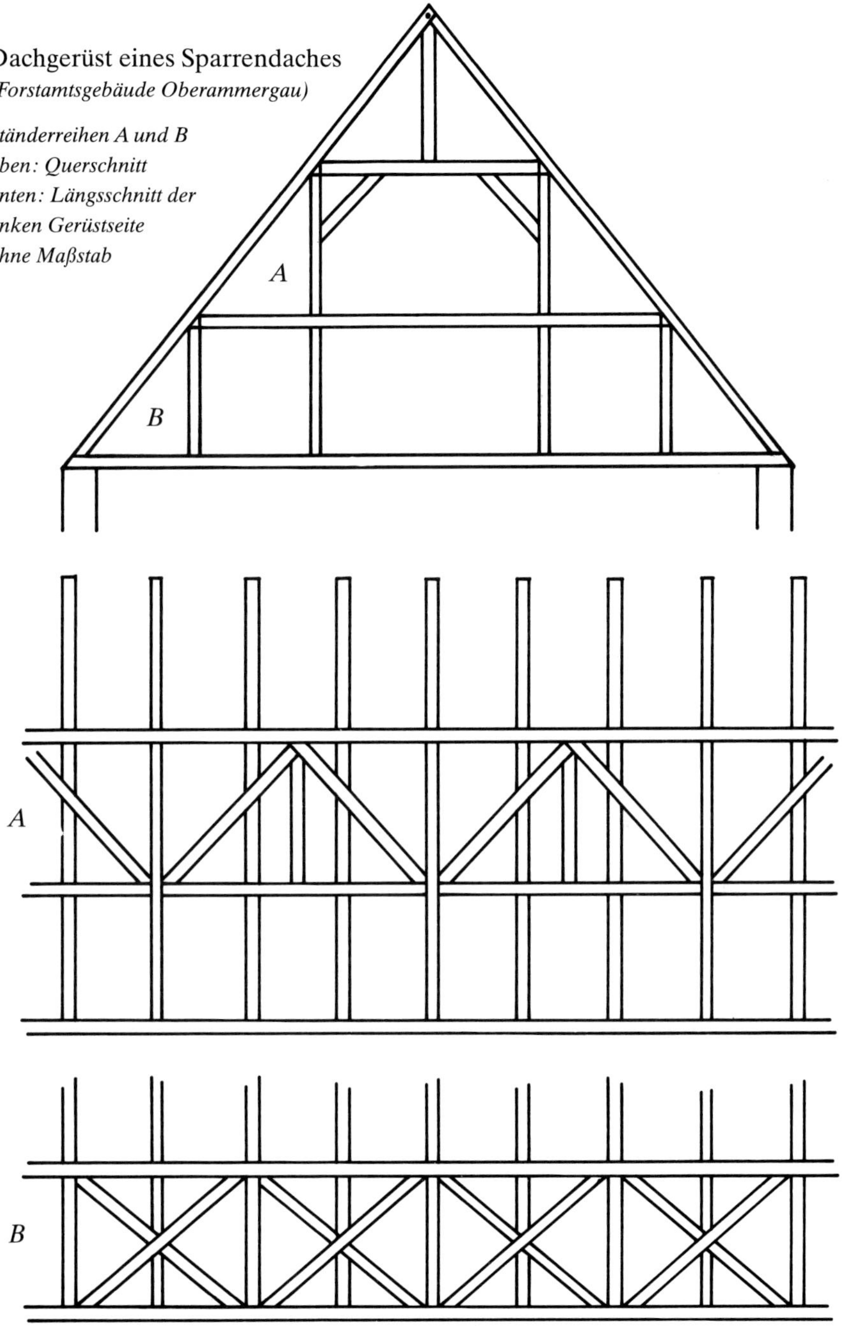

Dachgerüst eines Sparrendaches
(Forstamtsgebäude Oberammergau)

Ständerreihen A und B
oben: Querschnitt
unten: Längsschnitt der linken Gerüstseite
ohne Maßstab

Der Dachstuhl des Pfettendaches

Mit Ausnahme der vorstehend beschriebenen Sparrendächer findet man in Werdenfels ausschließlich Pfettenflachdächer in der Form der Satteldächer. Im Gegensatz zum Dachstuhl des Sparrensatteldaches hat der Dachstuhl des Pfettendaches bei geringer Dachneigung (20 – 25°) eine größere Belastung aufzunehmen und weiter zu leiten, die einerseits aus der flachen Dachneigung, andererseits aus dem größeren Gewicht der Dachhaut mit Legschindeldachung gegenüber der leichten Scharschindeldachung bei Sparrendächern resultiert.

Die Entwicklung des Dachstuhles läßt sich mangels an Beweismaterial nur sehr schwer verfolgen. Gerade die Dachstühle der ältesten Häuser fielen in Werdenfels den wiederholten Bränden zum Opfer und die vorhandenen sind verhältnismäßig neueren Datums.

Lediglich die Skizze des Dachstuhles im Polznkasparhaus (erbaut 1595) zeigt, vor einem Brand anfangs der 20er Jahre dieses Jahrhunderts, eine altertümliche Form auf, weil nämlich die First- und Beifirstpfetten nur durch Säulen, fußend auf den Bundtramen (Erklärung siehe im Folgenden), gestützt wurden, ohne die Querverbindungen, welche später die Binder zeigen.

Die späteren Dachstühle, wie sie von der 2. Hälfte des 17. Jahrhunderts an gebaut wurden, zeigen durchweg die gleiche Konstruktion.

Auf dem Block- bzw. Bruchsteinmauerbau des Anwesens liegen zunächst auf den zwei äußeren Längsseiten je zwei Vierkantbalken. Diese sind in sich verdübelt und ca. 25 : 25 cm stark. Sie ziehen sich über die ganze Länge des Anwesens, also über den Wohn- und Wirtschaftsteil hinweg und ragen auf der vorderen und rückwärtigen Giebelseite 80 bis 100 bzw. 40 cm über die Vorder- bzw. Rückwand hinaus und bilden mit ihrem Überhang die untere Auflage des vorderen und hinteren Vordaches.

Diese Auflagebalken nennt man Fuß- oder wenn sie auf Mauerwerk aufliegen Mauerpfetten. Auch der Ausdruck Mauerbaum ist für letztere gebräuchlich.

Ihre Aufgabe besteht darin, die untere Auflagefläche für die Rafen zu bieten. Die obere Auflagefläche des Rafens bildet der Firstbaum, welcher als Spitze des Dachgerüstes die Mitte des Anwesens der Länge nach durchzieht. Er hat dieselbe Länge wie die Fußpfetten, ragt also auch über die Giebelseite bzw. Rückwand hinaus. Zwischen den beiden Horizontalen der Fußpfetten und des Firstbaumes ist das Dach (die Dachhaut) aufgehängt. Ihr Gewicht wird von der Firstpfette und den Beifirsten, sowie von der Rafen getragen.

Der Firstbaum und die Beifirste werden vom eigentlichen Gerüst des Daches, welches durch die sogenannten Bünde gebildet wird, getragen.

Als Bund bezeichnet man die Gesamtheit der Gerüstbalken in *einer* senkrechten

Ebene zum First. Die Binder sind in einem Abstand von ca. 4 m quer zur Firstrichtung angeordnet. Sie beginnen bündig an der Giebelseite und enden ebenso an der Rückwand.
Ein Bund besteht aus der Firstsäule, welche den Druck des Firstbaumes aufnimmt und auf die Bundtramen weiterleitet. Diese letzteren sind aufgedoppelt, ebenso stark wie die Fußpfetten (je 2 Vierkantbalken verdübelt ca. 25 : 25 cm). Die Bundtramen ihrerseits sind in die Fußpfetten eingezapft.
Die Beifirste sind aufgedoppelt ebenso stark wie die Bundtramen. Sie ruhen auf den sogenannten „Stuhlsäulen", welche in die Bundtramen verzapft sind.
Die Beifirste sind in der Bundebene verbunden durch die sogenannten „Kehlbalken", welche in 2 Abschnitten in die Firstsäulen eingezapft sind.
Um den direkten Druck der Firstsäule auf die Bundtramen zu vermindern sind in sie beidseitig 2 Fußbänder angeblattet, welche schräg nach unten verlaufend, die Kehlbalken queren und in die Bundtramen – ebenfalls verzapft – eingelassen sind.
Zur Festigung der Bünde sind die Stuhlsäulen und Kehlbalken verstrebt. Über den Bünden liegt auf den Firstsäulen der mächtige Firstbaum, ein Vierkantbalken in der Stärke von ca. 25 : 30 cm, über die ganze Länge des Anwesens einschließlich der Vordächer. Auf ihm sind quer dazu die leicht eingekerbten Rafen „eingehängt".
Die Höhe der Bünde vom Unterrand der Bundtramen bis zum Oberrand des Firstbaumes wechselt zwischen 2,50 und 3 m.
Zur weiteren Festigung des Dachgerüstes ist der Firstbaum mit den Firstsäulen und sind die Beifirste mit den Stuhlsäulen in der Längsrichtung verstrebt.
Zusammenfassend wird festgestellt, daß die Dachhaut mit Hilfe der Rafen vom Firstbaum, den Beifirsten und den Fußpfetten getragen wird, wobei die Last, die auf dem Firstbaum und den Beifirsten ruht, von den Bünden und hier letztlich von den Bundtramen getragen wird. Diese hängen wiederum in den Fußpfetten. (Siehe nachfolgende Skizze.)
Das Bundwerk der Giebel- und weniger häufig der rückwärtigen Schmalseiten ist in Werdenfels zum weitaus überwiegendem Teil mit kunstvollen Verzierungen schwächeren Balkenwerks ausgeschmückt. Diese mitunter sehr reich verzierten Giebelbundwerke werden in Werdenfels „Zierbünde" genannt.
Diese Zierbünde, ihre Verbreitung in und um Werdenfels werden später ausführlich behandelt werden.
Der Vollständigkeit halber sei noch erwähnt, daß andere Arten von Dachstühlen in Werdenfels nicht gefunden wurden. Ebenso fehlen hier Giebel, welche vollkommen mit Rundhölzern oder Vierkantbalken aufgeblockt sind.

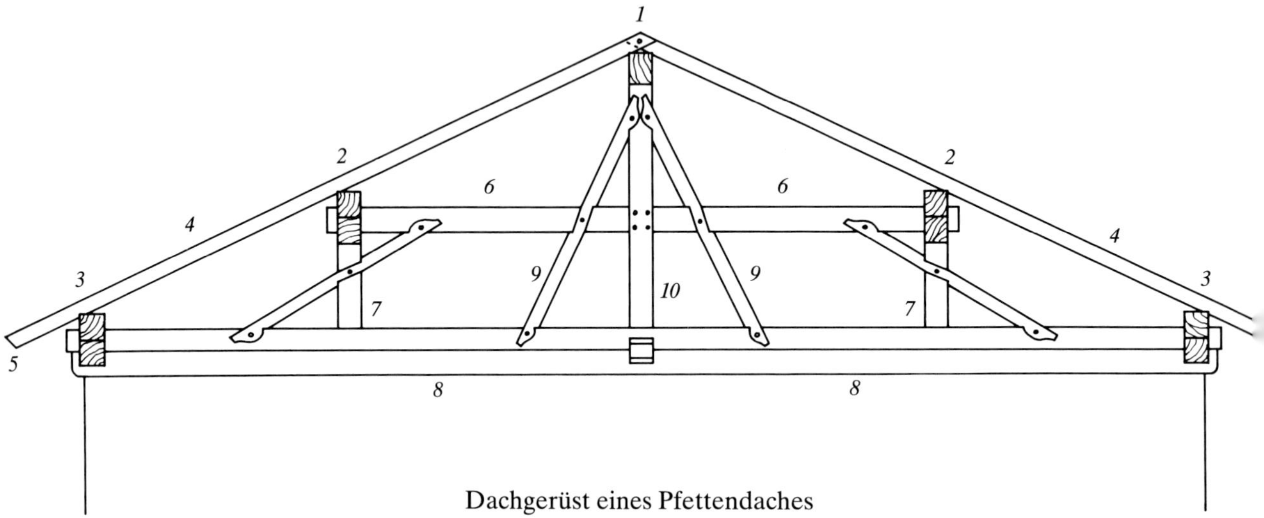

Dachgerüst eines Pfettendaches

Anwesen Garmisch, Zugspitzstraße 4, datiert 1742

Firstbaum 1 *Beifirst 2* *Fußpfette 3* *Rafen 4* *Dachrinne 5*

Kehlbalken 6 *Stuhlsäule 7* *Bundtramen 8* *Streben 9* *Firtsäule 10*

Die Dachhaut

Wie aus der Behandlung der Dachstühle im vorhergehenden Abschnitt hervorgeht, ist die Dachdeckung des Bauernhauses aufs engste verknüpft mit der Art des Dachstuhles.

Der Dachstuhl des Sparrendaches hat einen wesentlich höheren Neigungswinkel (ca. 50° gegenüber dem des Pfettendaches mit einem Mittel von 23°).

Beim Sparrendach hat man es also mit einem Steildach, beim Pfettendach dagegen mit einem ausgesprochenen Flachdach zu tun. Beide Dachformen erfordern wegen des Neigungsunterschiedes eine verschiedene Deckungsart. Zur Deckung des Daches bediente man sich in Werdenfels seit alters des reichlich vorhandenen Nadelholzes von Fichten und Tannen, seltener der nur vereinzelt vorkommenden Lärchen, in Form von Schindeln.

Die Dachhaut des Sparrendaches

Der innere Aufbau der Dachhaut beim Sparrendach erfordert zunächst eine vollkommene Eindeckung mit Brettern, auf welche die Scharschindeln aufgenagelt werden.

Diese Scharschindeln sind ca. 35 cm lang, 8 – 10 cm breit. Ihre Stärke beträgt an dem einen Längsende, welches leicht abgeschrägt ist, ca. 1 cm und nimmt an dem anderen Ende bis zu 4 mm ab. Sie werden gekloben. Die Deckung beginnt von unten nach oben so, daß die Schindeln mit ihrem dicken Ende nach unten nebeneinander in einer Reihe vernagelt werden. Die nächste Reihe nach oben wird so gelegt, daß die Schindeln dieser Reihe bei der Hälfte der unteren Schindeln aufgelegt werden und deren Anschlußflächen überdecken. Auf diese Weise wird im Effekt eine fast 3-fache Überdeckung erreicht.

Die Lebensdauer eines Scharschindeldaches beträgt bei dem feuchten Klima von Werdenfels bei Fichten-Schindeln nur bis zu 20 Jahren, bei Lärchen-Schindeln bis zu 80 Jahren.

Neuerdings besitzen die Anwesen und Wiesstädel mit Steildächern entweder Pfannen- oder Blechdächer. Scharschindeldächer auf Wiesstädeln kommen nur noch vereinzelt vor.

Die Dachhaut des Pfettendaches

Anders ist der Aufbau des flach geneigten Pfettendaches. Zur Dachhaut gehören zunächst die Rafen. Sie haben die Last der Dachhaut mitzutragen. Rafen[22] haben eine Breite von ca. 15 cm und eine Stärke von rd. 10 cm. Sie liegen quer zur Firstrichtung leicht eingekerbt auf dem Firstbaum, dem Beifirst, und der Fußpfette auf und sind in diese gelegentlich eingedübelt. Über die Fußpfette ragen sie noch ca. 80 – 100 cm hinaus, die Stütze für den seitlichen Dachüberhang bildend und als Unterlage für die hölzernen Dachrinnen dienend. Ihr Abstand von einander beträgt rund 0,9 m (80 cm – 1 m).

Um das Legschindeldach aufnehmen zu können, sind auf die Rafen längs laufende Stangen mit einem Durchmesser von bis 10 cm in einem Abstand von ca. 35 cm genagelt (früher gedübelt). Seit der Jahrhundertwende bedient man sich an Stelle von Stangen gesägter Latten. Die Legschindeln sind ca. 70 – 80 cm lang, um 15 cm breit und ca. 2 cm stark. Sie werden wie die Scharschindeln gekloben. Dies hat den Vorteil, daß der natürliche Faserverlauf des Holzes nicht beschädigt wird.

Zum Klieben verwendet man einen Buchen- oder Ahornstock von ca. 50 cm Höhe, aus welchem ein Stück nach folgender Zeichnung herausgestemmt ist. In diese Hohlkehle werden die zu spaltenden kürzeren oder längeren Scheiter, je für Schar- oder Legschindeln, hineingestellt und gespalten.

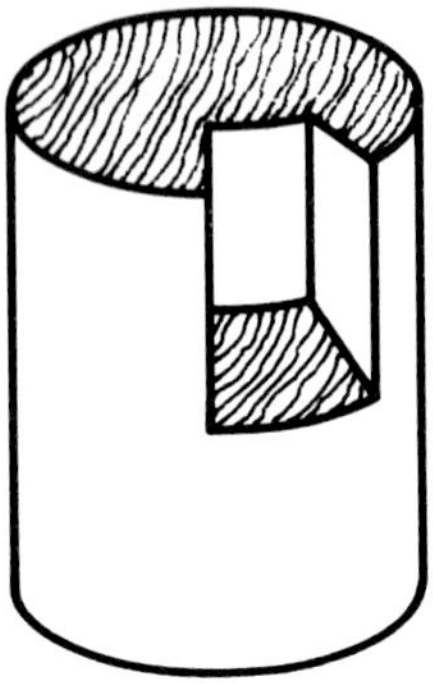

Hackstock zum Schindel-Spalten mit der herausgestemmten Vertiefung, in die das Schindelholz zum „Klieben" hineingestellt wird.

Gesägte Schindeln waren in Werdenfels nicht ortsüblich. Mit Vorliebe verwendete man für Legschindeln leicht links gedrehte Scheiter; die Schindeln aus diesen Scheitern lagen wegen ihrer leichten Drehung weniger flächig auf. Dadurch hielten sie länger und ließen zugleich das Schindelgefüge besser durchlüften.
Die Deckung mit Legschindeln erfolgte in ähnlicher Weise wie bei Scharschindeln, nur ohne Nagelung. Reihe über Reihe wird von unten aufgelegt, die Fugen der unteren Reihe werden dabei überdeckt. Entlang des Firstes stoßen die Schindeln aneinander oder die letzte Reihe der einen Dachhälfte ragt über die der anderen Hälfte um etwa Handbreite heraus.
Zur Beschwerung des Legschindeldaches wird es mit Steinen belegt, welche entlang von sogenannten Schwerstangen liegen. Diese letzteren können entweder parallel zum First oder schräg über die Dachfläche mit einem Abstand von ca. 1 m angeordnet sein. Sie sind an den Schmalseiten des Anwesens jeweils in die sogenannten „Windbretter" eingezapft, welche den senkrechten Abschluß der Dachhaut bilden.
Die Lebensdauer eines Legschindeldaches aus Fichtenschindeln beträgt in voller Funktionsfähigkeit auf Grund langjähriger Erfahrung nur ca. 20 Jahre. Alle 2 Jahre muß das Dach „umgedeckt" werden, d. h. verfaulte Schindeln werden entfernt und durch neue ersetzt. Die Werdenfelser Bauern sagen, „man hänge sein Lebtag an einem Legschindeldach".
Infolge ihrer flachen Neigung können Legschindeldächer bei Änderung der Bedachung nur mit verhältnismäßig leichterem Deckungsmaterial, wie Blech oder Eternit gedeckt werden. Biberschwänze auf Flachdächern scheiden aus, weil sie durch Hagel bruchgefährdet sind; Falzziegel sind hier die Regel.

Will ein Anwesenbesitzer das Dach mit den kompakten und stabilen Pfannen dekken, deren Unterhalt ihm wenig Sorgen und Mühe bereitet, dann ist er wegen des größeren Gewichts der Pfannen und des damit verbundenen höheren Drucks gezwungen, die Neigung des Daches zu erhöhen und gleichzeitig den Dachstuhl zu verstärken.
Diese nachträglich steiler gestalteten Hausdächer auf Bauernhäusern trifft man in Werdenfels häufig an.
Eine Merkwürdigkeit, die in Werdenfels und einigen nördlich anschließenden Orten sowie im Bayer. Wald vorkommt, ist der Scharfirst auf dem Legschindeldach, in Werdenfels „Preis“ genannt. Er sitzt auf dem First auf und reicht auf jeder Dachhälfte bis zum Ende des oberen Drittels herab. Er hat dadurch, daß er 40 – 50 cm über den First emporragt eine wesentlich höhere Neigung (bis 35°) als das Legschindeldach. Er ist mit Scharschindeln und neuerdings mit Dachpfannen gedeckt. Sein Vorkommen ist am häufigsten in Garmisch, vereinzelt tritt er auch in Partenkirchen, Farchant und Grainau auf, aber nicht in Mittenwald. Sein erstes Vorkommen in Garmisch auf dem Polznkasparhaus (Garmisch, Bahnhofstraße 92) ist datiert mit 1595, der jüngste „Preis“ findet sich auf dem Weißgerberhaus (Garmisch, Fürstenstraße 18), entstanden 1872.
Über Sinn und Zweck des „Preis“ sind viele Deutungen versucht worden, von denen keine befriedigt und auf die hier nicht näher eingegangen werden soll. Rätselhaft ist vor allem die Tatsache, daß die „Preis“ (Scharfirste) nur sporadisch vorkommen. Von zwei baulich völlig gleichen Anwesen, sogar nebeneinander, hat das eine einen Preis, das andere nicht.
Der Name „Preis“ hat nach Schmeller,[23] „Bayerisches Wörterbuch“, ursprünglich die Bedeutung von Einfassung, dann von Ziegel- und Backstein als Einfassung einer Mauer, eines Daches, er wird auch gebraucht für den Dachfirst, als die obere Einfassung des Daches.
Zur Dachhaut gehören letztlich noch die hölzernen Dachrinnen, in Werdenfels „Urschte“ genannt. Sie bestehen aus langen Vierkanthölzern rund 20 cm breit und ca. 15 cm hoch, in welche durchlaufende Rinnen zum Wasserablauf eingehackt sind. Bei längeren Anwesen werden sie aneinander gestückt. Sie liegen auf den unteren Enden der Rafen in unmittelbarem Anschluß an die Dachhaut auf.
Neuerdings werden die Dachrinnen aus Blech installiert und durch eiserne Traghaken an den Rafen aufgehängt.
Das Wort „Urscht“ erklärt Schmeller in seinem Bayer. Wörterbuch:
Urscht = der Trog, die Dachrinne; er bezeichnet also jedenfalls ein ausgehöhltes Rund- oder Kantholz. Der Ausdruck kommt nach Schmeller in Niederösterreich, dem Bayer. Wald und in Werdenfels vor.[24]

Anwesen in Garmisch mit Scharfirst (Preis)[25]

Haus Sonnenstraße 17

Haus Klammstraße 13

Haus Fürstenstraße 4

Haus Hofgasse 6

Garmisch
Haus Hofgasse 6
ohne Preis

Straßenbild in Garmisch

Bauernhaus in Farchant

Bauernhaus in Untergrainau
(Eibseestraße 10 - 12)

Bauernhaus in Kalkofen/Schöffau
(mit Preis am Dachfirst)

RAUMAUFTEILUNG UND INNENAUSBAU DES BAUERNHAUSES

Neben der Erforschung der Hausformen ist das Wohnen des Menschen in den Räumen seines Hauses, sein Verhältnis zu dem ihn umgebenden Raum erhellend, eines der wesentlichen Aufgabengebiete der Volkskunde.
Zu der Zweckbestimmung der einzelnen Räume und ihrer Lage in den Stockwerken, sowie ihrer Ausstattung will die Betrachtung nach der vertikalen Gliederung von unten beginnen und dann nach oben fortgesetzt werden.

Der Keller

Nach Torsten Gebhard war der Keller kein ursprüngliches Bauelement des Bauernhauses. Keller im modernen Sinn waren bis in die neuere Zeit (etwa bis 1800) in Bauernhäusern nicht erforderlich.[26]
Das Bestreben, Lebensmittel für längere Zeit aufzubewahren, wurde bei Fleisch dadurch verwirklicht, daß man es räucherte oder an der Luft austrocknen ließ. Ausgelassene Butter bedurfte als Schmalz keines Kühlraumes. Ebenso wenig benötigte der in Werdenfels als einzige Sorte hergestellte Magerkäse, die sogenannten Ratzlen, zu seiner Reife einer Kühlung. Und Milch wurde im Milchkasten in der Stube zum Rahmen aufgestellt. Keller waren also, da nicht lebenswichtig, in den Bauernhäusern nicht allgemein verbreitet.
Verhältnismäßig spät (und noch heute vielfach benutzt) kamen die Kellerlöcher in den Küchen auf, die man in dem Boden ausgrub (ca. 2 m lang, 70 – 100 cm breit und bis 50 cm tief). Meist als bloße Gruben belassen, manchmal mit Brettern verschalt, wurden sie nach oben durch das sogenannte „Kellerluck", eine Brettertür, bündig mit dem Küchenboden abgeschlossen.
Nicht immer befand sich der Keller unter der Küche. Oft schuf man eigene Räume neben der Küche als Kühlräume (Mittenwald, Gröblweg 1, 3 und 5).
Mitunter wurden die sogenannten „Speisen" (in Werdenfels auch ebenerdig „Keller" oder einfach „Gewölbe" genannt) dadurch geschaffen, daß man das rückwärtige Ende des Hausgangs durch eine Querwand abtrennte und den dadurch gewonnenen Raum wölbte (Farchant, Haus Nr. 21).
Teilweise baute man Speisen in den Stall hinein mit Zugang vom Hausflur aus neben den Stall (Grainau, Zugspitzstraße 3, 4, 5, 97).
Vom Beginn des 18. Jahrhunderts ab begann man wieder eigentliche Keller jetzt in größeren Ausmaßen unter den Hausgängen auszubauen. Zum Beispiel ist im Anwesen Garmisch, Höllentalstraße 5 der Keller (für 2 Besitzer) fast 7 m lang (siehe Hausplan). Er ist über 2 Kellertreppen an beiden Enden, erreichbar, welche mit

2 Falltüren zu verschließen sind. Alle vorstehend aufgeführten Keller- bzw. Speisekammertypen lassen in der Vielfalt ihrer Ausführungen und der Lage in den Anwesen klar erkennen, daß die Keller nicht von vornherein in die Konzeption der räumlichen Innenausstattung eingeplant waren. Ihre Anlage entsprach späteren Bedürfnissen und man begnügte sich damit, sie dorthin zu bauen, wo eben sich gerade ein zweckmäßiger Platz bot.
Alle vorgenannten Arten von „Kühlräumen" entstanden aus dem *privaten* Bedürfnis der Anwesensbewohner.
Anders die Keller, welche aus *kommerziellen* Gründen angelegt wurden. Es handelt sich hierbei um großräumige, unterirdische Anlagen in Mittenwald, Partenkirchen und Garmisch, die sich entlang der, durch diese Orte führenden Rottstraße und deren Nebenstraßen, in Mittenwald des Obermarktes und der Hochstraße, in Partenkirchen in der Ludwigstraße sowie in Garmisch zwei mal in der Schmiedstraße, außerdem im Hotel Post und Zugspitzstraße 21 (letzterer 1557 erbaut) befinden. Diese Keller waren ersichtlich schon beim Hausbau mit eingeplant und ausgeführt, weil ihre Wände zugleich die Fundamentmauern der Anwesen bildeten. Sie stammen fast alle mit großer Wahrscheinlichkeit aus dem Mittelalter, da die Oberbauten über diesen Keller, wie schon bei dem Abschnitt über die Haustypen erwähnt wurde, Merkmale gotischer Bauart aufweisen. Im ausgehenden Mittelalter erlebte der Handel auf der Rottstraße bekanntlich seine Hochblüte.
Diese Keller sind in Häusern zu finden, bei denen zumindest das Erdgeschoß aufgemauert ist. Erwähnenswert ist vor allem die große Kelleranlage im Gasthaus zum Rassen (Partenkirchen, Ludwigstraße 45) und im Wackerlehaus (Partenkirchen, Ludwigstraße 47), dem heutigen Heimatmuseum. Letzteres besitzt einen Keller von 6 : 5 m. In allen Fällen handelt es sich um Keller von ehemaligen Weinwirtshäusern.
Alle diese Keller sind durch gemauerte Treppenhäuser erreichbar. Sie dienten ausnahmslos der Lagerung von Wein über kürzere, vielleicht auch längere Zeit. Die Keller waren dazu sehr gut geeignet. Ihre Wände wiesen eine gewisse Feuchtigkeit auf, wie sie für die Dichtigkeit voller hölzerne Weinfässer erforderlich ist.
Wein war auf der Rott eines der Haupthandelsgüter. Er kam vor allem aus den Weinanbaugebieten des Südens. Ein Großteil desselben wurde ab Mittenwald auf Flöße verladen und teilweise auf dem Wasserweg bis Wien verfrachtet.

Die Räume des Wohnhauses

Sie bilden mit ihren verschiedenen Zweckbestimmungen den Rahmen für das Leben der Inwohner.

Entstehung von Herd und Ofen

Das einräumige Bauernhaus, in dem sich die Feuerstelle befand, in dem man kochte und mit den kleinen Haustieren (Hühnern etc.) wohnte und schlief, hielt sich bis etwa zur Wende des 12. zum 13. Jahrhundert. Der Raum war nach oben bis zur Dachhaut offen. Der Herdrauch stand im Raum, suchte sich seinen Weg nach außen, durch die Türe und das Dach. Erst vom 13. Jahrhundert ab trat zum Einraum der Hausgang, welcher sich aus einem Vordach zum Raum weiterentwickelt hatte. Abgedeckt wurden die Räume durch Bretterdecken kaum vor dem 14./15. Jahrhundert.

Im Laufe der Entwicklung war aus der ursprünglichen Herdgrube zunächst ein niederer Steinsockel geworden, der allmählich zur Arbeitsvereinfachung erhöht wurde. Um der Gefahr, die von dem offenen Feuer durch Funkenflug in reinen Holzbauten drohte, wirksam begegnen zu können, war man genötigt, über dem Herd ein Tonnengewölbe aus unbrennbarem Material (Lehm oder Stein) zu errichten. Diese, nunmehr als „Kochofen“ anzusprechende Herdstelle, wurde als Vorderlader beheizt.

Aber nach wie vor stand der Herdrauch im ganzen Raum, so daß er die Bezeichnung „Rauchstube“ verdiente. Aus Gründen der Raumersparnis wurde der Kochofen an die Innenwand gerückt.

Dadurch, daß man später, wie Ilg nachwies,[27] quer über die Tonne des Kochofens hinweg eine raumabschließende Wand zog, trennte man die „Rauchstube“ in die Rauchküche, in der der Rauch verblieb und in einen rauchfreien Raum, die Stube. In der Rauchküche stand nunmehr der eine Teil des Kochofens als Kochstelle, der andere Teil verblieb als Ofen in der Stube.

Diese so entstandenen Rauchküchen hatte in Werdenfels samt und sonders bruchsteingemauerte Gewölbe und Fußböden.

Der in der Stube verbliebene Teil des Ofens wurde, um die Stube rauchfrei zu erhalten, als Hinterlader meist von der Rauchküche, seltener vom Hausflur geheizt.

Der Typ der Rauchstube, aus der entwicklungsgenetisch die Küche und Stube hervorging, ist in Werdenfels nicht mehr anzutreffen.

Da die Rauchstuben im ostalpinen Bereich häufig vorkamen, nahm v. Geramb ihre östliche Herkunft an und behauptete, das Vorkommen der Rauchstubenlandschaft reiche im Westen nur bis in die Gegend von Kitzbühel, westlich dieser Grenzlinie beginne das westliche Rauchküchengebiet.[28] Dagegen wies Karl Ilg das Vorkommen von Rauchstuben auch in Vorarlberg nach.

Der Flur (Hausgang)

Der Flur ist mitbestimmend für die Hausformen des Eck-, Seiten- und Mittelflurhauses. Beim weit verbreiteten Mittertennhaus fehlt er zunächst, entsteht aber dann sekundär dadurch, daß man, beginnend um die Mitte des 18. Jahrhunderts in die Tenne der Länge nach eine Mauer im Abstand einer Flurbreite vor den Wohnräumen einzog.
Der Hausgang ist bei den Werdenfelser Einhöfen von wechselnder Breite, enger bei den Seitenflurhäusern, welche meist, besonders in Mittenwald, Hauswand an Hauswand gebaut sind, weiter bei den Mittelflurhäusern, welche oft alleinstehen. Hausgänge verlaufen je nach den einzelnen Haustypen parallel oder quer zum First.
Bei den Seitenflurhäusern, sowie bei älteren Mittertennhöfen geht der Gang in der Tenne auf.
Reine Flure (ohne Einfahrtmöglichkeit) haben nur eine Verbindungsfunktion. Die ursprüngliche Aufgabe des Vorraumes im zweiräumigen Haus als Abstelle und Arbeitsraum unter Dach zu dienen, hat er durch den Ausbau zur Mehrräumigkeit im Haus verloren. Ob Eck-, Seiten- oder Mittelflure stellen sie, da unheizbar und zum Aufenthalt ungeeignet, nur Durchgänge zu den Wohnräumen und bei Einhöfen zum Stall dar. Die Raumausstattung ist dementsprechend einfach. Verputzte Wände und ein Bretterboden genügten. Ein Kleiderrechen durfte nicht fehlen. Für gewöhnlich hatte der Flur als einzige Lichtquelle nur das Oberlicht über der Tür. Eine Ofentür in der Wand ermöglichte das Beschicken des Stubenofens.
Neuerdings bemüht man sich unter anderem auch den Gang wohnlich zu gestalten, gewissermaßen als Visitenkarte der Wohnkultur des Besitzers. Man bedient sich dabei variabler Möglichkeiten wie Aufstellung von Möbeln, Auslegen von Teppichen und dergleichen.
Breite mitunter gewölbte Hausgänge, wie man sie in Altbayern und Tirol findet, trifft man in Werdenfels nur vereinzelt an.[29] Engere, gewölbte Hausgänge befinden sich lediglich im Anwesen Garmisch, Frühligstraße 29 (erbaut 1524).

Die Küche

Wie vorstehend dargestellt wurde, entstanden aus der Abtrennung der Rauchstube durch eine Zwischenwand über dem Kochofen zwei Räume, die rauchfreie Stube und die rauchige Küche in der sich die Herdstelle mit dem offenen Feuer befand, von nun an „Rauchküche“ genannt.

Dem Raum mit der Feuerstelle gebührt nach jahrhundertealtem Rechtsgrundsatz der Vorrang vor allen anderen Räumen des Hauses. Der Feuerbrand auf dem Herd ist neben seiner praktischen Verwendung zu Speisenzubereitung nach geltender Anschauung gleichsam das Leben des Hauses. Es erlischt, wenn das Feuer im Herd ausgegangen ist. Deshalb spricht man von dem Wohnhaus des Paarhofes als dem Feuerhaus, weil sich in ihm die Feuerstelle befindet, bezeichnet man noch heute in Vorarlberg die Küche als „Hus" (Haus).[30]

In den sogenannten „Definitivbeschlüssen", welche von der kgl. Regierung des Isarkreises 1829 zur Umwandlung von bisherigen, vergünstigungsweisen Abgaben der Holzbezüge in Rechte erlassen wurden, ist ausdrücklich bestimmt, daß das Recht für ein Wohnhaus ruht, wenn sein Herdfeuer erloschen ist. Es kann erst dann wieder aufleben, wenn das Feuer wieder brennt.

Die Küche liegt in der Raumordnung des Hauses, ihrer Entstehung aus der Rauchstube entsprechend, fast überall Wand an Wand mit der Stube. Die Stube liegt dabei immer giebelseitig an der Außenwand des Anwesens. Ihre Fenster gehen nach außen und lassen das Tageslicht herein. Nach ihr kommt unmittelbar anschließend in der Längsrichtung des Hauses die Küche.

In den aneinandergebauten Seiten- und Mittertennhäusern mit gemeinsamen Längswänden zum Nachbaranwesen, wie sie besonders häufig in Mittenwald im Ober- und Untermarkt, aber auch in Partenkirchen und Garmisch vorkommen, besaßen die Küchen meistens keine Fenster nach außen und entbehrten so des Tageslichtes. Als Lichtquelle diente nur der Widerschein des Feuers auf dem Herd und ggf. eine Oberlichte in der Türe zum Hausgang. Später wurden Kienrußleuchten zur Aufhellung der Räume verwendet. Noch später kamen im 18. Jahrhundert als Beleuchtung Kerzen auf. Sehr viel später, als man beginnend in den 70er Jahren des vorigen Jahrhunderts, in der Küche anstelle des Herdes mit offenem Feuer geschlossene Küchenherde mit verrohrtem Rauchabzug aufstellte, wodurch auch die Küche rauchfrei wurde, baute man in die Wand zur Stube breitflächige Fenster ein, durch die indirektes Licht aus der Stube in die Küche kam.

Die altartigen Küchen in Werdenfels waren samt und sonders Rauchküchen. Der Rauch der verschiedenen Feuerstellen zog frei durch den Raum, ehe er durch ein Rauchloch in der Ecke des Raumes, in Werdenfels die „Höll" genannt, nach oben entweichen konnte. Durch das Obergeschoß wurde der Rauch dadurch weitergeleitet, daß auf das Rauchloch ein nach unten konisch auslaufender, bruchsteingemauerter Kamin bis zum Dachraum geführt wurde, von wo aus er durch Heuboden, Dachgerüst und Dachhaut frei entweichen konnte.

Die offenen Feuerstellen stellten, wie bereits dargestellt wurde, mit ihrem Funkenflug für das Anwesen natürlich eine Brandgefahrenquelle ersten Ranges dar,

man suchte sich gegen diese Gefahr so gut wie möglich zu schützen. Dies geschah so: Alle altartigen Küchen in Werdenfels, gleichviel ob sie in einem gemauerten oder aufgeblockten Geschoß liegen,[31] besitzen steingemauerte Gewölbe. Die Wände, soweit sie nicht gemauert waren, wurden sorgfältig mit einer dichten Schicht von Stein- und Kalkmörtel verputzt. Der Fußboden war grundsätzlich ein Findlingspflaster (Katzenköpfe), in den Häusern Bessersituierter lagen hier und da auch Marmorplatten (wie im oben erwähnten Wackerlehaus von Partenkirchen).[32]
Der Rauch war in der Küche sicher eine arge Belästigung für die dort Hantierenden. Er erschwerte das Sehen und griff die Augen an. Aber er hatte auch kleine Vorteile. Gleichwie der Rohteer als Rückstand des Rauches das Gewölbe und die Wände mit einer schwarz glänzenden Schicht überzog, übte er dieselbe Wirkung auf den Dachstuhl aus und bewahrte ihn dadurch vor Fäulnis. Er durchräucherte auch das Heu, welchem die Werdenfelser dann eine besondere Auswirkung auf bessere Milcherzeugung des Viehs zuschrieben.
Ein weiterer Vorteil des Rauches in der Küche war die Möglichkeit, dort zu räuchern. Diesem Zweck dienten die Hacken mit den Ringen an der Decke, durch die man Stangen zog. Auf ihnen wurde das Räucherfleisch aufgehängt. Diese Vorrichtung hieß in Mittenwald „das Gselch“. Endlich hatte der Rauch nach altem Volksglauben die Fähigkeit, das Leben des Menschen zu verlängern.
In den Rauchküchen waren es drei offene Feuerstellen, welche Rauch erzeugten. Zunächst der Kochherd selbst. Er stand an der Mauer einer Längsseite der länglichen Küchen gegen die Stube, maß rund 90 cm im Quadrat und war rd. 80 cm hoch. Aufgemauert aus Bruchsteinen, hatte er eine tonnenartige Unterwölbung, in welche das Brennholz geschichtet wurde. Seine Oberfläche war mit quadratischen Steinplatten belegt. Darüber lag in der Mitte ggf. eine große Gußeisenplatte. Auf ihr brannte das offene Feuer, über dem der eiserne Dreifuß für das Kochgeschirr stand.
Die zweite Feuerstelle befand sich ebenfalls auf dem Herd unter dem sogenannten „Höllhafen“. Der Höllhafen diente zur Zubereitung von warmen Wasser, war also der Vorläufer des Wasserschiffes im geschlossenen Herd. Zwei längliche Steine waren auf dem Herd an die Wand gestellt, zwischen denen sich der eingemauerte Wassertopf befand. In dem Hohlraum darunter lag die Schür, in welcher mit Spänen (Schoatn) geheizt wurde. Um für diese die nötige Zugluft zu erreichen, wurde hinter dem Topf in die Wand ein halbrunder Schacht senkrecht eingelassen, der gleichzeitig den Rauch nach oben ableitete.
Die dritte Feuerstelle der Küche befand sich unter dem kupfernen Waschkessel, welcher im Eck stand, versenkt in eine bruchsteingemauerte Ummantelung. Die Schür befand sich unter dem Kessel. Die Zugluftverhältnisse erforderten, ähnlich

wie beim Höllhafen, einen Rauchabzug, diesmal einen kleinen Kamin aus Lehm, welcher in die rückwärtige Wand eingelassen war und ungefähr einen halben Meter über den Kessel emporragte.
Die Küche nahm nicht nur den Rauch aus den 3 vorgenannten Feuerstellen auf, sie hatte zusätzlich auch noch den Rauch des Stubenofens, der unter seiner Schür herauskam und den der Leuchte in der Stube aufzunehmen. Diese Leuchte in der Stube (d. Liachtn) befand sich in der Wand, hinter der sich auch die Küche befand. Sie bestand aus einer rechteckigen Vertiefung in der Wand mit geraden Seiten; in dieser wurde entweder ein kleines Spanfeuer unterhalten, oder ein Kienspan, eingeklemmt in einen eisernen Halter, abgebrannt; beide Arten verbreiteten ein spärliches Licht. Der Rauchabzug der Leuchte erfolgte durch eine Höhlung in der Mauer, welche in die Küche oberhalb des Herdes mündete. Voraussetzung für diesen Abzug war eine gemauerte Wand zwischen Stube und Küche.
Die Küche hatte ggf. also den Rauch von 5 Feuerstellen aufzunehmen. Die übrige Ausstattung der Küche war entsprechend der ständigen Verrußung einfach gehalten und beschränkte sich auf das Notwendigste. Neben dem Waschkessel stand der Trankhafen für das Vieh, in den alle Speisenreste, Kartoffeln und dgl. mit Wasser versetzt, geschüttet wurden. Er hatte die Form eines faßähnlichen Zubers mit zwei Handgriffen. Seine Größe richtete sich nach der Zahl des Großviehs. In die innere Schmalseite der Küche war der „Speis(en)kasten" eingelassen, welcher Regale und Schubladen für Lebensmittel besaß. An der dem Herd gegenüberliegenden Wand stand der Geschirrkasten zur Aufnahme von Kochgeschirr; Eßteller wurden seit dem Ende des 18. Jahrhunderts an Sonn- und Feiertagen verwendet, sonst aß man gemeinsam aus der großen Pfanne. Schüsselrahmen gab es daher ursprünglich in der Rauchküche nicht.
Als Eßbesteck wurden nur Löffel gebraucht, die in der Schublade des Eßtisches in der Stube aufbewahrt wurden. Zum Brotschneiden gab es ein besonderes Messer. War sonst beim Essen etwas zu schneiden, dann nahm jeder sein eigenes Messer, die Männer aus dem Hosensack, die Frauen hatten es am Gürtel hängen. Da Fleisch nur äußerst selten auf den Tisch kam, bedurfte man keiner Gabeln.
In der Küche stand außerdem ein kleiner Tisch für Verrichtungen bei der Essenszubereitung und für das Herrichten des Brotteiges. Ein sog. Wasserbankerl durfte nicht fehlen, auf welchem Kannen standen, in denen sich das aus dem Straßenbrunnen geholte Wasser befand.
An der Wand gegen die Stube war das „Hinterladertürl" für die Beheizung des Stubenofens, sofern dies von der Küche aus geschah. Teilweise erfolgte die Heizung auch vom Flur her. Die Hinterladerheizung wurde im 14. Jahrhundert eingeführt, als man die Rauchstube in Stube und Küche aufteilte.[33]

Die offenen Feuerstellen verschwanden in der zweiten Hälfte des 19. Jahrhunderts und geschlossene Herde vom Hafner aufgestellt oder auch später Emailherde als Fabrikware nahmen ihre Stelle ein. Der seither von oben nur bis zur Decke des Gewölbes reichende Kamin wurde nach unten bis zum Fußboden der Küche und nach oben über das Dach hinaus verlängert und der Rauch verrohrt in den Kamin eingeleitet.
Dadurch konnten die nunmehr auch rauchfreien Küchen wohnlicher gestaltet werden. Sie behielten zwar teilweise ihr Gewölbe, mitunter wurden aber auch gerade Decken eingezogen. Der alte Teerüberzug im Küchenraum wurde abgeschlagen, der ganze Raum geweißt. Dadurch bekam die Küche eine größere Helle, entbehrte aber nach wie vor den größten Teil des Tageslichtes. Öfter wurden die Küchen verlegt, um sie durch Fenster aufhellen zu können. Wenn es der Raum erlaubte, nahm man auch mehr und mehr die Mahlzeiten in der Küche ein. Bei Neubauten bäuerlicher Anwesen ist es fast zur Regel geworden, in der Küche zu essen.

Offener Küchenherd
mit Hinterladerschür zum Stubenofen und eiserner Verschlußklappe.

Stube und Küche
(Innenausstattung)

1 Tisch
2 Umlaufbank
3 Sitzbänke
4 Milchkasten
5 Standuhrgehäuse
6 Lichternische
7 Ofenstiege
8 Ofen
9 Rauchabzug
10 Schür
11 Ofenbank
12 Ofentischl
13 Wandschrankl
14 Kleiderkasten
15 Sofa
16 Kommode

1 Waschkessel mit Rauchabzug
2 Herd
3 Höllhafen
4 Wasserbankl
5 Speiskasten
6 Geschirrkasten
7 Tisch
8 Trankhafen

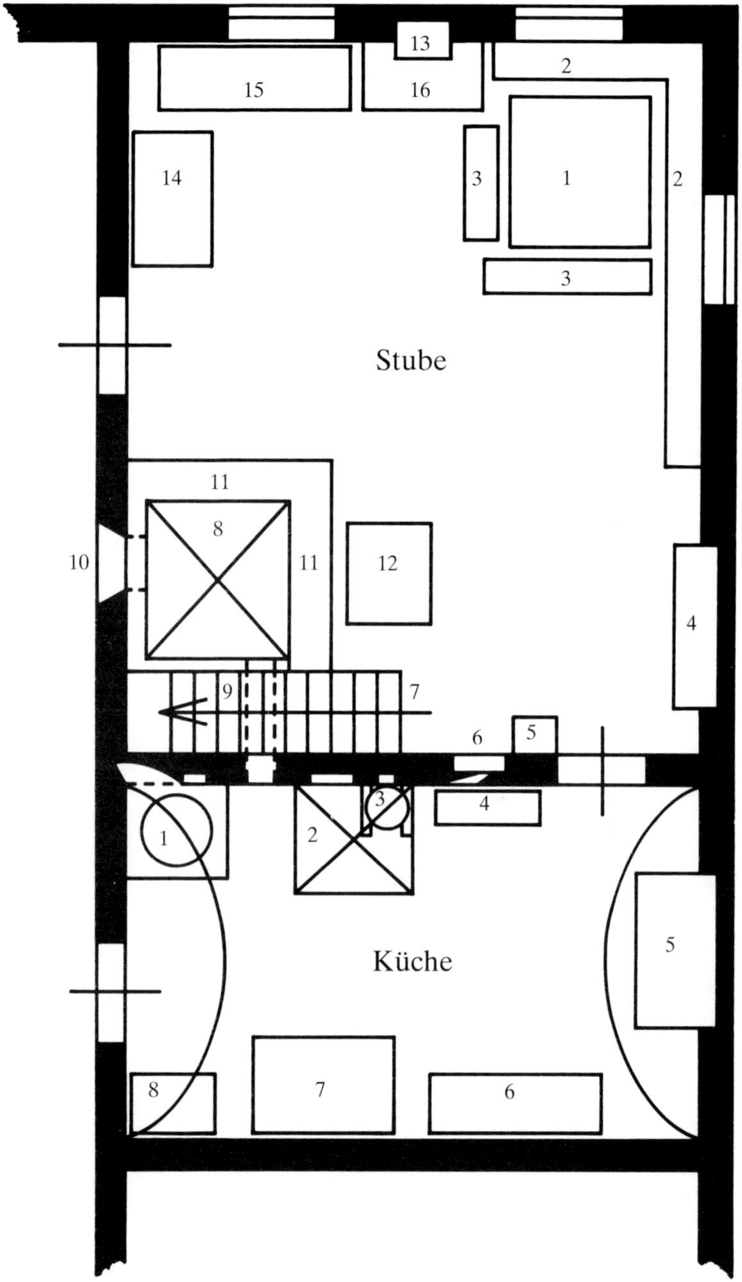

Bauernstube

Tischgruppe mit fest eingebauter Eckbank ohne Rückenlehne und freistehenden Sitzbänken unterm Hergottswinkel. Decke breite Holzbretter über Balken-Unterzug, Wände verputztes Mauerwerk, Fußboden breite Bretter.

Die Stube

Wie vorstehend bereits dargestellt wurde, entstand durch die Trennung der Rauchstube in 2 Räume die „Rauchküche“ und die rauchfreie Stube. Sie ist heizbar durch den in der Stube nach Einziehen der Wand verbliebenen rückwärtigen Teil des Kochofens. Dieser wurde aus Gründen der Rauchfreihaltung der Stube als „Hinterlader“ entweder von der Küche oder dem Flur aus geheizt.

Im Gegensatz zu den niederdeutschen Haustypen ist die ringsum abgeschlossene Stube nach T. Gebhard ein „Wesensmerkmal des oberdeutschen Hauses. Sie bildet auch den Mittelpunkt im Ablauf des bäuerlichen Alltags.“[34] Diese Aussage trifft in vollem Umfang auch für Werdenfels zu.

Die Stube und ihr Ofen bilden dabei eine untrennbare Einheit. Ohne den meist behäbigen großen Ofen in der Ecke ist eine Bauernstube nicht denkbar. Durch die beheizbare Stube wurde bei der Besiedlung ungünstiger (Höhen-)Lagen ein eigenes warmes Klima geschaffen, das sich besonders im Hinblick auf die zunehmende Klimaverschiebung seit dem 16. Jahrhundert für die Siedler vorteilhaft auswirkte.

Die Größe der Stuben in Werdenfels schwankt zwischen 12 und 40 qm. In der Regel sind sie mit Wandlängen von 5 : 6 m groß und geräumig. Sie sind also durchschnittlich wesentlich größer als die Küchen.

Die Innenausstattung der Stube ist auf den ersten Blick in fast allen Werdenfelser Wohnstuben stereotyp die gleiche.[35] Immer steht der Stubenofen in der Ecke der Innenwände, leicht abgerückt von der Seitenwand, etwas mehr von der Rückwand, um dort einer steilen, schmalen, hölzernen Stiege Platz zu machen, welche nach oben in die Stubenkammer und damit in die übrigen Kammern des Oberstockes führt. Die gleiche Stubenstiege findet sich auch in alten Graubündner Häusern.

Ich beschreibe weiter die stereotypen Merkmale der Stube: Um den Ofen zieht sich auf seinen zwei, der Stube zugewandten Seiten, die Ofenbank hin. Diagonal gegenüber befindet sich der Tisch im Außeneck. Um diese Ecke stehen Sitzbänke, meist in der Mauer fest verankert durch Haken. In der Ecke über dem Tisch befindet sich der Herrgottswinkel mit Kreuz und Heiligenbildern.

Wo immer möglich besitzt die Stube 4 Fenster nach außen, 2 an der Giebel-, 2 an der Längsseite, welche den Raum sehr hell machen. 2 Türen führen aus der Stube: die eine in den Hausgang oder bei den Mittertenn- und Seitenflurhäusern in die Tenne, die andere in die Küche. Zwischen den 2 Fenstern der Giebelseite ist ein länglicher Kasten (etwa ½ m hoch und ca. 40 cm breit) 30 cm in die Wand eingelassen und mit einer Tür verschließbar. Darunter steht eine Kommode. Neben ihr befindet sich meist ein Sitzsofa (Kanapee).

An der Wand zum Gang hat ein Kasten seinen Platz. Neben der Tür zur Küche ist in die Längswand in der Größenordnung von ca. 1 : 1 m der „Milchkasten“ 40 cm tief

in die Wand eingelassen. In der Wand zur bisher lichtlosen Küche befindet sich neuerdings, da es dort kein offenes Feuer mehr gibt, ein mehrteiliges Innenfenster, um diese aufzuhellen.
Das Innere der Öfen, meist ohne Züge, wurde vom 1. Viertel des 19. Jahrhunderts ab teilweise durch Schamottesteine kunstvoll mit Zügen versehen, um mehr Ofenwärme zu erzeugen.
Der Ofen ruht auf einem gemauerten Sockel von rund 40 cm Höhe, mit unten offenem Bogen, ohne oder mit Fundament im Boden. Manchmal setzte man den Sockel direkt auf den Bretterboden. Der Ofen hatte eine Mehrzweckfunktion. Einerseits diente er der Stubenheizung, zum andern wurde in ihm Brot gebacken. Zu diesem letzteren Zweck war die Schür des Ofens mit feuerfesten Tonplatten sorgfältig ausgelegt. Der Backvorgang ging so vor sich, daß nach dem Durchheizen, in den sorgfältig ausgekehrten Schürboden der Brotteig von außen her mit dem „Schießer", einer Holztafel an längerer Stange, eingebracht wurde. Eigentliche Backhäuser gab und gibt es in Werdenfels nicht, ebensowenig Backrohre in den Stubenöfen. Die obengenannte Art des Brotbackens hatte Werdenfels mit dem ganzen Nordwesten Tirols gemeinsam.[36]
Mit Einbau geschlossener Herde in der Küche wurde der Rauch im Rohr durch die Wand in die neuerstellten Kamine eingeleitet. Mit Aufkommen neuer, besserer Beleuchtungsmöglichkeiten (Petroleumlampen) waren auch die alten Holzleuchten gegenstandslos geworden. Die Vertiefungen der Leuchten trifft man noch ab und zu an. Sie werden als Abstellplatz (u. a. für das Strickzeug) benutzt. Über dem Ofen befand sich das übliche, ringsum reichende Gestänge zum Trocknen nasser Kleidungsstücke.
Die bequeme Ofenbank reichte auf der dem Giebel zugekehrten Seite bis zur Wand, auf der anderen bis zur Stiege. Auf der Bank lag ein Kopfbrett zum Hinlegen. Die Bank lag ofenwärts auf dem mehrere cm vorspringenden Steinsockel oder ruhte auf drei bis vier gedrechselten Holzsäulen oder dem Steinsockel. Hier und da stand vor der Ofenbank ein kleiner Tisch mit Stuhl, zum Verweilen für einen kleinen „Ratsch" einladend. In ihm war mitunter eine Schiefertafel eingelassen, auf der man Notizen, Berechnungen oder Aufschreibungen für das Kartenspiel machen konnte.
Der diagonal dem Ofen gegenüber in der Außenecke im Winkel der umlaufenden Eckbank stehende Tisch war dagegen groß und stark in seiner Bauart. Denn die ganze Familie einschließlich des Gesindes nahm an ihm ihre Mahlzeiten ein. Er war meist quadratisch oder viereckig. Die benötigten Bänke standen um ihn herum.
Der Herrgottswinkel über dem Tisch mit seinem Kreuz und den häufig hinter Glas gemalten Bildern von Christus und Maria zu beiden Seiten ist der religiöse Blick-

punkt der Stube, zu ihm gewendet wurde der Rosenkranz gebetet. Oft umrankte Efeu die Ecke und auf einem Eckpodest fehlt selten ein Blumenstöckl.
Der Wandkasten zwischen den beiden Fenstern ist der Aufbewahrungsort aller wichtiger Dokumente und Urkunden. Außerdem ist dort das Schreibzeug und die Lesebrille zu finden. Um den Wandkasten gruppiert hängen an der Wand in mehr oder weniger kunstvollen Rahmen die Photographien von verstorbenen Familienmitgliedern, Erinnerungsbilder aus der Soldatenzeit und dergleichen.
Zu den Einzelteilen der vorerwähnten Regelausstattung ist hinsichtlich ihren Entwicklungen und Bestimmungen folgendes hinzuzufügen:
Der Ofen ist auf den ersten Blick „die Seele der Stube“.[37] In Form und Ausführung hat er in Werdenfels viele Wandlungen durchgemacht.
Durch die Trennung der Rauchstube in Stube und Küche war die Feuerstelle des Kochofens in die Küche verlegt worden, in der Stube verblieb der Heizofen, mit der Küche oder dem Flur durch eine Schür verbunden. Um die Stube rauchfrei zu halten, mußte der Ofenrauch in einen anderen Raum – wie bereits im vorhergehenden Abschnitt dargelegt wurde – in die Küche abgeleitet werden. Unmittelbar unter dem Rauchloch des Stubenofens in der Küche befand sich die Ofenschür, soweit sie nicht in den Gang mündete.
Die älteste Ofenform müssen wir uns in Gestalt der im benachbarten Tirol noch heute vorkommenden aufgemauerten Tonnenöfen denken; sie waren sicher auch in Werdenfels in Gebrauch, aber es hat sich kein einziger von ihnen erhalten.

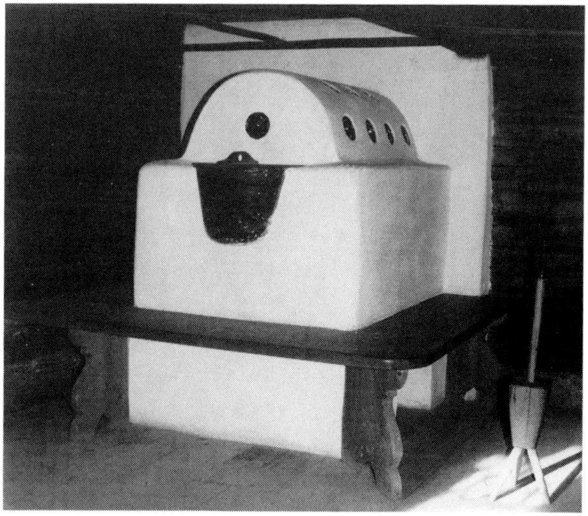

Altartiger Stubenofen
Ziegelmauerwerk, verputzt
Rekonstruktion aus dem oberbayerischen Freilichtmuseum an der Glentleiten (Hafner-Anwesen)

Altartige Stubenöfen
aus dem Oberbayerischen Freilichtmuseum an der Glentleiten.

oben links:
Hinterladerofen

unten links:
Hinterladerofen
beide Ziegelmauerwerk verputzt

unten rechts:
Hinterladerofen aus alten Kacheln (17. Jht.) aus einem Garmischer Bürgerhaus

Anfang des 18. Jahrhunderts begann sich hier, übernommen aus Ansitzen und Burgen der Umgebung der Kachelofen durchzusetzen. Seine Ausmaße blieben stets fast dieselben, ohne auf die Größe des Raumes besondere Rücksicht zu nehmen. Der reine Ofen (ohne Sockel) war ein Würfel mit quadratischem Grundriß von 1 m und rd. 70 – 80 cm Höhe.
Angeregt durch die Einflüsse des beginnenden Rokoko stellte der Kunstsinn der Bevölkerung besonders in der 2. Hälfte des 18. Jahrhunderts wahre Kunstwerke von Öfen einheimischer Fertigung in die Stuben, die jetzt leider zum größten Teil in Museen abgewandert sind. Besonders beliebt waren damals lindgrüne Öfen mit sog. Muschelschalen und vielfältigem, ornamentalen Schmuck.

Stubenofen

rechts:
aus einem Werdenfelser Bauernhaus um 1800, mit der charakteristischen Stiege hinter dem Ofen (Werdenfelser Heimatmuseum Garmisch-Partenkirchen)

links:
geschnitzter und bemalter Eckfuß an der Ofenbank

oben:
2 Kachelöfen aus Werdenfelser Bürgerhäusern, Ende 18. Jahrhundert, links auf gemauertem Sockel, rechts auf gedrechselten Eichenholz-Füßen (Werdenfelser Heimatmuseum, Garmisch-Partenkirchen)

unten:
Typisches eingemauertes Wandkastl beherbergt meist Schnaps, Schreibzeug und anderes.

Kommoden unter dem Wandkasten dienen zur Aufbewahrung von Wäsche, Strümpfen und Ähnlichem. (Freilichtmuseum an der Glentleiten)

Garmisch, Bräustüberl
Interessanter Kachelofen aus alten Original-Kacheln verschiedener Herkunft aus dem 17. und 18. Jht. zusammengesetzt, voll funktionsfähig

Der Milchkasten bereits in Stuben aus spätgotischer Zeit vorkommend enthält waagrechte Fächer, in denen die sog. „Weidlinge“ standen (glasierte Tonschüsseln), welche Milch enthielten, die zur Butter- und Schmalzbereitung abgerahmt wurde. Dieses Geschäft besorgen heute die Zentrifugen. Dadurch, daß dieser Kasten in die Wand eingelassen ist und die Dicke der Wand auf rd. 15 cm verringert wird, bietet er gute Kühlmöglichkeiten.
Die freien Wände der Stube sind mit Geweihen von Hirsch und Reh, sowie Gamskrucken geschmückt. Der Boden ist vielfach mit Flecklteppichen belegt. Die hölzerne Kasettendecke im Verein mit etwaigen Wandvertäfelungen verstärkten den Eindruck behaglichen Wohnens. Alles in allem sind die Stuben Ausdruck einer hohen bäuerlichen Wohnkultur. Dieser wird noch erhöht durch die Farbigkeit der Möbelbemalung. Neuerdings, da man die Küchen ausbaut, dort ißt und sich in ihnen viel aufhält, besteht die vorerst noch nicht sehr große Gefahr, daß die Stube in Zukunft zu einer „kalten Pracht“ werden könnte, deren Benutzung nur noch besonderen Anlässen vorbehalten bleibt.

Typischer Milchkasten
Rekonstruktion im Freilichtmuseum des Bezirks Oberbayern an der Glentleiten

Sesselofen
aus schwarzen Kacheln auf gemauertem Sockel mit Herdplatte und Backrohr (aus dem Werdenfelser Heimatmuseum, Garmisch)

Die Kammer(n)

In manchen Häusern der Seitenflur- und Mittertennhoftypen, wo es der Platz zuläßt, findet man im Erdgeschoß hinter der Küche noch eine Kammer, in der Reihenfolge Stube, Küche, Kammer. Diese ist meist kleiner, höchstens eben so groß wie die Küche mit 12 bis 15 qm Bodenfläche und dient verschiedenen Zwecken. Sie ist durch eine Türe vom Hausgang, mitunter auch von der Küche, aus erreichbar. Gelegentlich hat sie auch eine weitere Türe ins Freie. In der Regel ist sie nicht heizbar, nur vereinzelt trifft man in ihr einen später eingebauten Sesselofen an.
Diese Kammer dient in erster Linie als Abstellraum für Kleiderkästen, mitunter als zweite Speisekammer, hat meist nur ein Fenster und eine Holz- oder neuerdings Weißdecke. Häufig ist sie die Austragsstube der Alten, welche den Hof übergeben haben. Das Austragsproblem in der bäuerlichen Gemeinschaft wird im Zusammenhang mit der Raumaufteilung später noch eigens behandelt werden.
In den Mittelflurhäusern trifft man mitunter noch weitere Kammern an. Sie dienten meist gewerblicher Berufsausübung, gelegentlich auch als Gaststuben.

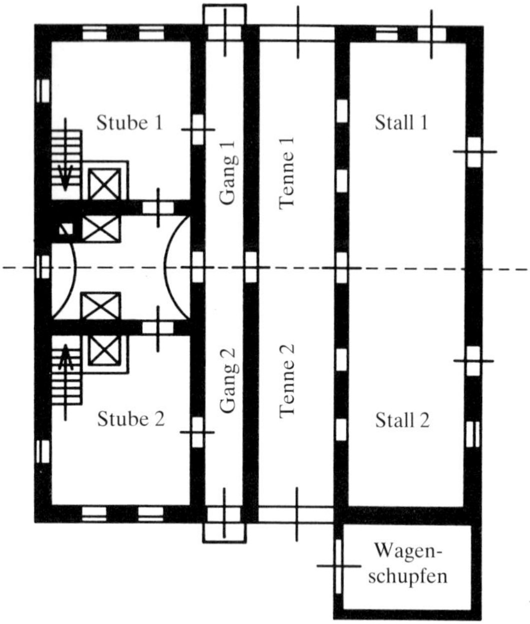

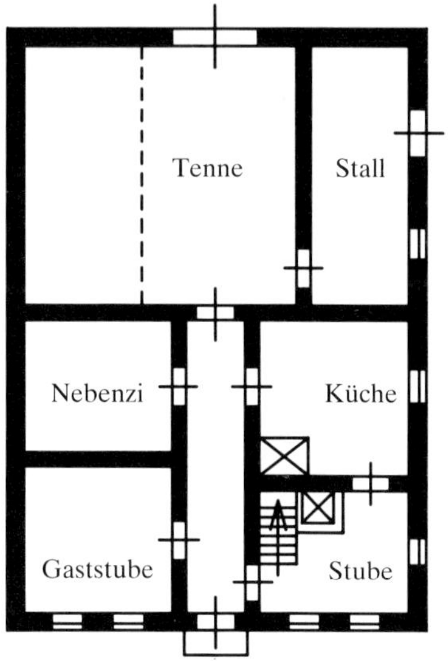

Grundrisse von Mittelflurhäusern mit verschiedener Nutzung der zweiten Stube auf der Giebelseite.

oben links: Doppelhaus mit gemeinsamem Hausgang
oben rechts: Kleinbauernhaus mit kleiner Wirtsstube und Küche
unten links: Bauernhaus mit Laden und Lagerraum
unten rechts: Bauernhaus mit Werkstatt z. B. Geigenbauer

rechte Seite: Die Ladentheke mit der früher weit verbreiteten Ladenschlange (Freilichtmuseum an der Glentleiten)

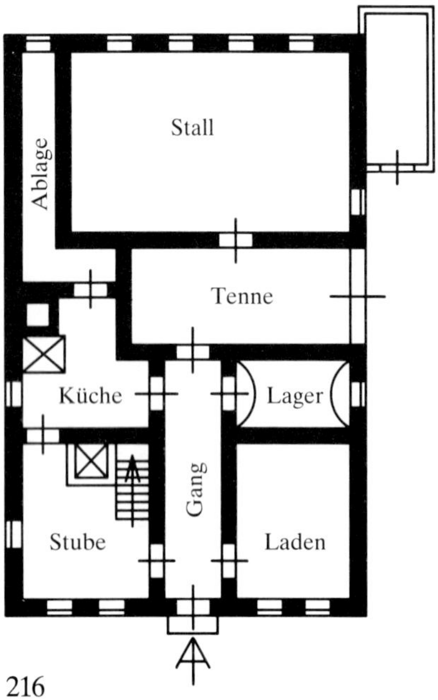

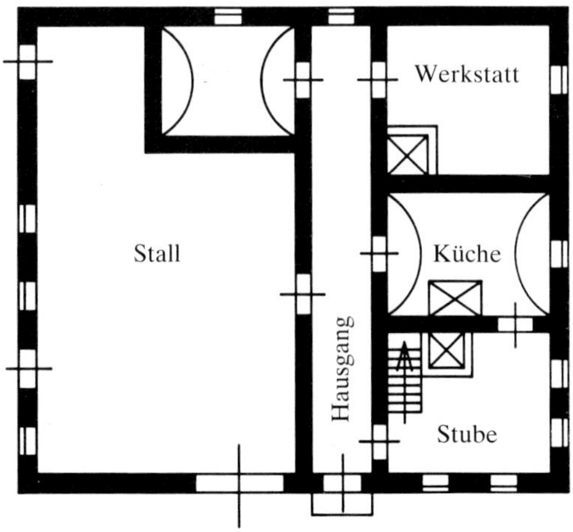

Ländliche Kramerläden

oben:

Obst- und Viktualienhandlung im „Fischerschuastahaus" am Marktplatz in Garmisch. Eingang in den Laden neben dem Stall (um 1900).

unten:

Kramerladen im Freilichtmuseum an der Glentleiten. Beispiel für die gewerbliche Nutzung einer zweiten Stube auf der Giebelseite eines Mittelflurhauses. Eingang in den Laden über den Flur. (Ansicht von Osten)

Zusammenfassung der geschichtlichen Entwicklung von Stube und Rauchküche aus der Rauchstube

Durch eingehende Arbeiten stellte Ilg fest, daß die Rauchstuben entgegen der ursprünglichen Annahme v. Gerambs auch in Vorarlberg vorkamen.[38] Das Fehlen von Rauchstuben in Tirol begründet Ilg folgendermaßen: In den Steinhauslandschaften Tirols werden wir aus schon bekannten Ursachen (daß nämlich im Steinhaus der Feuerschutz weniger notwendig ist, wie in Holzhäusern) weder den Kochofen noch die an ihn gebundene Rauchstube suchen dürfen. Hier konnte das offene Herdfeuer in der Rauchküche brennen.[39] Diese Begründung schließt natürlich nicht aus, daß in reinen Holzhäusern auch Kochöfen in Rauchstuben waren.
Auch Schilli bestätigte das Vorkommen von Rauchstuben im sog. „Heidenhaus" des Hochschwarzwaldes,[40] so daß von einer Ausdehnung der Rauchstubenlandschaft auf den Gesamtraum des alemannischen und bayuvarisch besiedelten Gebietes gesprochen werden kann. Der Entwicklungsgang des den beiden Stämmen in der Siedlungszeit gemeinsamen Einraumwohnhauses mit Feuerstellen führte zur Rauchstube.
Aus diesen Gründen mußte Ilg gegen die These von Geramb darauf hinweisen, daß die Trennung zwischen einer ostalpinen Rauchstubenlandschaft und einer westalpinen der Rauchküche kaum statthaft sei,[41] denn es deuten mehrere Zeugnisse und Spuren unweigerlich darauf hin, daß das heutige Verbreitungsgebiet (d. Rauchstuben) im südöstlichen Österreich nur ein Reliktgebiet einer einst nach Westen bis in den Bodenseeraum ausgehenden Rauchstubenlandschaft darstellt.[42]
Mit dem Nachweis von Rauchstuben auch im westalpinen Bereich und der dort örtlich entwickelten Kachelöfen in der oben beschriebenen Weise ist die These von der slawischen Herkunft der Kochöfen, wie sie v. Geramb und Schier vertraten, wenig überzeugend geworden.
Die Erzeugung von Getreide war in Werdenfels so gering wie der Brotbedarf; eigener Backöfen bedurfte es daher nicht. Spezielle Backöfen oder Backstuben waren in Werdenfels nicht vorhanden. Das Brot wurde im Stubenofen gebacken, eingeschossen von der Rauchküche her.
Diese Art des Brotbackens war in Werdenfels bis zum Anfang des Zweiten Weltkrieges allgemein üblich.

Die Schlafkammern

Das Werdenfelser Bauernhaus kennt im allgemeinen keine eigenen Treppenaufgänge oder Stiegenhäuser in die Räume des Obergeschosses. Diese blieben den wenigen Mittelflurhäusern vorbehalten.

In den Bauernhäusern führt nur eine schmale Stiege hinter dem Ofen der Wohnstube in den Oberstock, die mit einer Falltür oben abschließt. Die Kammern des Oberstocks waren einzig und allein dem Schlafen der Hauseinwohner vorbehalten.

Zunächst eine Bemerkung zur Benennung der Kammern: Grundsätzlich trägt die Kammer die Bezeichnung des Raumes im Erdgeschoß, über dem sie liegt. Man spricht also von einer Stubenkammer, von einer Küchen- oder mundartlich „Kemi"(- Kamin)kammer, weil durch sie der Kamin der Küche im Winkel des Raumes hindurchführt. Über der Austragsstube liegt die Austragskammer. Hierzu kommt noch, häufig in Mittenwald, vereinzelt in den übrigen Orten, die giebelseitig über der Tenne befindliche sog. „Haus"kammer.

Die Räume im Oberstock sind unheizbar, Öfen in ihnen sind neueren Datums. Die Stuben- und die Kemikammer entbehrten aber doch nicht einer gewissen Erwärmung, die von unten kam. Die Stube war durch den geheizten Ofen am besten durchwärmt. Sie gab ihre Wärme nach oben in die Stubenkammer auf zweifache Art weiter. Erstens war die Decke der Stube mit dem Fußboden der Stubenkammer so verbunden, daß diese Konstruktion sich leicht durchwärmen ließ und so Wärme abgeben konnte. Die Unterzüge (Tramen) der Stubendecke trugen den Bretterboden der Kammer. Gleichzeitig war an ihnen die Deckenverschalung der Stube von unten her aufgehängt. Zwischen dieser Verschalung und dem Kammerfußboden war leerer Raum. Die Deckenverschalung und der obere Fußboden, sowie der leere Raum zwischen beiden erwärmten sich bei Heizung der Stube sehr stark.

Stärker noch war die Erwärmung, wenn in der Stube keine Deckenverschalung vorhanden war, wie es in den Häusern der ärmeren Bevölkerungsschichten vorkam. Hier traf die Wärme des Stubenofens unmittelbar auf die Fußbodenbretter der Kammer.

Die andere Möglichkeit die Stubenkammer zu durchwärmen bestand darin, daß man die Falltüre der Ofenstiege öffnete. Dadurch drang die Wärme des Ofens, der sich zudem ja neben der Stiege befand, unmittelbar in den Kammerraum.

Die Erwärmung in der Kemikammer kam dadurch zustande, daß der gemauerte Küchenkamin genügend Hitze ausstrahlte, um den Raum zu erwärmen. Diese Art die Stubenkammer zu erwärmen findet sich auch im Engadin.

Zur besseren Wärmehaltung sind die Kammern des Oberstocks in der Regel vertäfelt oder auch nur verbrettert.
Traditionell schlafen die Eltern mit den Kleinkindern in der Stubenkammer, dem wärmsten Raum des Oberstocks. Daneben in der ebenfalls durchwärmten Kemikammer war der Schlafraum der Alten, welche bereits übergeben hatten, soweit sie nicht, wie es vereinzelt vorkam, eine eigene Schlafkammer über ihrer Austragsstube besaßen.
In den weiteren Kammern, sowohl in der Hauskammer (über der Tenne) als auch in der Kammer hinter der Kemikammer, schliefen die heranwachsenden Kinder, getrennt nach Geschlecht, in der Buben- und in der „Male“ (Mädchen) Kammer. Die Ausstattung der Kammern war einfach, fast dürftig zu nennen. Betten, ein paar Stühle, Gewandkasten, vielleicht ein Tisch, bildeten oft die ganze Einrichtung. Waschtische fanden verhältnismäßig spät (in der 2. Hälfte des 19. Jahrhunderts) Eingang in die Kammern.[43] An den Wänden hingen fromme Bilder (Öl), meist Drucke und in der Elternschlafkammer durfte ein Herrgottswinkel nicht fehlen. Die Verbindungsmöglichkeiten der einzelnen Kammern bei den Mittertennhäusern ohne abgetrennten Seitengang bestand, bei Fehlen eines Ganges im Oberstock, nur durch Türen von dem einen in den anderen Raum.
Der Fußboden der Kemikammer lag höher als der der anderen Kammern, weil darunter das Gewölbe der Rauchküche höher heraufreichte. In die Kemikammer gelangte man von vorn und hinten nur über einen Antritt.

Der Gang im Oberstock

Der Gang (mundartlich „das Gangle“ oder „der Fletz“) im Oberstock tritt je nach den Haustypen in verschiedener Häufigkeit auf. Die 3 noch vorhandenen Paarhöfe zeigen in den Feuerhäusern ausgesprochenen Mittelflurcharakter. Sie wurden allerdings erst Mitte des vorigen Jahrhunderts neu- bzw. völlig umgebaut. Der frühere Zustand kann nicht mehr festgestellt werden. Derzeit besitzen sie alle drei einen Mittelgang im Oberstock.
Bei Seitenflurhäusern tritt ein Gang im Oberstock nur in einem Doppelanwesen in Mittenwald, Gröblalmweg 1 und 3 auf (vergleiche Zeichnung). Hier wurde er als Heueinwurf benutzt, weil sich sonst keine andere Möglichkeit bot, das Heu in den Heuboden zu bringen, da das Anwesen rückwärts mit einer natürlichen Felswand abschließt.
Häufiger trifft man den Gang in Mittertennhöfen, bei denen im 18. Jahrhundert ein Seitenflur von der Tenne abgetrennt wurde, wie z. B. in dem Anwesen Garmisch, Höllentalstraße 5 und 5a,[44] Partenkirchen, Sonnenbergstraße 6,[45] und in Farchant,

Alpspitzstraße 5.[46] In diesen drei, wie auch in anderen Fällen wurde die Trennwand zur Tenne hochgezogen und damit korrespondierend mit dem Hausgang im Erdgeschoß auch im Obergeschoß darüber ein Gang gleicher Ausdehnung geschaffen. Allgemein verbreitet war schließlich der Gang im Obergeschoß bei den Mittelflurhäusern. War schon bei Mittertennhöfen mit Seitenflur und Obergang die Verbindungsmöglichkeit zu den Kammern größer geworden, daß man nicht mehr, um in eine Kammer zu gelangen, durch mehrere Türen gehen mußte, sondern vom Gang aus in jedes Zimmer kommen konnte, so war diese Möglichkeit bei den Mittelflurhäusern noch erweitert, da man in diesen durch die zweckmäßige Raumeinteilung aus dem Mittelgang entlang der Firstlinie direkt in jede einzelne Kammer rechts und links gelangen konnte. Es war dies bei den häufigen Ortsbränden ein nicht zu unterschätzender Vorteil.

Der Dachboden

Über den Schlafkammern des Oberstockes schließt sich im Aufriß der Dachboden an. Seinen Zugang hat er über eine Stiege oder Leiter von einer der hinteren Kammern aus. In Werdenfels wird er die „Dill" genannt. Nach Schmellers bayer. Wörterbuch leitet dieser Name her von „Dielln" synonym mit dem hochdeutschen Wort „Diele" gleich Brett. In übertragenem Sinn bedeutet „Dill" die Bretterdecke über einem Gemach, welche für einen darüber befindlichen Raum den Boden bildet, damit den Raum unterm Dach, den Dachboden.[47] Er umfaßt den ganzen Raum bis zur Dachhaut. Seine Außenseite bildet der Dachgiebel, er ist verbrettert und durch ausgesägte Löcher in den Brettern winddurchlässig gehalten. Früher lagerte man dort das aus eigener Landwirtschaft erzeugte Korn von Roggen und Hafer, sofern das Anwesen keinen eigenen Kornkasten besaß. Nebenbei diente der Boden als Abstellraum von nicht mehr benötigtem land- und hauswirtschaftlichem Gerät, von Werkzeugen aller Art und Gerümpel. Später bei zunehmender Bevölkerung baute man gelegentlich in den Raum anschließend an die Giebelwand Dachkammern ein.

Der Austrag – ein bäuerliches Generationenproblem und seine Auswirkung auf die Raumeinteilung des Bauernhauses

Eigene Austragshäuser zum Wohnen für Bauern, welche ihr Anwesen übergeben haben, gibt es in Werdenfels mit einer Ausnahme nirgends.[48] In allen Fällen leben die Austrägler oder der übrig bleibende Ehepartner mit der Familie des Anwesenbesitzers unter dem einen Dach des Wohnhauses.

Das Zusammenwohnen der beiden Familienkreise erfolgte auf zweierlei Art, wie uns die Übergabeprotokolle ersehen lassen.[49] Dort, wo in Häusern viel Platz vorhanden war, also vor allem in Mittelflurhäusern, in Mittertennhäusern mit traufseitigem Eingang, findet man mitunter eine Austragsstube zu ebner Erde und darüber, durch eine Stiege in der Stube erreichbar, die Schlafkammer. Die Stube besaß als Wärmequelle und zum Kochen einen Sesselofen. Die Stube war vom Gang und von der Küche her erreichbar. Mitunter ging von ihr eine weitere Türe ins Freie.
Diese letztere Art im Austrag zu leben war in Werdenfels wegen der eingeengten Wohnraumverhältnisse sehr selten. In Partenkirchen und Mittenwald kannte man sie überhaupt nicht. Die Regel war vielmehr, daß die Austrägler mit der Besitzerfamilie zusammenlebten.
Dabei ersieht man aus den Übergabeprotokollen, daß die Übergebenden bei der Übergabe fast ängstlich darauf bedacht waren, sich den nötigen Lebensraum im Haus und ihren Lebensunterhalt durch oft im Einzelnen festgelegte Lebensmittel zu sichern, welche vom Besitzer periodisch zur Verfügung gestellt werden mußten. Man liest in den Protokollen, daß eine Kammer den Austräglern zum Aufenthalt zustand, daß sie das Recht hatten auf dem Herd in der Küche mit der Besitzerfamilie zu kochen, daß sie einen Platz am Stubenofen beanspruchen konnten und daß endlich die Kemikammer im Oberstock ihnen als Schlafstätte rechtens zustand.
Bei dem engen Zusammenleben von zwei Familien waren sicher Reibereien unvermeidbar, aber es zeugt von der Verträglichkeit der Werdenfelser, wie überhaupt der bäuerlichen Welt, mit welcher Selbstverständlichkeit sie das Altersproblem lösten. Für sie gehörten die Alten nach wie vor zur Familie und Wohngemeinschaft. Es war im übrigen ebenso selbstverständlich, daß die Austrägler im landwirtschaftlichen Betrieb ohne Entgelt mitarbeiteten, soweit es ihre Kräfte zuließen. Gewisse Arbeiten waren ihnen direkt vorbehalten, wie den männlichen Austräglern das Schindelmachen und den weiblichen das Behüten des Nachwuchses.

Die Abbildungen auf der nächsten Seite zeigen 2 Zeichnungen von Heinrich Marr aus der Mitte des vergangenen Jahrhunderts und zwar:
oben: die Frühlingstraße in Garmisch
unten: Partie aus der Ludwigstraße in Partenkirchen

DER BALKON

Der Balkon oder Söller (mundartlich Suler genannt) tritt in Werdenfels von alters her in den einzelnen Orten und Weilern in wechselnder Häufigkeit auf.
In Mittenwald fehlte er völlig, sowohl in den Häuserzeilen, als auch in der haufendorfähnlichen Streulage des Ortsteiles Gries, ebenso, wie das Ölbild von Gappnig (1702) zeigt,[50] in Partenkirchen entlang der früheren Rottstraße.
Dagegen zeigen sich in Partenkirchen in alten Stichen und Zeichnungen eine Fülle von Söllern an den Vorderfronten der Häuser, die nicht an der Rottstraße liegen. Weitaus die meisten davon haben die Großbrände von 1863 und 1865 leider zerstört. Auch in Garmisch waren in den Hauptwegen an den Giebelseiten früher nur selten Söller zu sehen. Etwas häufiger trifft man sie in den Nebenwegen. Weit verbreiteter sind die Söller dagegen in Grainau.
Typisch für das Vorkommen von Söllern in Werdenfels ist die Tatsache, daß es an ganz gemauerten Häusern keine Söller gab. Man findet sie, abgesehen von vollkommen aufgezimmerten Häusern nur noch an solchen, deren Erdgeschoß gemauert, deren Obergeschoß dagegen ein Blockbau ist. Diese Erscheinung hängt damit zusammen, daß die Unterzüge (Tragbalken) der Söller bei Blockbauten im Oberstock zugleich die bereits aufgedoppelten Mauerbäume der Bruchsteinmauer waren und nicht eigens eingesetzt werden mußten.
Die Ausbildung der Söller ist bei den einzelnen Haustypen verschieden, ebenso die Art ihrer Ausführung und ihr Verwendungszweck.
Bei den Mittertennhöfen findet eine Zweiteilung des Söllers statt. Im Wohnteil befindet sich giebelseitig und in die Längsseite übergreifend ein früher mit waagerecht heute senkrecht verbrettertem Geländer versehener, begehbarer Söller von geringer Breite (bis zu 90 cm), welcher dazu dient, die Bettwäsche zu lüften und ggf. Wäsche zum Trocknen dort aufzuhängen. Über dem Stallteil ist nur eine, von innen nicht erreichbare Bühne (Bretterbelag auf Unterzügen) vorhanden, welche dazu bestimmt ist, jahreszeitlich nicht benötigtes landwirtschaftliches Gerät aufzunehmen, z. B. Stanker (Heureuther) und Schlitten (Schloapfn). Mitunter führt ein schmaler Gang vom Wohnstocksöller zur Bühne hinüber.
Anders ist die Söllerausbildung bei den Mittelflurhöfen. Hier läuft häufig der mit einem Geländer versehene Söller um die Giebel- und Teile der beiden Längsseiten des Wohnstockes.
Die altartigen, schmalen Formen des Söllers sind sehr selten geworden, weil die gegenwärtige Tendenz im Zuge des steten Umbaus von Altanwesen zur Schaffung von Fremdenzimmern dahin geht, die bestehenden Söller zu verbreitern und daneben auch dort, wo früher keine Söller waren, solche allenthalben auch an der

Giebelseite anzubringen, um „Zimmer mit Balkonen“ teurer vermieten zu können; dadurch wurden viele Fassaden verändert.
Die Söller des Werdenfelserlandes heben sich deutlich ab von den Balkonen der östlich davon nach Hoferer[51] auftretenden Haustypen des randalpinen Einhofes, der mittleren oberbayerischen Alpenzone (mit Längsflur), sowie des mit ihnen zusammenhängenden Hauses Nordtirols. Dort trifft man auf wesentlich breitere Balkone (im Isarwinkel „Labn“ genannt) als in Werdenfels.

Mittertennhof mit Söller
(Balkon) in primitiver Form.
Das Geländer besteht nur aus ungehobelten Stangen und Brettern.
Untergrainau, Eibseestraße 18

In Partenkirchen *Radierung von Peter Halm (um 1920), kleiner Söller neben Tennen-Auffahrt*

„In Partenkirchen"

Zeichnung von Peter von Hess (1792 - 1871)
Der schmale Söller sitzt nur über dem gemauerten Teil des Erdgeschosses, daneben über dem Stall die „Bühne" für Bretter, Stanker, Schlitten etc.

Altes
Mittertennhaus
Garmisch,
Griesgarten Straße
Erneuerter Mauerteil mit etwas verbreitertem Balkon mit Brettbalustern. Daneben noch die „Bühne“.

Neuerer, etwas breiterer Balkon an einem weitgehend umgebauten alten Haus in Obergrainau, Zugspitzstraße 1

Klammstraße in Garmisch

Foto ca. 1930

An zwei Häusern hat man schon dem Fremdenverkehr zuliebe die Söller zu breiten Balkonen umgestaltet. Die hölzernen Dachrinnen aber ragen über die ganze Straßenbreite bis über den noch offenen Bach, die Dächer sind mit Schindeln gedeckt.

BAULICHE WANDLUNGEN IM VOLLZUGE DER ÄNDERUNG DER SOZIOLOGISCHEN GRUNDLAGEN IN DER NEUZEIT

Der Fremdenverkehr als dominierende Erwerbsquelle der Werdenfelser Bevölkerung in der Neuzeit hat zu tiefgreifenden Änderungen der soziologischen Struktur von Werdenfels geführt.
Wie in den einzelnen Betrachtungen der Einleitung bereits festgestellt und begründet wurde, befindet sich die Landwirtschaft in einem unaufhaltsamen Rückgang. Die Gründe hierfür, um sie noch einmal zu wiederholen, liegen einerseits in der Landwirtschaft selbst. Durch den Grundsatz der Realteilung bei der Erbfolge haben sich die Betriebsgrößen der landwirtschaftlichen Betriebe außerordentlich verringert: 41% der Betriebe haben eine Flächengröße von 0,01 – 2 ha, 31% eine solche von 2 – 5 ha, voll erwerbsfähig mit Flächengrößen von über 20 ha sind in ganz Werdenfels nur 24 Betriebe = 3% vorhanden.
Landwirtschaftliche Kleinbetriebe sind unrentabel und erfordern als Nebenbetrieb einen verhältnismäßig hohen Arbeitseinsatz. Sehr hohe Grundstückspreise für Bauplätze bieten einen zusätzlichen Anreiz zur Verkleinerung der Betriebsflächen. Insgesamt sind 97% der alteingesessenen Bevölkerung auf Zusatzverdienst angewiesen. Dieser brachte in altherkömmlicher Form des Schindel- und Gipsfasslmachens sowie der Gips- und Kalkgewinung nur bescheidensten Zusatzverdienst. Eine Flurbereinigung zur Erhöhung der landwirtschaftlichen Betriebsgrößen wäre bei gegebener Sachlage des Überwiegens von Kleinstbetrieben nutzlos.
Der Fremdenverkehr und die durch ihn bedingte soziologische und wirtschaftliche Umgliederung bot dagegen bessere und mühelosere Verdienste als in der Landwirtschaft. Mit dem Bestreben einen anderen, erträglicheren Beruf zu ergreifen, mußte die alteingesessene Bevölkerung allerdings in einen Konkurrenzkampf mit den vielen Zugezogenen treten, die ihrerseits in sämtlichen Berufszweigen auftraten, Gewerbebetriebe, Maklerfirmen, Hotels und Pensionen gründeten oder in ihnen tätig wurden.
Nach einer Erwerbstätigkeitsstatistik des Landratsamtes Garmisch-Partenkirchen vom 27. V. 1970 waren von 20945 Beschäftigten in Altwerdenfels tätig:
in der Land- und Forstwirtschaft rd. 2,8%,
im Produktivgewerbe 22,6%, davon im Baugewerbe 8% aller Beschäftigten,
in Handel und Verkehr 20,6%,
in sonstigen Bereichen auch als Beamte und Angestellte 54,0%, davon im Dienstleistungsgewerbe (Hotellerie) 32% aller Beschäftigten.
Die Industrie fällt soziologisch mit ihrer Beschäftigtenzahl von 1055 Beschäftigten, davon 684 Arbeitern und 371 Angestellten[52] nicht ins Gewicht.

Das Leben in Garmisch-Partenkirchen trägt bereits großstädtische Züge, ebenso in Mittenwald. Die übrigen Gemeinden (Farchant, Grainau, Krün und Wallgau) haben sich im wesentlichen den Charakter dörflicher Siedlungen bewahrt, obwohl sie bereits überwiegend auf den Fremdenverkehr eingestellt sind. Lediglich die Weiler und Einzelhöfe sind zum Großteil noch bäuerlich mit landwirtschaftlicher Struktur. Gleichwohl bilden sich neben den Weilern wie z. B. in Klais in landschaftlich schöner Lage Anhäufungen von Fremdenverkehrsbetrieben.

Die Verschiedenartigkeit der Bauten ist in den Gemeinden von Altwerdenfels gleichmäßig verteilt. Im Hauptort, dem Markt Garmisch- Partenkirchen, macht sich die außerordentliche Bautätigkeit zwischen den beiden Kriegen und insbesondere nach dem letzten Krieg ab etwa 1960 sehr stark bemerkbar.

Zunächst darf allgemein vorausgeschickt werden, daß es in den Küchen auch der altartigen Bauernanwesen längst keine offenen Feuerstellen mehr gibt. Sie verschwanden Mitte des 19. Jahrhunderts. Vereinzelte haben sich noch bis Ende des 19. Jahrhunderts in Betrieb erhalten. Als Kuriosum mag erwähnt werden, daß im Anwesen Garmisch, Höllentalstraße 5 und 5a noch nach dem 2. Weltkrieg über offenem Feuer Wäsche ausgekocht wurde.

An Stelle des offenen Feuers traten zunächst von Hafnern aus Kacheln gesetzte Kochherde mit Schamottesteinausmauerung und Wassergrandeln, dann wurden diese nach Ende des 2. Weltkrieges verdrängt durch Fabrikerzeugnisse aus emailliertem Stahlblech.

Verschwunden ist auch der offene Rauchabzug in der Küche und damit die Rauchküche.

Beginnend in der ersten Hälfte des 19. Jahrhunderts führte man die Kamine zunächst bruchsteingemauert, später in Ziegelmauerwerk, vom Küchenboden bis über die Dachhaut ins Freie hinaus. Dabei wurde jede einzelne Feuerstelle durch ein Rauchrohr direkt an den Kamin angeschlossen. Diese Entwicklung war im allgemeinen bis zur 2. Hälfte des 19. Jahrhunderts abgeschlossen.

Verschwunden sind bis auf wenige Ausnahmen die steinbeschwerten Legschindeldächer und die Scharschindelfirste.

Um die Wende des 19. zum 20. Jahrhundert begann man die Dächer mit Ziegeln einzudecken. Wo die Dachneigung zu gering war, um ein einwandfreies Ablaufen des Regenwassers zu gewährleisten, mußte sie durch Hebung des Firstbaumes erhöht werden. Oft mußte auch der Dachstuhl ganz oder teilweise verstärkt werden um die gegenüber den Holzschindeln wesentlich schwereren Dachziegel (Falzziegel oder Pfannen) tragen zu können.

Während vor dem Zweiten Weltkrieg noch die Hälfte der Dächer mit Legschindeln gedeckt war, ist ihre Zahl nach dem Krieg auf wenige zurückgegangen.

Schuld an dieser bedauerlichen Entwicklung sind zwei Umstände, einmal die höheren Brandversicherungsbeiträge bei Schindeldächern, vor allem aber die in den Nachkriegsjahren seitens der Forstbehörden verstärkt betriebene Ablösung der Schindelrechte der einzelnen Hausbesitzer, wobei die Interessen des Forstministeriums genau entgegengesetzt zu jenen des Kultusministers lagen, der ja im Sinne der Denkmalpflege größtes Interesse an der Erhaltung der Schindeldächer haben muß und dazu auch Zuschüsse gibt.

Noch kurz nach dem Zweiten Weltkrieg galt die Werdenfelser Gemeinde Wamberg, zwischen Partenkirchen und Klais, nicht nur als höchst gelegenes Dorf Oberbayerns, sondern auch als Ort mit den meisten Schindeldächern. Leider hat sich dort viel geändert und um sich ein Bild einer einheitlichen Schindeldach-Landschaft in ihren verschiedenen Varianten, wie sie noch um die Jahrhundertwende in Oberbayern üblich waren, machen zu können, muß man heute ins Freilichtmuseum gehen.

Wamberg
Partie mit Schindeldächern aus dem Dorf (Foto ca. 1974)

Schindeldächer-Landschaft

Freilichtmuseum des Bezirks Oberbayern an der Glentleiten, Bauabschnitt I

Blick nach Süden

Blick nach Norden

Hölzerne Dachrinnen

Verschienene Arten an oberbayerischen Bauernhäusern. Freilichtmuseum an der Glentleiten

oben: *Halbrunde Rinne, ausgehöhlter halber Baumstamm, aufgelegt auf Haken aus krummwüchsigen kleinen Fichtenstämmen.*

unten: *Vierkantige Rinne, ausgehöhlter kantig behauener Stamm, aufgelegt auf verlängerte Rafen und durch Holznägel gegen Abrutschen gehalten.*

Hausbrunnen
an einem ober-bayerischen Bauern-Handwerkerhaus (Freilichtmuseum an der Glentleiten)

WASSERVERSORGUNG

Jedes Anwesen im Bereich von Altwerdenfels besitzt nunmehr auch eine Wasserzuleitung mit Stahlrohren. An die Stelle der primitiven Brunnenhäuser in Ortsnähe, welche ihr Wasser durch Holzröhren (Deicheln) in die wenigen, hölzernen Straßenbrunnentröge leiteten, traten nach neuzeitlichen Gesichtspunkten errichtete gemeindliche Quellfassungen, die ergiebigere Wasservorkommen, weiter entfernt von den Orten, von nun an in Stahlrohren in die Anwesen brachten.
Die modernen Quellfassungen und Wasserleitungen wurden gebaut: in Partenkirchen im Jahre 1885, in Garmisch im Jahre 1888, in Mittenwald im Jahre 1891.
Ebenso haben nunmehr alle Weiler und Einzelhöfe neuzeitliche Wasserleitungen.
Die Brunnen vor den Häusern an der Straße bestehen noch vereinzelt, sind aber ihrer Funktion als Wasserquelle und Waschtrog entkleidet; sie dienen nur noch vereinzelt als Viehtränke, sonst als Ziermoment.
Auch leiten die Dachrinnen in den Orten das Regenwasser nicht mehr wie früher auf die Ortsstraßen, sondern mit Blechrohren in die Kanalisation. Hölzerne Dachrinnen (Urschte genannt), nach dem Ersten Weltkrieg noch zahlreich vorhanden, trifft man nur noch vereinzelt an. Sie werden neuerdings, mit Blech ausgeschlagen, auch wieder an Häusern gehobenen, sog. rustikalen Stils angebracht. Aber Blechdachrinnen herrschen weitaus vor.

Regenwasser-Ableitung mit Blechrohr in Regenwasser-Rinne im Hausgarten an einem Haus in Garmisch, Schmiedstraße

„Regenschauer in Partenkirchen“
Ballengasse, Lithographie nach einem Gemälde von H. Bürkel aus dem Jahre 1838

Auswüchse von Blech-Regenrohren an einem schönen alten Bundwerk-Stadel

ERHALTUNG DER ALTBAUTEN – NEUBAUTEN

Auf den ersten Blick ist die Zahl der unverändert gebliebenen Anwesen nach dem Stand vom 1. 1. 1977 mit der Zahl von 97 für den Denkmalschutz erfreulich hoch, wenn man aber bedenkt, daß von einem Wohnkomfort in diesen alten Häusern nicht gesprochen werden kann, insbesondere daß die Oberstockwerke in ihnen nach wie vor nicht heizbar sind, daß den Bedürfnissen neuzeitlicher Hygiene nicht Rechnung getragen werden kann, dann versteht man, daß diese Anwesen, soweit es ihr Bauzustand erlaubt, über kurz oder lang umgebaut werden müssen, um ein Wohnen nach den Anforderungen der Gegenwart zu ermöglichen.

Die altartigen Häuser werden zur Zeit meist noch von alten Leuten bewohnt, die ihr Leben lang an das Wohnen keine großen Ansprüche stellten. Zum Teil aber stehen diese Gebäude leer, weil ihre Besitzer bereits Neubauten bezogen haben.

Die Denkmallisten schutzwürdiger Altanwesen umfassen, wie bereits vorher angegeben wurde, gegenwärtig 291 Anwesen. Zieht man davon die 97 Anwesen mit altherkömmlicher Raumeinteilung ab, dann ergibt sich für Altwerdenfels eine Zahl von 193 altartigen Anwesen, deren Raumeinteilungen bereits in verschiedensten Ausmaßen umgestaltet und modernisiert sind.

Es wurde vorstehend erwähnt, daß die Neugestaltung des Wohnraumes in den Altanwesen vom Bauzustand derselben abhängt.

Altanwesen sind nur teilweise unterkellert. Die modernen Zentralheizungen verlangen aber zur Aufstellung der Heizkessel geräumige Kellerräume. Um diese auszubauen, müssen die Fundamente der Mauern verstärkt werden. Die Haupträume, wie Stube und Küche, bleiben in der Regel erhalten. Aber Stiegenhäuser, die in Altanwesen fehlen, sind einzubauen, Nebenräume für Bad und Toiletten in den Geschossen zu schaffen. Zur Erhöhung der Hausrendite werden in den Erdgeschossen sehr oft Läden eingebaut.

Ist der Baukörper in den Außenmauern noch gesund, so daß sich die Innenarbeiten durchführen lassen, dann können Umbauten geschaffen werden, die sehr ansprechend sind und den Altcharakter bewahren.

Schwieriger werden Erneuerungsarbeiten bei Bauten, bei denen infolge weitgehender Zersetzung des Mauerwerks die statischen Sicherheiten zum Umbau nicht mehr gegeben sind. Hier hilft bei bruchsteingemauerten Häusern nur der vollkommene Abbruch der kranken Mauern und eine Erneuerung mit Mauerwerk aus Ziegeln oder Kunststeinen. Bruchsteinmauerwerk wird in Werdenfels nicht mehr aufgeführt. Im allgemeinen wird vernünftig gebaut. Rückschläge in diesem Bauen gab es allerdings bis in die neueste Zeit dadurch, daß moderne Architekten, in Abkehr von bodenständigem Bauen, – dem sog. „Lederhosenstil“, wie sie ihn abwertend

bezeichneten –, großstädtische, überdimensionierte Betonwürfel (Kurklinik am Wank, oder die sog. Wiggerhäuser) in Garmisch-Partenkirchen errichteten. Diese Bauten stören das Ortsbild außerordentlich.
Erfreulicherweise wird die Mehrzahl der Neubauten meist in den Proportionen der Altbauten, wenn auch teilweise vergrößert, errichtet, mit Zierbünden versehen und besonders Steildächer vermieden. So bieten auch Neubauten im wesentlichen das Bild alpenländischer Häuser mit Satteldächern. Zu bemerken ist noch, daß die Nebeneinanderlage von Stube und Küche vielfach in alter Tradition beibehalten wird, daß die Stube, wie eh und je an die Giebelseite zu liegen kommt. Ebenso fehlt hier selten der gemütliche Kachelofen im Eck.
Die erste Neubauwelle in den Hauptorten begann vor dem Ersten Weltkrieg mit einem Durcheinander ländlicher (sog. Schweizerstile der Jahrhundertwende!) und städtischer Bauformen. Besonders nach dem Ersten Weltkrieg trat, losgelöst vom ortsgebundenen Bauen, der Villenstil vermehrt auf.
Andererseits wurde unter dem Einfluß der neuerwachten Ideen der Heimatpflege bereits 1915 die im Jahre 1914 vollkommen abgebrannte Westseite des Unter-

Mittenwald
Untermarkt Zustand vor dem großen Brand 1914. Die hölzernen Dachrinnen entleeren sich in den offen fließenden Bach.

marktes in Mittenwald in altherkömmlicher äußerer Form unter Leitung des Bayer. Landesvereins für Heimatpflege wieder aufgebaut, ein Musterbeispiel aus dieser Zeit für Fortsetzung traditionsgebundener Bauweise und ein Anzeichen dafür, daß man sich schon ernste Gedanken um die Erhaltung der bodenständigen Ortsbilder machte. Anregung fanden diese Gedanken auch durch damals zeitgenössische Münchner Maler und Graphiker, wie die Brüder Schiestl, Ignatius Taschner und durch Architekten wie die Brüder August und Friedrich v. Thiersch oder die Brüder Gabriel und Emanuel v. Seidl oder Prof. Franz Zell und andere, welche den hohen Stand der alten bäuerlichen Baukunst erkannten und erstmals zu Beginn des 20. Jahrhunderts Sammelwerke über alte Bauformen mit ihren Zierbünden und über Fresken an Bauernhäusern herausgaben.
Besondere praktische Verdienste um Erhaltung und Pflege der alten Ortsbilder erwarben sich dabei die Münchner Architekten-Brüder Seidl: Gabriel, der ältere in Tölz, wo die berühmte Marktstraße dank seiner Initiative ihre ursprünglichen, im Laufe des 19. Jahrhunderts verlorenen Fassadenmalereien wieder erhielt und ohne Seidls unermüdlichen Einsatz wohl kaum bis heute noch ihre einmalige Schönheit hätte bewahren können; und der sieben Jahre jüngere Bruder Emanuel, der sich um Murnau verdient gemacht hat und der dortigen ebenfalls sehr reizvollen Marktstraße seine einfühlsame Pflege angedeihen ließ.
Daß Gabriel v. Seidl auch der Retter des Isartales und seiner Naturschönheiten vor kalt rechnenden Bodenspekulanten war und mit dem von ihm gegründeten Isartalverein damit eine Kulturtat ersten Ranges vollbrachte, für die ihm die Münchner heute noch täglich danken müßten, sei hier nur nebenbei erwähnt, um die Bedeutung dieser Männer von damals ins rechte Licht zu rücken.
Sie wirkten nicht nur für die Gegenden, in denen sie sich ihre Sommersitze erbaut hatten, wie die Thierschs am Chiemsee und bei Griesbach oder die Brüder Seidl in Tölz und Murnau, sondern ihre Ideen strahlten weit über deren Grenzen ins ganze Oberland aus und trugen Früchte. Im gleichen Geist wurde auch nach dem Krieg die neuerdings (1947) abgebrannte Ostseite des Mittenwalder Untermarktes unter Leitung des staatl. Landbauamtes Weilheim wieder aufgebaut (1948/49). Der Gedanke in Formen zu bauen, welche man als bodenständig bezeichnen kann, setzte sich mit wechselndem Erfolg seit den 20er Jahren durch. Das Wort „heimische Bauweise“ wurde zum Fachbegriff.

Die Bayerische Heimat

Blatt 11 (Ausschnitt): Das Bauernhaus der Werdenfelser Gegend (Callwey-Verlag, München)
Vgl. die obigen Abbildungen mit der heutigen Situation, z. B. Farchant, Hauptstraße, oder Grainau, Zugspitzstraße 3, oder Garmisch, Zugspitzstraße 21 und 21a

ᴧS BAUERNHAUS DER WERDEN-ƎLSER GEGEND. / Alle über das ganze yerische Oberland verbreiteten Hausty-n zeigen durch die grundlegende Sied-ngsform des Einzelhofes eine gewisse ınlichkeit. Beim Vergleich jedoch wird ın mit Erstaunen erkennen, wie inner-ˈb der einheitlichen Umrißform eine so ɔße Mannigfaltigkeit der Einzelmotive ›glich war. Hier hat sich persönliche ʒenart praktisch und schön an vorhan-ıe örtliche Verhältnisse angepaßt; hiezu ımt noch, daß Flüsse wie die Iller, · Lech, die Isar, der Inn und die Salz- : das Hochland in so markante Ge-te zerlegt haben, daß der selbständigen ıtwicklung völkischer Eigenart der brei-ɛe Raum gegeben war. ıturgemäß verschwindet mit der höheren ʒe der Siedlungen allmählich der Ge-ıdebau; der zu einem Bruchteil nur Wiesen oder Almen ausnützbare Grund-ıtz bedingt eine Einschränkung des Aus-ßes der Behausungen für Mensch und r und der Vorratsbehältnisse. Die Folge

1

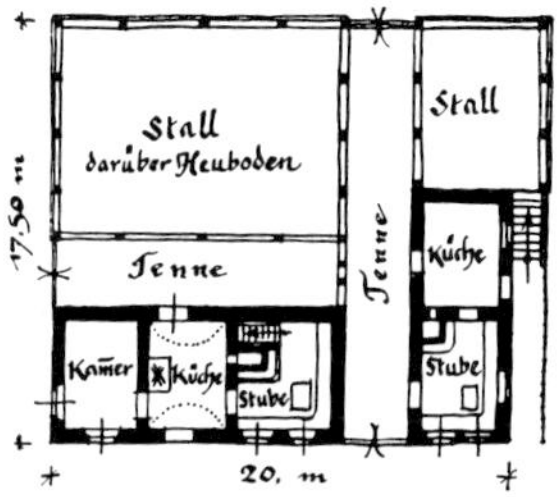

2

Bauernhaus in Farchant, dem Sundergauer Bauernhaus ähnlich, jedoch mit Tieftenne, die den Stall vom Wohnteil trennt

Grundriß eines Doppelhauses der Werdenfelser Gegend

3

4

Bauernhäuser in Obergrainau am Fuße der Zugspitze. Charakteristisch die Verwendung reichgeschnitzten und bemalten Gitterfachwerks (Bundwerks)

n war, daß die Gebäudeanlage und der Ge-ıegrundriß von der anderweitig geübten Form ıchen. Zum Beispiel hat man den sonst hinter Wohnteil liegenden Stall, seitlich desselben, ı die tiefliegende Tenne getrennt, angelegt, wie Abb. 3 u. 4 ersichtlich. Durch die Tieftenne ɛt sich eine Unsymmetrie, über die das zur ıuckform gewordene Gitterfachwerk, bisweilen Malerei, äußerst geschickt hinwegtäuschen. : eigenartigen Neuerscheinung an vielen dieser Bauernhäuser der Werdenfelser Gegend soll deswegen Erwähnung getan werden, damit man der Meinung werden könnte, als sei diese Neu-einung vorbildlich aufzufassen: es ist dies die ıng des Dachfirstes mit Falzziegeln an den be-

5

Gruppe von Bauernhäusern im alten Garmisch

stehenden Legschindeldächern, wie an den Abbildungen 1 u. 5 ersichtlich.

Es muß zugegeben werden, daß die urtümliche Bildung des Dachfirstes mit Holzschindeln eine konstruktive Schwäche aufweist, da der Schindelfirst dem Schneewasser, namentlich aber dem Schlagregen, gegen dessen Eindringen ins Hausinnere nicht den wünschenswerten Widerstand bieten kann. Dieser Übelstand hat bisweilen schon zur radikalen Abhilfe — Eindeckung mit Falzziegel oder Blech — geführt. Die versuchte Abhilfe, wie sie oben erwähnt wurde, befriedigt ästhetisch deswegen auch nicht, weil durch das Aufsatteln des Ziegelfirstes die ruhige und feste Giebelform unruhig, wackelig und unschön wirkt.

Garmisch

Zugspitzstraße 4. Reicher Zierbund mit sehr steilen Andreas-Kreuzen und 3fachen Kopfbügen am First, einfachen an den Mittelpfetten, deren Enden schön geschnitzte Drachenköpfe zeigen.

FASSADENGESTALTUNG UND KÜNSTLERISCHER SCHMUCK DER BAUERN- UND BÜRGERHÄUSER

Solange die Bauernhäuser sich unter den Zwang des Schutzes vor den Einflüssen der Außenwelt und des Zusammenwohnens und -lebens einer größeren Zahl von Menschen und Tieren entwickeln mußten, war dieser Zwang vordringlich und drängte naturgemäß die beginnende bäuerliche Wohnkultur stark zurück.
Erst nachdem die Häuser räumlich einen ausgereiften Vollkommenheitsgrad erreicht hatten, war der Weg freigeworden für die Entwicklung der bäuerlichen Kultur, d. h. unter anderm für die Ausschmückung der Häuser im Äußern und Innern.
Wir haben es dabei mit einer bodenständig aus Eigentum erwachsenen, bäuerlichen, volkstümlichen Kultur zu tun.
Wie in den vorhergehenden Betrachtungen über die Entstehung der Haustypen eingehend dargelegt wurde, war die Entwicklung der Typen bereits am Ende des Spätmittelalters, anfangs des 16. Jahrhunderts abgeschlossen. Trotzdem konnten im 16. Jahrhundert in Werdenfels noch keine Ansätze zur Ausschmückung der Anwesen festgestellt werden. Diese begann erst anfangs des 17. Jahrhunderts (Nachweis durch Datierungen an den Häusern).

Das Bundwerk

So wenig Mühe man auf plastischen Schmuck der Mauerteile verwandte, umso mehr lag der Schwerpunkt das Haus zu schmücken auf zwei anderen Gebieten, nämlich einerseits dem Bestreben, gewisse Teile mit hölzernem Bundwerk zu überziehen oder andrerseits, das bis zu den Firstpfetten und den Bundtramen vollkommen aufgemauerte und verputzte Haus mit Freskomalereien zu schmücken. Das Bearbeiten von Holz war den Bewohnern holzreicher Gegenden wie Werdenfels eine altvertraute Beschäftigung. Es nimmt daher nicht wunder, daß sie diesen Baustoff, der ihnen noch dazu in ausreichender Menge wohlfeil zur Verfügung stand, dazu verwendeten, ihre Häuser zu schmücken. In dem leicht zu bearbeitenden Material konnte sich ihre Gestaltungskraft voll entwickeln und wir Nachfahren stehen staunend vor den Kunstwerken voll Formenreichtums, den sie mit hohem handwerklichem Können besonders in den Giebelbundwerken geschaffen haben. Diese Bundwerke in den Giebelfeldern der Vor- und gelegentlich auch der Rückfronten sind ein Charakteristikum von Werdenfels.
Technisch gesehen spricht man von einem Bundwerk als Wandkonstruktion, weil es sich dabei um ein abgebundenes Riegel- und Strebenwerk handelt.

Man unterscheidet nach dem Gebäudeteil Traufbundwerke an den Längsseiten der Anwesen und Giebelbundwerke in den Giebelfeldern der Schmalseiten. Traufbundwerke finden sich nur an den Wirtschaftsteilen. Sie werden bei den Ausführungen über die Wirtschaftsgebäude mitbehandelt werden.

Giebelbundwerke nennt man in Werdenfels „Zierbünde".

Es wurde bereits oben gesagt, daß diese Zierbünde für Werdenfels charakteristisch sind. Es gibt daneben in Ostbayern (Oberbayern, Niederbayern) und in den angrenzenden österreichischen Bundesländern Oberösterreich und Salzburg (hier im Flachgau) ein deutlich abgrenzbares Gebiet hoher Bundwerkkultur. Diese hat mit dem westlichen Formengebiet, in dem Werdenfels liegt, nichts gemeinsam und ist räumlich an 100 km von ihm getrennt.

Das ostbayerische und oberösterreichische Bundwerkgebiet zeichnet sich dadurch aus, daß in den dortigen Höfen die freistehenden Scheunen, mit einer geometrisch geordneten Fülle kleinster Bundteile dicht überzogen sind. Diese Bundwerke haben historisch gesehen eine vollkommen eigenständige Entwicklung durchgemacht. Diese Art von Bundwerk wird bei den Wirtschaftsgebäuden behandelt.

Die ostbayerischen Bundwerkformen erreichen ihren kulturellen und mengenmäßigen Höhepunkt erst in der 1. Hälfte des 19. Jahrhunderts, während dieser bei Werdenfelser Bundwerken im 18. Jahrhundert liegt und im frühen 19. Jahrhundert bereits merklich abklingt. Die letzten Zierbünde sind in Werdenfels bei Altbauten um 1876 festzustellen. Wir finden sie erst wieder in abgewandelter Form an Neubauten nach dem Ersten Weltkrieg. In den 30er Jahren nimmt ihre Verbreitung wieder zu, greift mehr und mehr auf alte Formen zurück. Die alte Kunst des Zimmerns der Bünde wird wieder sachgemäß und kunstfertig gepflegt. Heutzutage findet man fast an jedem Neubau einen kunstvollen Zierbund. Leider sind davon viele handwerklich nicht ganz einwandfrei. Die zahlreichen historischen Bundwerke in Werdenfels und besonders die Zierbünde repräsentieren nur einen kleinen Teil eines großen Verbreitungsgebietes, in dem die Formen des Bundwerkes in ähnlichen z. T. gleichen Formen festzustellen sind. Die Grenzen dieses Gebietes verlaufen in groben Zügen von Schwaz im Inntal nordwärts der Ostgrenze von Werdenfels entlang zu den Ufern des Starnberger- und Ammersees und von dort zum Lech, dann diesen nach Süden entlang und ihn bei Schongau teilweise überschreitend bis ins Außerfern. Sie setzen sich fort im Stanzertal, dann im Oberinntal, überschreiten den Reschen, ziehen weiter ins Vintschgau, – das schweizerische Münstair einschließend – führen weiter ins Etschtal, das ganze deutsch besiedelte Gebiet einschließend bis hinunter nach Salurn.

Die Grenze des Verbreitungsgebietes geht nordwärts weiter von Bozen das Eisacktal entlang bis zum Brenner, das Wipptal hinab und erreicht im Inntal wieder

Schwaz. Es umfaßt also, abgesehen vom bayerischen Verbreitungsgebiet, in Nord- und Südtirol das gesamte Inntal von Schwaz nach Westen mit allen seinen Nebentälern, das Oberinntal bis Pfunds, den Reschen, das Etschtal mit allen Seitentälern des Eisack- und Wipptales.

Im Pustertal, schon von seiner Einmündung in das Becken des Eisacktales, von Mühlbach, Giefen und Rodeneck ab, nach Osten findet man keine Zierbünde. Hier gibt es nur verbretterte Giebelfelder.

Da die Bundwerke von Werdenfels, wie bereits berichtet wurde, nur einen Teil der Fläche eines großen Verbreitungsgebietes umfassen, drängt sich die Frage auf, wann und wo diese erstmals auftraten. Hierauf geben die Datierungen auf den Giebelbundwerken Auskunft. Die frühesten finden sich nicht in Werdenfels, sondern in Süd- und Nordtirol, z. B. in Kortsch im Vintschgau 1537, in Telfs 1585, in Leutasch-Gasse 1585.[53] Demgegenüber stammte die älteste Datierung in Werdenfels erst aus dem Jahre 1651.[54] Vor diesem Zeitpunkt kennen wir als Vorformen nur einfache Bünde der reinen Zweckform, von denen später noch die Rede sein wird. Diese entstanden im 2. Viertel des 17. Jahrhunderts. Vor dieser Zeit haben wir keinerlei andersgearteten Nachweise über ein früheres Vorkommen von Giebelbundwerk in Werdenfels. Es bestehen somit berechtigte Gründe zur Annahme, daß es sich bei der Ausschmückung der Giebel um eine Zierform handelt, welche sich von Tirol nach Norden, somit nach Werdenfels, ausgebreitet hat. Die Ähnlichkeiten der Schmuckformen von Süd- und Nordtirol mit denen von Werdenfels sind hierfür ein weiterer Beweis.

Nun zurück zu den Giebelbundwerken von Werdenfels: Wie bereits dargelegt wurde, bezeichnet man die Gesamtheit der Gerüstbalken des Dachstuhles, in einer Ebene rechtwinkelig zum First, als „Bund". Diese Bünde tragen in einem Abstand von ca. 4 m voneinander die Dachhaut. Sie bestehen alle in gleicher Weise, wie bereits an oben aufgeführter Stelle beschrieben wurde, aus den Tragbalken, der Firstsäule in der Bundmitte und den beiden sogenannten Stuhlsäulen im Mittel der beiden Hälften. Diese sind im oberen Bundtram verzapft. Sie tragen den Firstbaum und die aufgedoppelten Beifirstbäume, welche, in Firstrichtung ziehend, die einzelnen Bünde miteinander verbinden. Auf den First und die Beifirste, sowie den seitlichen Mauerbäumen (Fußpfetten) werden die Rafen quer zur Firstrichtung verlegt und durch einfache Einkerbungen an den Auflagestellen, seltener durch Verdübeln, gegen das Abrutschen gesichert. In die Firstsäulen sind zur Verteilung und Weiterleitung ihrer Last beiderseits schräg abwärts die sogenannten „Fußbandlen" eingeblattet, welche in den oberen Bundtram münden.[55] Die Bandlen, von welchen im folgenden noch mehrmals die Rede sein wird, sind ca. 8 – 12 cm breit und 6 – 9 cm stark.

Die beiden Kehlbalken, in den aufgedoppelten Beifirsten und der Firstsäule verzapft, verfestigen als Horizontalverbindung den Bund. Zwei „Strebbandlen“, eines rechts, das andere links von der Firstsäule, eingeblattet in die Kehlbalken, die Stuhlsäulen und den oberen Bundtram, sind dafür da, daß das Rechteck, gebildet durch Bundtram, Stuhlsäulen und Kehlbalken, in rechten Winkeln stehen bleibt. Damit ist der Bund statisch nach der Waagrechten und Senkrechten vollkommen abgesichert. (Siehe die Bundzeichnung).
Daß die einzelnen Bünde sich in ihrer senkrechten Lage zum Firstbaum nicht verschieben, dafür sorgen (meist doppelte) Streben, die jeweils in den Firstsäulen und dem Firstbaum in Firstrichtung eingeblattet oder verzapft sind.
Die Einblattungen erfolgen übrigens in verschiedenen Formen, wie Schwalbenschwänze, Geisfüße u. a. Die Dübel sind entweder aus Weich- (Fichte, Tanne, Lärche) oder Hartholz (Buche).
Die vorstehend beschriebenen Konstruktionsteile stellen zugleich das Gerüst der Zierbünde dar. Durch diese wird das Giebelfeld – die Fläche zwischen den Bundtramen und Rafen – unter dem Vordach waagrecht in zwei gleiche Hälften rechts und links der Firstsäule und senkrecht in zwei Schichten über und unter den Kehlbalken gegliedert.
Ein Wesensmerkmal des Werdenfelser Bundwerkes ist noch anzufügen. Es besteht darin, daß die Giebelbundwerke auf den Innenseiten sämtliche mit Brettermänteln verkleidet sind, welche senkrecht in eine Nut des oberen Bundtrams gestellt werden. Diese Verbretterung macht das Bundwerk erst richtig sichtbar und hebt es hervor. Im Gegensatz dazu sind die Bünde der Südtiroler Anwesen in den Weinbaugebieten nicht verschalt.
Eine Zahl von Giebelbundwerken in Werdenfels zeigt nach außen nur die reine Bundkonstruktion, so z. B. die Anwesen Haus Nr. 60 in Barmsee und in Garmisch, Burgstraße 8 (siehe Abbildungen). Diese Art von Giebelbundwerk stellt, wie bereits oben erwähnt wurde, die einfache, ungeschmückte Form der später reich ausgestatteten Zierbünde dar. Das Bundwerk des Barmseer Anwesens stammt noch aus seiner Erbauungszeit vor 1651, weil ein ebenso datiertes Giebelbundwerk (am Anwesen Farchant, Heubergweg 1) bereits das Gefüge eines regelrechten Zierbundes aufweist. Gegen Ende des 18. Jahrhunderts taucht diese Einfachform wiederum bei Kleinanwesen auf.
Bei dem Giebelbundwerk des Hauses in Barmsee erscheinen erstmals die sogenannten Kopfbänder (tirolisch = Buge) am Firstbaum und den Beifirsten.
Ursprünglich als Stützen der frei herausragenden First- und Beifirstbäume gedacht, werden sie später zu reinem Zierschmuck. Zu zweit, oft auch zu dritt hintereinander, sind sie in den Firstbäumen und den Stuhlsäulen bzw. der Firstsäule ein-

Barmsee,
Haus Nr. 60

geblattet. Beim Barmseer Anwesen fällt noch auf, daß die Fußbänder verdoppelt sind. Es ist dies eine Eigentümlichkeit, die nur in Tirol vorkommt und in Werdenfels sonst nicht vertreten ist. Der Gedanke liegt nahe, daß dieses Bundwerk von Tiroler Zimmerleuten errichtet wurde, wie ja überhaupt bei mancher Gleichartigkeit der Zierbundformen in Tirol und Werdenfels eine Fluktuation der Zimmerleute in beiden Gebieten hinüber und herüber angenommen werden darf.
Stellten die Giebelbundwerke der reinen Bundkonstruktion noch einen sehr einfachen Schmuck dar, so begann man sehr bald, wie aus den Datierungen festzustellen ist, die Zwischenräume in den freien Flächen der Konstruktion mit den sogenannten Bändern zu verzieren. Die Absicht wird unverkennbar, das Giebelbundwerk auf Schau und Blickfang auszubauen. Von dieser Wende ab kann man wirklich von „Zierbünden" sprechen. So füllte man von der 2. Hälfte des 17. Jahrhunderts an die Flächen zwischen den Bundtramen und beiderseits der Kehlbalken mit stehenden Andreaskreuzen aus. Diese Kreuze oder Scheren wurden entweder in den zwei waagrechten Schichten getrennt oder über die Kehlbalken übergreifend und dann die ganze Höhe des Giebelfeldes einnehmend eingeblattet. Dabei können sich die Scheren auch überkreuzen. (Siehe Abbildungen).
Aus der 2. Hälfte des 17. Jahrhunderts sind bereits ausgebildete Zierbünde in größerer Zahl datiert, so mit 1651 Farchant, Heubergweg 1, 1658 Partenkirchen, Sonnenbergstraße 6, 1671 Mittenwald, Obermarkt 34/36, 38/40, 62/64, 1687 Garmisch, Zugspitzstraße 21/21a, 1688 Mittenwald, Hochstraße 14/16.

Giebelbundwerke

Vorformen der späteren Zierbünde

oben:

Barmsee, Gemeinde Krün, Haus Nr. 60, „Zum Seejörgele", erbaut um 1640 Kopfbänder (Buge) am Firstbaum und den Beifirsten, doppelte Fußbänder

links:

Garmisch, Haus Burgstraße 8, „Zum Schorn", erbaut 1790

Mittelpunkt des Giebelschmuckes ist in erster Linie die Firstsäule. Beiderseits derselben kreuzen sich sehr häufig die Fußbandlen mit den Scherbandlen zu Doppelscheren, welche die ganze Höhe des Giebelfeldes einnehmen. Die spitz zulaufenden Felder außerhalb der Beifirste füllen Andreaskreuze aus, welche, mehr von der Senkrechten abweichend, sich nach außen neigen.
Zu Beginn des 18. Jahrhunderts treten von den Kopfbändern der Firste und Beifirste mit Neigungen von 60 – 40° in Firstrichtung schräg abwärts ins Freie zeigende Bänder auf, die sogenannte Jexenbänder (im Dialekt Irxenbänder). Diese Irxenbänder sind in den Firstsäulen und den Kopfbändern eingeblattet und verzapft.
Sie enden in Drachen- oder Vogel- oder Greifenköpfen, Herzen, Zwiebeln und ähnlichen Motiven; das mittlere (meist größte) Band mündet oft in eine Hand mit weisendem Finger oder ein Kreuz haltend.
Die Irxenbänder unter den Beifirsten sind ähnlich ausgebildet wie unter dem Firstbaum aber an Zahl meist weniger. Während drei Irxenbänder unter dem Firstbaum keine Seltenheit sind, beschränkt sich ihre Zahl an den Beifirsten in der Regel auf eine bis zwei.
Weitere Zierformen, die sogenannten Windbandlen, finden wir in den beiderseits spitz zulaufenden Endflächen der Giebelfelder. Sie sind in den waagerecht liegenden „Eckbandlen“ eingezapft. Die doppelt hintereinander liegenden Eckbandlen verbinden in einem Winkel von 45°die in rechtem Winkel aufeinander liegenden Bundtramen und Fußpfetten. Sie hatten ursprünglich die Aufgabe, den rechten Winkel der beiden, aufeinander liegenden Doppelbalken zu stabilisieren, wurden aber bald dieser statischen Funktion entkleidet und gleicherweise wie die Kopfbandlen in eine reine Zierfunktion überführt. Man trifft sie nur stellenweise bei größeren Zierbünden an.
Dann ist noch eine weitere Schmuckform des Zierbundes zu nennen, nämlich der „Vorbund“. Er tritt auffallender Weise nicht in Garmisch, Grainau und Farchant auf. Sein Vorkommen beschränkt sich auf ein Anwesen in Partenkirchen, (Sonnenbergstraße 6) und sonst nur auf das Isartal und dort auf Wallgau (Hs. Nr. 5 und Nr. 6), Krün (Wettersteinstraße 1) und in Mittenwald auf verschiedene Anwesen. Hier ist besonders zu erwähnen der Vorbund auf dem Anwesen Untermarkt 6/8/10. Ein weiterer Vorbund befand sich auf dem wohl schönsten Zierbund des Werdenfelser Landes, dem des leider vor Jahren abgebrochenen Hanslbauer- Anwesens in Krün. Der Zierbund selbst ist gerettet und soll in Bälde im Freilichtmuseum des Bezirks Oberbayern an der Glentleiten wieder aufgestellt werden.
Dies soll nach dem Projekt des Freilichtmuseums im Rahmen einer Baugruppe: „Werdenfelser Giebelbundwerke“ geschehen, wofür außer dem Hanslbauer-Zierbund noch drei weitere Giebelbundwerke zur Verfügung stehen.

Werdenfelser Giebelbundwerke

Projekt des Freilichmuseums für den Wiederaufbau der im Museum eingelagerten originalen Bundwerkgiebel auf rekonstruierten Baukörpern. Die Grund risse für diese Rekonstruktionen sind den Kataster-Plänen von 1850 entnommen, sodaß eine weitgehende Authentizität ereicht werden kann.

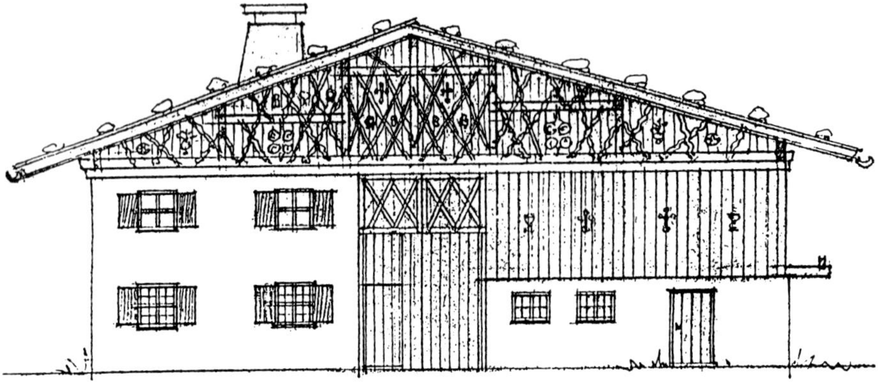

Krün, Wettersteinstraße 1[56]

oben: „Zum Hanslbauer", Original-Bundwerkgiebel (um 1700), Haus hier i ursprünglichen Zustand als Mittertennh unter Verwendung von alten passenden Holzteilen von anderen Höfen (geplant)

Partenkirchen, Ballengasse 6

mitte: Original-Bundwerkgiebel (18. Jh Baukörper: Mauerwerk im derzeitigen Zustand

Partenkirchen, Ballengasse 4

unten links: Original-Bundwerkgiebel (18. Jht.), Baukörper entweder total umgebaut (Mauerbau), wie Foto Seite 2. oder rekonstruiert als Mittertennhof

unten rechts: Werdenfelser Bundwerkgiebel über verputztem und bemalten Baukörper, Herkunft unbekannt, Zeit 18. Jht.

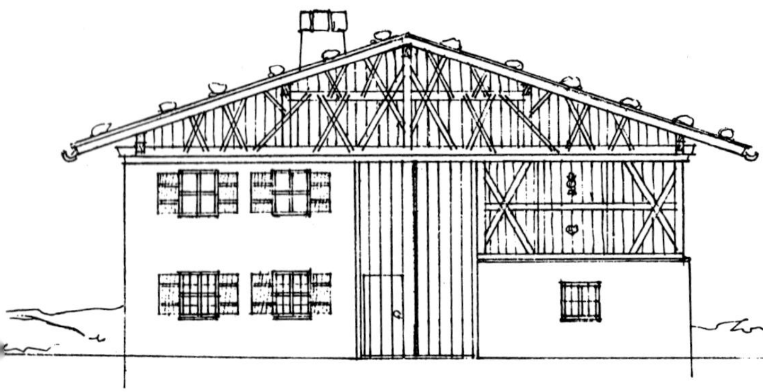

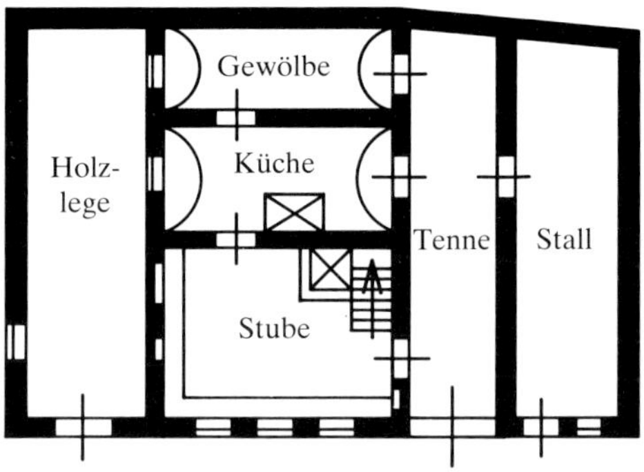

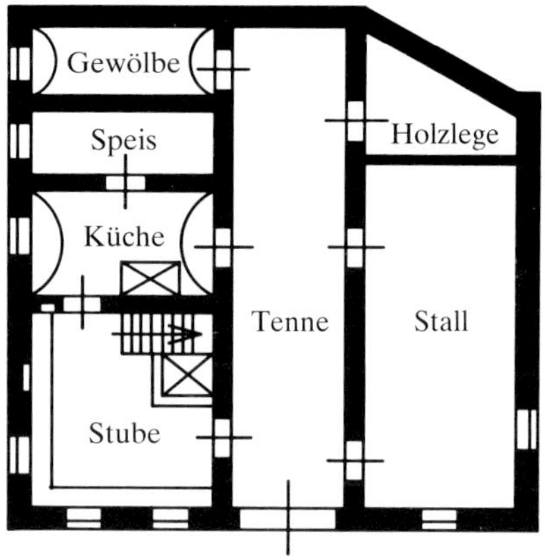

oben links: Grundriß Haus Partenkirchen, Ballengasse 6 nach dem Forstkataster von 1850
oben rechts: Grundriß Haus Partenkirchen, Ballengasse 4 nach dem Forstkataster von 1850 mit total umgebauter Fassade.
Die Wirtschaftsteile über Stall und Tenne bestanden in beiden Anwesen aus Holzwerk. Beide Höfe stellen den Typ des giebelseitigen Mittertennhofes dar mit rückwärts vermauerter Tenne.
unten: Partenkirchen, Ballengasse, links Haus Nr. 6, rechts Haus Nr. 4 (Foto um 1970)

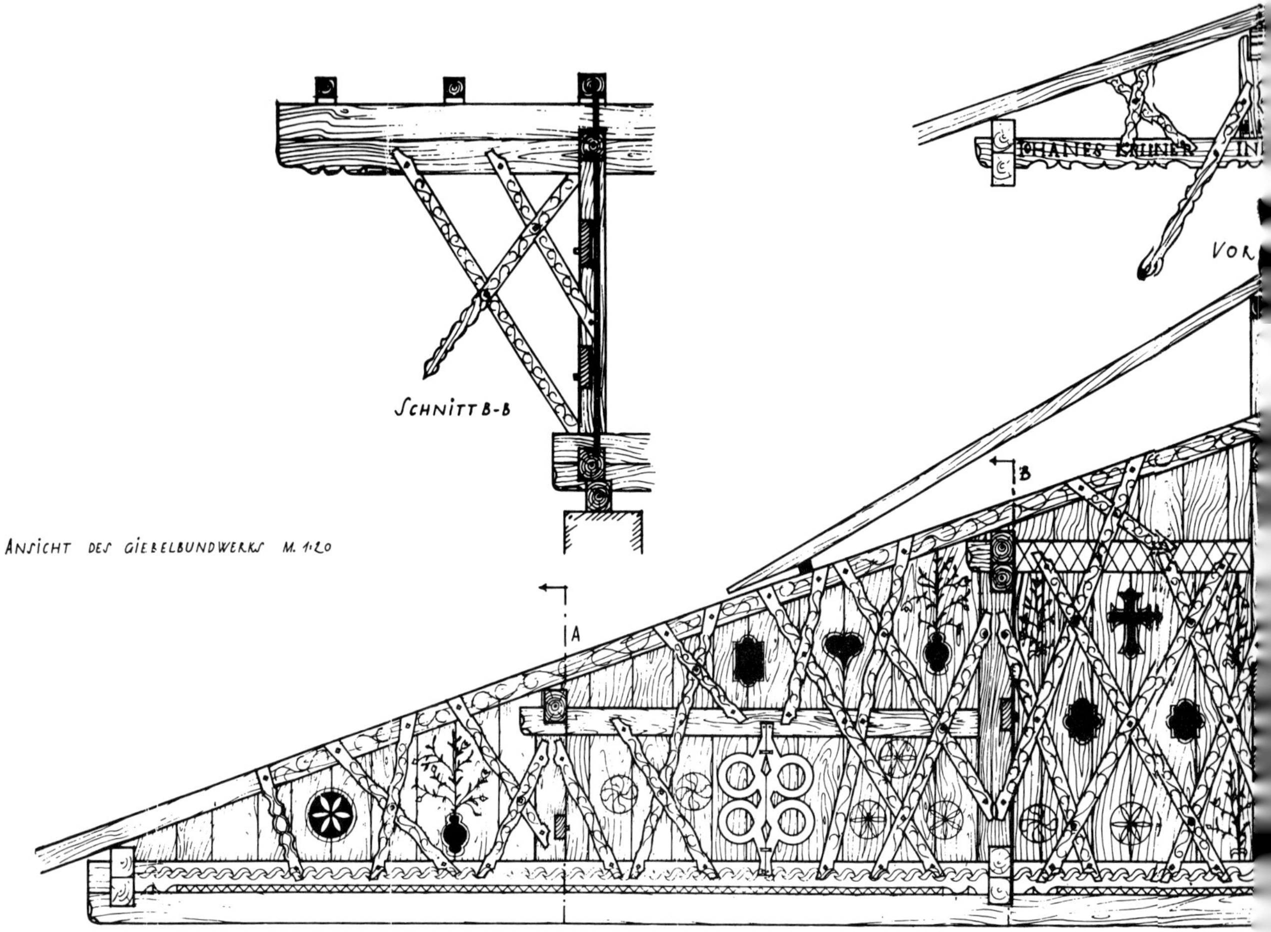

Krün

Haus Wettersteinstraße 1, Zum Hanslbauer

Bundwerkgiebel (erbaut um 1700), mit reichem Zierbund, Aufmaß Wilhelm Neu 1957. Haus im Jahr 1967 abgebrochen. Zierbund ist gerettet und lagert im Freilichtmuseum an der Glentleiten.

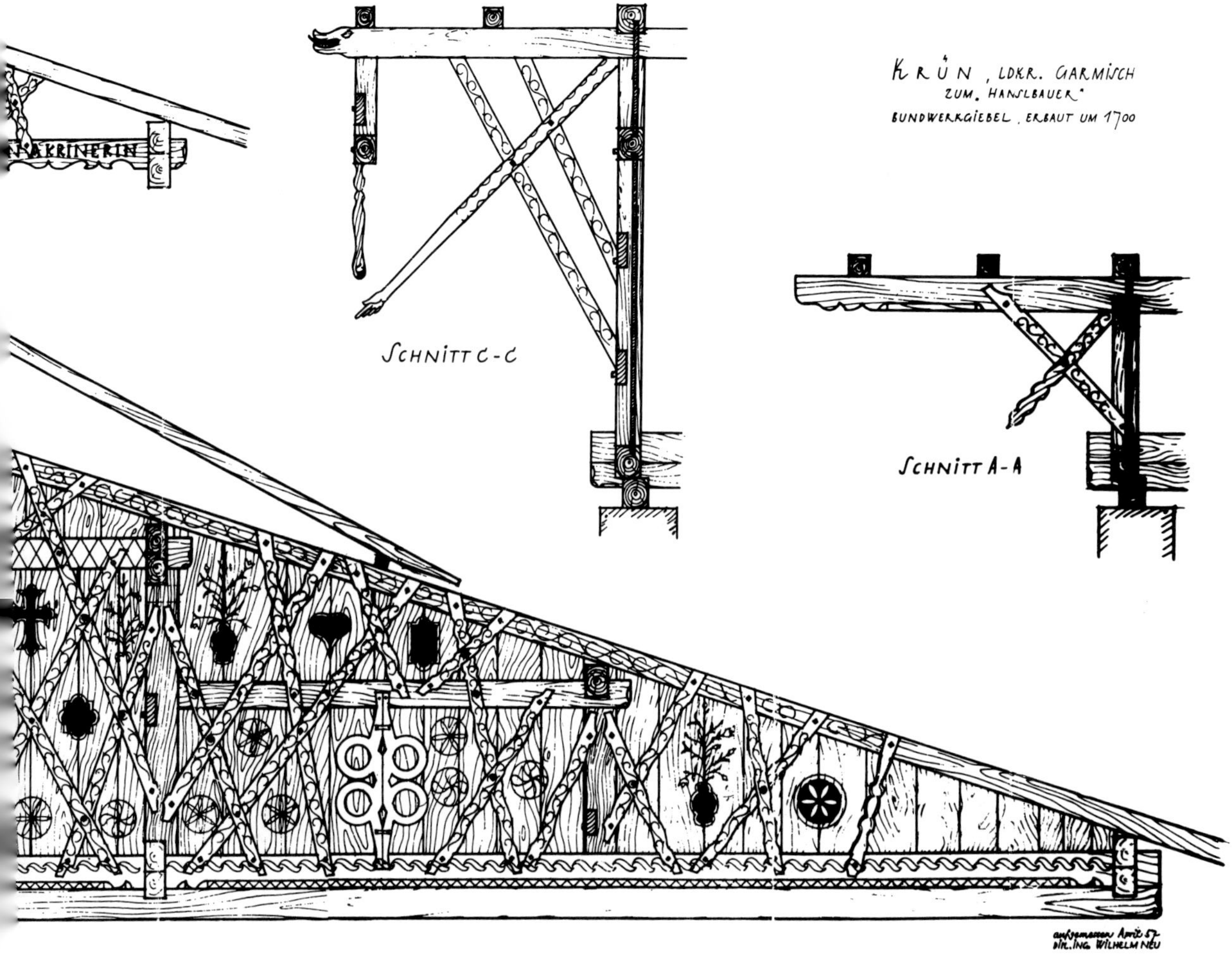

Dieser Bundwerkgiebel des Hanslbauernhofes gilt als schönster Zierbund im bayerischen Oberland. Er ist reich geschnitzt und mit Zimmermannsmalerei farbig gefaßt und widerlegt überzeugend die heute allzu unkritisch weit verbreitete These vom armen, geknechteten Bauernstand. Denn solche Prachtwerke der Zimmermannskunst konnten sich nur reiche Bauern leisten, aber die Zahl solcher noch erhaltenen Bundwerke ist heute trotz laufender Verluste durch natürlichen Verschleiß, Krieg und Unverstand noch erstaunlich hoch. Somit müssen sie vor 200 - 300 Jahren in großer Anzahl erbaut worden und vorhanden gewesen sein. Ihre Darstellung im Freilichtmuseum erscheint daher sehr wichtig.

Details vom Zierbund aus Krün bei der Probe-Auslegung im Freilichtmuseum.
Vgl. Zeichnung Schnitt C-C mit Vorbund.

Bei den Bildern sind deutlich Malereireste zu sehen. Die Malereien sind nicht nur durch die noch feststellbaren Farbreste auf den Balken zu erkennen, sondern, wie am linken unteren Bild deutlich sichtbar, durch die verschiedene Verwitterung von bemalten und unbemalten Holzteilen (Kasein-Farbe schützt das Holz vor Verwitterung).
Somit ist eine Restaurierung der Malerei kein allzugroßes Problem.

Haus Hanslbauer, Krün

Dieses Foto entstand 1950 und ist wohl das letzte vor dem Abbruch des Hauses.
Es zeigt das Haus bereits in seiner umgebauten Form nach Aufgabe des hölzernen Mittertennteiles.
Besonders zu beachten ist der Vorbund.

Typischer Werdenfelser Zierbund am Haus Hechendorf Nr. 1,
datiert „1700“ (Hackerbauer) mit Vorbund

Der Vorbund ist ein aus Tirol überkommenes Motiv; er besteht aus einem unter dem Vordach hängenden „Luftgespärre“, gebildet aus einem waagerechten Kehlbalken mit eingezapfter Mittelsäule und einem Fußbänderpaar. Er wird belebt durch schräg abwärts zeigende Bänder und ggf. Andreaskreuze.
Endlich muß noch erwähnt werden, daß die bis zur Breite des Vordaches herausragenden Beifirstbäume und Fußpfetten häufig in Drachenköpfe ausmünden.

Zierbünde mit Andreaskreuzen (Scheren)

Doppelscheren an der Firstsäule

Garmisch, Haus Kreuzstraße 21. Andreaskreuze in 2 Schichten getrennt

Garmisch, Haus Hofgasse 6. Andreaskreuze greifen über den Kehlbalken hinüber

Garmisch,
Haus Zugspitzstraße 4.
Andreaskreuze, den Kehlbalken übergreifend, überkreuzen sich mehrfach.

Wenn man die Zierbünde genauer betrachtet, dann fällt einem auf, daß sie fast zur Gänze mit Schmuckornamentik in kräftigen Farben (meist in Schwarz und Rot) bemalt waren. Die Farben wurden in örtlicher Selbsterzeugung gewonnen. Schwarz entstand durch eine Mischung von Kienruß (Abfall der Kohlenmeiler) und Ochsenblut, rot durch Zerreiben von Ziegeln. Die geleimten Farben wurden auf den Bändern in Form von Ranken, auf den Balken häufig auch als Wellenbänder aufgetragen. Die teilweise in Form von Kreuzen und Herzen ausgesägten Lichtlöcher der Verschalung erhielten farbige Umrahmungen, kurzum, so ein Zierbund muß ein sehr farbenfreudiges Bild geboten haben.

Die kunstvolle, formenreiche Ausschmückung der Giebelfelder erreichte in Werdenfels ihren Höhepunkt in der Mitte des 18. Jahrhunderts. Gegen Ende desselben wurden unter dem Einfluß der neu aufkommenden, nüchternen Kunstrichtungen des josephinischen Stils und später des Empire, welche das beschwingte Rokoko ablösten, die Zierformen der Bünde spärlicher und man begann die Giebelfelder mehr und mehr aufzumauern. Trotzdem findet man bis zur 1. Hälfte des 19. Jahrhunderts vereinzelt immer wieder neu errichtete Zierbünde, allerdings in immer einfacheren Formen. Der letzte dieser Zierbünde wurde 1874 im Anwesen Garmisch, Fürstenstraße 18 Zum Weißgerber, aufgestellt. Damit ist die Epoche der alten, schönen Zierbünde abgeschlossen. Bei einem Stand von 286 altartigen Anwesen nach dem Stand vom 1. 1. 1977 wurden in Altwerdenfels 157 Anwesen mit Zierbünden gezählt, das sind rund 56% der Altanwesen.

Die Wiederbelebung dieser Ausdrucksform hoher bäuerlicher Kultur erfolgte, wie schon dargelegt, zu Beginn unseres Jahrhunderts. Sie beweist in der Gegenwart durch ihre große Verbreitung an Neubauten ihre erstaunliche Lebenskraft.

Schmuckformen der Zierbünde

Garmisch, Haus „Zum Schnellreich", Zugspitzstraße 21/21a, erbaut 1687

Zierbund mit Kopfbändern und vorstehenden Irxenbändern, Windbändern an den Fußpfetten, Schrägneigung der Andreaskreuze in der Spitze der Giebelfelder, Drachenköpfe auf Fußpfetten

rechte Seite: Details zum Zierbund vom Haus „Zum Schnellreich"

Zierbünde

oben:

Partenkirchen, Badgasse 14
„Berweinhaus"
Reiches Bundwerk mit über den Kehlbalken übergreifenden Andreaskreuzen, Kopfbändern, Malereien von Heinrich Bickel.

unten:

Wallgau, Dorfplatz 5
Reiches gitterförmiges Giebelbundwerk mit mehrfach überkreuzten Andreaskreuzen oberhalb und unterhalb des Kehlbalkens, Kopfbänder, kräftige Zimmermanns-Bemalung.

Giebelbundwerk mit Vorbund

oben:

Wallgau, Gasthaus Alte Post.
Vor- und Rückgebäude jeweils
Vorbund mit reichen Verstrebungen
(1681)

Zierbund

unten:

Wallgau, Haus Schöttlkarstraße 2
Seitliche Schrägansicht des Zierbundes. An der Firstsäule sieht man deutlich die aus der Wand herausstehenden Bandlen mit ihren als Drachenköpfe ausgebildeten Enden.

Mauer, Putzfassade, Sgraffito

Das Mauerwerk des Werdenfelser Bauernhauses war fast durchgängig besonders in den Wohnteilen mit Kalkmörtel fein verputzt und mit Kalkfarbe weiß getüncht. Eine Ausnahme von dem weißen Anstrich bilden nur die Häuser, welche mit Fresken bemalt sind. Hier kann der Farbton der Mauer im Zusammenhang mit der Farbgebung der Fresken mattblau, beige bis braun oder auch grau sein.
Mit Grobmörtel (Spritzwurf) wurde in Werdenfels nicht gearbeitet. Es entfiel daher auch die Möglichkeit, die Putzwand mit Sgrafittomustern auszuschmücken.
Ebenso fehlt in den Bauernhäusern ein Mauerschmuck etwa durch Rusticaornamente oder durch umlaufende Gesimse und vorkragende Stürze über Türen und Fenstern.
Die in der Farbe des einheitlichen Weiß gehaltenen Mauerteile bieten aber allein schon durch ihre Gesamtwirkung einen wirksamen, daher auch künstlerisch wertvollen Gegensatz zu den unverputzten dunkleren Blockwänden des Oberstockes und deren Abschluß durch die formenreichen Zierbünde an den Giebelseiten und das Bundwerk an den Traufseiten.
Unverputztes Bruchsteinmauerwerk trifft man, vereinzelt in Wohnteilen, bei Mauern an, welche als Seitenwände der Sicht mehr oder weniger entzogen sind. Ebenso sind Wirtschaftsgebäude teilweise unverputzt oder nur schwach mit Mörtel beworfen.
Die Verzierung von Häuserfronten mit Stuckornamenten, wie sie im Außerfern gelegentlich vorkommt, findet sich in Werdenfels nur an einem Haus.
Gegenüber den Bauernhäusern mit ihrem schmucklosen Mauerwerk sticht in Garmisch ein Bürgerhaus mit reichem Stuckdekor ins Auge. Es ist die „Alte Apotheke“ am Marktplatz, welche 1798 erbaut, in den Schmuckformen wie auch im ganzen Charakter des Baus den reinen Empirestil der Zeit wiederspiegelt.
Weitere Stuckierungen an Häusern sind in Werdenfels nicht vorhanden.

nächste Seite: Garmisch
Alte Apotheke, am Marienplatz 10, erbaut 1798
Reiche Empire-Stuck-Ornamentik in grau und weiß abgesetzt

Fresken und sonstige Bemalung

Die Fresken sind neben den Bundwerkgiebeln das andere Schmuckelement der Werdenfelser Bauernhäuser. Die Freskomalerei, d. i. die Malerei mit Kaseinfarben auf nassen Mörtel, kann in Werdenfels auf ein hohes Alter zurückblicken. Sie tritt uns hier auf sakralem Gebiet im Innern der „Alten Kirche St. Martin" in Garmisch mit Malereien entgegen, von denen die frühesten aus der Zeit um 1280/1300 stammen. In München und Tirol entwickelten sich bereits in gotischer Zeit Malschulen, welche neben den Sakralbauten auch die Außenwände von Wohnhäusern, Türmen, Mauern in den Stadtbereichen und auf dem Land an Burgen und Schlössern mit Fresken schmückten. Teils waren es nur einfache Farbanstriche an Mauern und Toren in rautenförmig oder quadratisch gemusterten Landes- oder Stadtfarben, teils aber auch Gemälde mit religiösen, geschichtlichen oder sonstigen Motiven.
Die Bemalung wurde zu einer länger dauernden Tradition, welche sich von der Gotik über die Renaissance ins Barock fortsetzte.

Außen-Malereien aus der Zeit der Gotik, der Renaissance und des Frühbarock sind in Werdenfels nicht vorhanden. Die ersten Freskomalereien an Fassaden von Bauernhäusern treffen wir hier erst aus der Zeit des 2. Viertels im 18. Jahrhundert an, also gemessen an der vorhergehenden Verbreitung anderswo zu einem sehr späten Zeitpunkt. Im Laufe des 2. Viertels des 18. Jahrhunderts beginnend, erreichte die farbenfrohe Fassadengestaltung in der 2. Hälfte dieses Jahrhunderts ihren künstlerischen Höhepunkt und ihre größte Verbreitung. Sie ist ein Kind des bayerischen Rokoko und gleich wie dieses ca. 1780 einer anderen Kunstrichtung Platz machen mußte, ging sie auch im bäuerlichen Bereich mit dem üblichen Verlängerungsintervall um 1800 zu Ende. Die letzten alten Freskomalereien lassen bereits Einflüsse des Empire erkennen. Die Fassadenmalereien an Bauernhäusern in Werdenfels umfassen also nur die Zeitspanne eines halben Jahrhunderts. Und doch, welche Kunstwerke wurden in dieser kurzen Zeit geschaffen.
Man nennt diese Art von farbiger Fassadenausschmückung in Oberbayern „Lüftlmalerei". Der Ursprung des Namens hat nichts mit dessen charakteristischem Zug dieser Malerei, einer fröhlichen Beschwingtheit, zu tun, sondern er stammt daher, daß einer der bestenn Maler der Fresken, Franz Seraph Zwinck von Oberammergau, aus dem Haus zum „Lüftl" stammte und sich auch danach „der Lüftlmaler" benannte. Gleichwohl trifft der Name „Lüftlmalerei" so auf das Air dieser Art Malerei zu, daß er fortan für alle bäuerlichen Fresken, auch anderer Künstler als Zwinck, verwendet wurde. Starke Parallelen der Freskomalereien ergaben sich zwischen Werdenfels und dem Außerfern.
Hier wie dort entwickelte sich zur gleichen Zeit die Wandmalerei an den Bauernhäusern im späten Barock und dem Rokoko zu künstlerischen Höhepunkten. Wenn auch weder in Werdenfels noch im Außerfern die Freskenmaler wechselseitig tätig waren, so ergaben sich doch zwischen ihnen Berührungen, wie zwischen Franz S. Zwinck, der später zahlreiche Fresken in Werdenfels schuf, und Joh. Jakob Zeiller aus Reutte, zu welchem ersterer bei der Ausmalung des Ettaler Münsters 1748–1752 in die Lehre ging.
Jedenfalls sind in der Formen- und Farbengebung der Freskomalereien an Bauernhäusern beider Gebiete starke Affinitäten festzustellen.
Den Anfang in der Reihe der hervorragenden Fassadenmalereien macht das Neuner- oder Zwölf-Apostelhaus am Obermarkt Nr. 24 in Mittenwald. Es entstand um die Mitte des 18. Jahrhunderts und läßt in seiner architektonischen Gliederung noch Züge des österreichischen Hochbarock erkennen. Die figürliche Ausstattung zeigt mit großem Können ebenfalls noch eine einprägsame, ins Monumentale gehende Formgestaltung, die an frühere italienische Vorbilder denken läßt. (Siehe Abb.) Der oder die Künstler dieses Freskos sind nicht bekannt. Infolge der Ähn-

Mittenwald
Neunerhaus oder Zwölf Apostelhaus, Obermarkt Nr. 24 Foto um 1900.

Fresken vermutlich von Schülern Matthäus Günthers, 1746, welcher ab 1740 die Deckenbilder in der Mittenwalder Pfarrkirche gemalt hat.

lichkeit ihres Stils mit den Fresken an der Kirche von Mittenwald, die nachweislich von Schülern des Matthäus Günther stammen (datiert 1746), nimmt man an, daß sie auch am Neunerhaus tätig waren.
Allgemein darf bemerkt werden, daß die besten Fresken aus der schöpferischen Zeit der 2. Hälfte des 18. Jahrhunderts in Mittenwald zu finden sind. Gute Arbeiten dieser Zeit sind auch noch in Krün und Wallgau zu sehen.
Die Fassadenmalereien in Garmisch gehören der späteren Zeit des zu Ende gehenden Rokoko und des beginnenden Empire-Stils an. Auch sie stellen in ihrer Art sehr gute, künstlerische Leistungen dar.
Die Maler, welche in Mittenwald diese bedeutenden Fresken schufen, sind Franz *Karner* und Franz Seraph *Zwinck*. Beide stammen aus der einheimischen bäuerlichen Bevölkerung, so Franz Karner aus Mittenwald, geboren 1737 und Franz S. Zwinck aus Oberammergau, geboren 1748.
Franz Karner, der Zeit seines Lebens neben dem Malen noch den Beruf eines Kienrußbrenners ausübte, genoß für das Malen kaum mehr als eine rein handwerkliche Ausbildung. Er brachte es aus Eigenem zur Meisterschaft.
Dagegen ging Franz Zwinck zunächst bei seinem Vater, der bereits ein angesehener Freskenmaler war, in die Lehre, kam dann nach Ettal zu Joh. Jakob Zeiller und besuchte schließlich die Augsburger Maler-Akademie des Matthäus Günther.
Karner, als der Ältere, begann seine Fassadenmalereien mit der Ausschmückung des Schlipferhauses in Mittenwald, Goethestraße 23. Die Fresken dieses Hauses, mit Schwung und Darstellungskraft gemalt, zeigen den sogenannten Höllensturz der bösen Geister durch den Erzengel Michael, rechts davon die Schmerzensmutter unter dem Kreuz und im Giebelfeld die Hl. Dreifaltigkeit. Die Malereien sind datiert mit 1762 und 1767 (siehe Abbildung).
Weitere Malereien von Karner finden sich in Mittenwald am sogenannten Splitter- und Balkenhaus, genannt nach dem biblischen Gleichnis vom Splitter im Auge des Nächsten und dem Balken im eigenen Auge im Gries Haus Nr. 30, datiert 1764.
Die Fresken an den beiden vorgenannten Häusern zeugen von seinem beachtlichen Können. Weitere Fresken Karners befinden sich in Krün, Mittenwalder Straße 18 und wahrscheinlich auch von ihm stammend in Wallgau, Haus Dorfplatz 5, dem alten Postwirtshaus. (Siehe Abbildungen).
Die Malerei am Hoglhaus in Mittenwald, Malerweg 3/5, signiert 1779, zeigt uns die ausgereifte Kunst Karners in dem Motiv „Die Flucht von Joseph und Maria nach Ägypten“.
Die erste Fassadendekoration, welche Zwinck in Mittenwald am „Mosenhaus“, Prof. Schreyögg-Platz 6/8, geschaffen hat, ist datiert 1775. In dem groß angelegten Giebelfresko schildert er, als 28-jähriger mit meisterlichem Können, das bekannte,

Mittenwald
Pfarrkirche
St. Peter und Paul

Fassadenmalereien am Turm nach Entwurf von Matthäus Günther, ausgeführt von seinen Schülern, 1746

Mittenwald
Splitter- und Balkenhaus, Im Gries Nr. 30
Fassadenmalereien von Franz Karner, 1764

Mittenwald

Schlipferhaus, Goethestraße 23

Fassadenmalereien von Franz Karner, 1762 und 1767

Wallgau

Hotel Post, Dorfplatz 5

Fassadenmalereien von Franz Karner (1763)

Mittenwald

Seitzhaus

Fassadenmalereien von Franz Karner, 2. Hälfte 18. Jht.

Foto um 1910

Mühle in Vorderriß
Fassadenmalereien von Franz Karner, bez. 1794

Mittenwald

Mosenhaus (Hornsteinerhaus), Prof. Schreyöggplatz 6/8
Fassadenmalereien von Franz Seraph Zwinck, 1775
(Foto um 1900)

dramatische Geschehen um Judith und Holofernes. Unter dem Giebelfresko ist das Haus geschmückt mit den heiteren Figuren der Diana und eines Bogenschützen, sowie einem humorvollen Bild von der Katze im Vogelkäfig.
Auch die Malerei am Gasthaus „Alpenrose" in Mittenwald, Obermarkt 1, stammt von F. S. Zwinck (entstanden um 1780). Sie zeigt im Giebelfeld die Krönung Mariens und als Kontrast dazu die reizenden Bilder der Kinder, welche die fünf Sinne verkörpern. Besonders das Bild des Geschmacks paßt vorzüglich zu einem Gasthof. Beide Künstler, sowohl Karner wie auch Zwinck, haben in der Umgebung zahlreiche Fresken ausgeführt, besonders Zwinck in seinem Heimatort Oberammergau. Er hat sich auch als Freskenmaler im Innern von Kirchen, wie Garmisch, Oberammergau u. a. betätigt.

Mittenwald

Details aus Fassadenfresken von F. S. Zwinck

ganz links und unten:
Mosenhaus (1775): Judith und Holofernes vom Giebelbild und der Bogenschütze

links und rechts:
Gasthaus Alpenrose (1780) die 3. und 4. Fensterachse

Mittenwald

Gasthaus Alpenrose, Obermarkt Nr. 1

Fassadenmalereien von Franz Seraph Zwinck 1780 (Foto um 1900)

Garmisch

ehemaliges Gasthaus „Zur Post“ (zerstört), Foto um 1900

Ostfassade mit Fresken von Franz Seraph Zwinck, 1778

Tempelbau zu Jerusalem

Oberammergau

Kölblhaus

Fassadenmalereien von Franz Seraph Zwinck um 1770

Unterammergau

Schulmeisterhaus

Fassadenmalereien von Franz Seraph Zwinck um 1780

Garmisch
links:
Glaserhaus, Schmiedstraße 2
Fassadenmalereien mit Medaillon, Künstler unbekannt, um 1800

nächste Seite:
Hiblerhaus, Marktplatz 14
Klassizistische Fassadenmalereien, Künstler unbekannt

Wie schon erwähnt, sind die Fassadenmalereien in Garmisch jüngeren Datums. Sie entstanden durchwegs Ende des 18. und Anfang des 19. Jahrhunderts. Die Namen der Maler, welche in Garmisch tätig waren, sind uns nicht bekannt.
Hervorzuheben sind hier die im Stil des Empire gehaltenen Fresken am Hiblerschen Haus, Marktplatz 14, dem Glaserhaus, Schmiedstraße 2 und vor allem dem früheren Gasthaus „zum Husaren“, Fürstenstraße 25.
Das Medaillon am Glaserhaus, entstanden um 1800 ist eines der wenigen Wandbilder der Klassizistik mit einem religiösen Motiv, hier der Heimkehr von Josua und Kaleb mit der kanaanitischen Traube. Auf dem Bild tragen die Frauen bereits die hochgeschürzten Kleider aus dem Empire. Ebenfalls im Empire entstanden sind die Malereien am „Husarenwirt“. Mit reichem Zierat wie Medaillons, Girlanden, Rosetten und dgl. versehen, besitzt die Fassade eine gemalte Kuriosität: 2 österreichische Soldaten, ein Husar und ein Dragoner, schauen aus einem Scheinfenster heraus, eine Erinnerung an die Einquartierung 1800 (siehe auch Seite 312).
Die Fresken an den vorstehend aufgeführten Häusern sind durchgängig gute, flott gemalte Arbeiten.

Es gibt wohl eine kurze, nur einige Jahre dauernde Zeitspanne, in welcher in Garmisch Empire-Malerei feststellbar ist, aber in diesen Fresken sind nach wie vor religiöse Motive enthalten (siehe Malerei am Hiblerhaus).
Nur am Husarenwirtshaus zeigt sich ein weltliches Motiv, das gemalte Blindfenster mit den österreichischen Soldaten. Es ist 1801 gemalt und das letzte altartige Fresko in Werdenfels. Aus Farchant, Grainau und Wamberg sind alte Fresken nicht bekannt.

Garmisch

Gasthaus „Zum Husaren", Fürstenstraße 25

Klassizistische Fassadenmalerei, Künstler unbekannt, um 1801

Neuere Fassadenmalereien

In der Garmischer Frühlingsstraße Nr. 6 ist eine reizvolle Fassadenmalerei zu finden, die mit der Jahreszahl 1912 datiert ist. Der Künstler ist unbekannt.

Garmisch

Jocherhaus, Bahnhofstraße 82
Fassadenmalerei von Heinrich Bickel, 1926,
eine seiner ersten Fassadenmalereien in Garmisch

Garmisch-
Partenkirchen
Grubstraße 3,
Haus Guggemoos
Fresko von Bickel,
nach 1945
Flucht nach Ägypten

Garmisch-
Partenkirchen
Zugspitzstraße 124,
Haus Baumer
(Bauunternehmer)
Fassadenmalereien
von Bickel,
nach 1945
Bauarbeiten mit
Heiligen

Berweinhaus, Partenkirchen
Portal (Heinrich Bickel 1947)

Die Aufzählung der Fresken früherer Zeit kann bei der Vielzahl von Fassadenmalereien, besonders in Mittenwald, keinen Anspruch auf Vollständigkeit erheben.
In unserer Zeit erfuhr die Fassadenmalerei in Werdenfels eine erfreuliche Wiederbelebung. Hier ist als Maler besonders Heinrich Bickel zu nennen, welcher mit großer Kunstfertigkeit und Einfühlungsgabe in alten Formen und Farben seit der Mitte der 20er Jahre sowohl alte Bauernhäuser als auch Neubauten mit Fresken schmückte. Beispiele für Malereien an alten Häusern sind u. a.: das Berweinhaus in Partenkirchen, Badgasse 14, das Gasthaus „Fraundorfer“, Ludwigstraße 24, auch Partenkirchen, das Jocherhaus, Bahnhofstraße 82 (gemalt 1926) in Garmisch und an Neubauten in Garmisch das ehemalige Gebäude der Zugspitzbahn, Bahnhofstraße 91/92 und noch viele andere.
Bickel entwickelte dabei seinen eigenen unverkennbaren Stil, der bewußt an die Lüftlmalereien des 18. Jahrhunderts anknüpft und je nach Aufgabenstellung religi-

öse oder weltliche Motive darstellt. Seine Werke sind nicht nur im Werdenfelser Land, sondern weit verbreitet im Oberland, ja sogar bis im Rheinland zu finden. Neben ihm versuchten sich auch manche andere Maler in seinem Stil als Freskanten ohne jedoch seine Meisterschaft erreichen zu können.
Unabhängig davon sind aber noch namhafte Künstler tätig, die bewußt ihre eigenen Wege gehen, wie Prof. Hermann Kaspar, der die Fassaden am Amtsgericht farbig gestaltet und die große Justitia gemalt hat und die Malereien an der Schnitzschule oder Gustav Manninger mit mehreren Heiligen-Darstellungen.
Nach Bickels Tod sind eine Anzahl guter, aber manchmal auch nur durchschnittlicher Fassadenmalereien entstanden, aus denen eindeutig die Arbeiten des Bildhauers und Malers Sebastian Pfeffer aus Mittenwald herausragen. Das ist ein erfreuliches Zeichen für eine gesunde Weiterentwicklung. Jedenfalls stirbt, so scheint es, die Freskenmalerei in Werdenfels nicht aus.

Berweinhaus, Partenkirchen Detail von der Ladenaufschrift für das Schuhgeschäft (Heinrich Bickel 1947)

inke Seite:
Mittenwald
Iotel Rieger,
Dekan-Karl Platz 28
lucht nach Ägypten
resko von Heinrich Bickel

echte Seite:
Garmisch-
artenkirchen
afé Kneitinger
assaden-Bemalung von
bastian Pfeffer, 1978

links oben:
Partenkirchen
Hauptstraße - Schornstraße
Henricius II, Sgraffito von Gustl Manninger

rechts unten:
Partenkirchen
Hindenburgstraße, Volksschule
Christophorus-Fresko von Gustl Manninger

Oberammergau
Fassadenbemalung an einem Kinderheim von Gustl Manninger (1903 - 1985)

oben:

Garmisch-Partenkirchen

Rathausplatz,
Neubau des Amtsgerichtes
Fassadenbemalung mit Justitia
von Prof. Hermann Kaspar, 1959

unten

Partenkirchen

Ludwigstraße
Fassadengestaltung in Sgraffito +
Stuck + Fresko patrona bavariae
an einer Conditorei
(Heinrich Bickel)

Garmisch-Partenkirchen
Schnitzschule
Fassadenbemalung von
Prof. Hermann Kaspar

unten:
Detail am Haupteingang

Partenkirchen
Ludwigstraße
„Altes Haus“
Fassadenbemalung
18. Jht.

Fenster, Türen und Tore

Die Ausgestaltung von Fenstern, Türen und Toren ist vom Zweck her bestimmt, dem diese Bauelemente zu dienen haben. Sie werden geformt und gestaltet durch die Lebensform der Bewohner eines Hauses. Diese Lebensform findet im Äußerlichen ihren Ausdruck in der Art zu wohnen, d. h. in der Wohnkultur. Da diese sich ständig weiterentwickelte und an das Wohnen auch wachsende Ansprüche stellte, waren Fenster und Türen, sowohl von der Zweckbestimmung als auch von der Formgebung her, steten Änderungen unterworfen. Hierzu kamen in der Neuzeit noch modische Strömungen, welche die Formen im Zuge der Forderungen fortschrittlichen Bauens maßgeblich beeinflußten. Zugleich mit ihrer Zweckbestimmung sind Fenster, Türen und Tore eines Hauses architektonisch gestaltende Elemente. Sie bestimmen mit ihrer Ausformung, mit ihrer Verteilung auf dem Baukörper maßgebend den Eindruck, den dieser auf den Beschauer macht.
Es ist gewiß, daß der Eindruck eines Bauernhauses in Werdenfels künstlerisch von vornherein geprägt wird entweder durch Zierbünde oder Fresken, oder auch durch beide zusammen auf einer Fassade. Die Verteilung von Fenstern, Türen und Toren an einem Haus kann entweder die künstlerische Wirkung erhöhen aber andernfalls auch erheblich vermindern.

Die Fenster

Die Zweckbestimmung der Fenster ist es zunächst, Innenräume zu erhellen. Dieser Zweck wird dadurch eingeschränkt, daß Fenster zugleich Wärme nach außen abgeben. Die Größe eines Fensters hängt aber auch davon ab, durch welches Medium in den Fenstern die Aufhellung der Räume erfolgen und die Wärmeabgabe verhindert oder vermindert werden kann.
Ursprünglich waren beim einräumigen Haus die Räume fast dunkel. Das Dunkel wurde nur durch 3 Lichtquellen etwas erhellt, einerseits durch das offene Feuer des Herdes, zum andern, bei geschlossener Türe, durch das sogenannte Oberlicht, eine Öffnung über der Türe, welche zugleich als Rauchabzug diente. Fenster fehlten zunächst. Stand die Türe offen, dann war auch diese geeignet, Helligkeit einzulassen. Später kam als weitere Lichtquelle das Fenster hinzu.
Als Urform des Fensters im Blockbau bezeichnet Schier einen halbkreisförmigen Aushieb an der Unterseite eines Balkens. Er wurde vergrößert durch den korrespondierenden Aushieb am nächstunteren Balken. Aus der so entstandenen, ursprünglichen Ellipse wurde später die rechteckige Form des Fensters.[57] Im Laufe der Entwicklung wurden zwei übereinanderliegende Balkenstücke herausgenommen und senkrecht durch Balkenstücke gleicher Stärke versteift und verzapft.

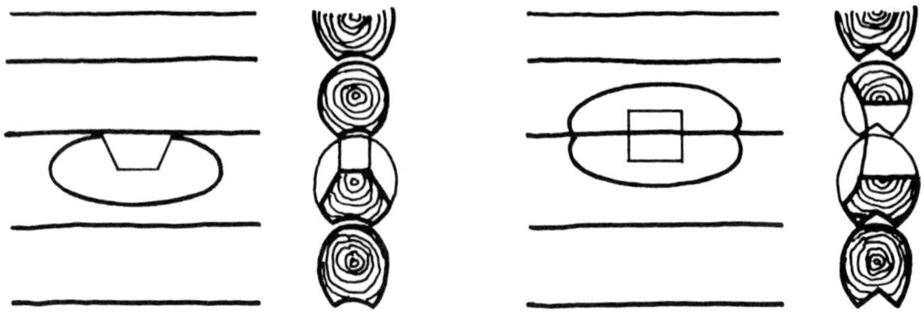

Diese Zeichnung nach Phleps (Der Blockbau) zeigt die Entstehung des Fensters nach der Schierschen Theorie.

Anders ist die Entwicklung im Mauerbau anzunehmen. Hier bestand ja schon in der Frühzeit die Möglichkeit Fenster nach Belieben größer zu gestalten, da man die Kunst Bögen zu mauern bereits beherrschte oder auch andernfalls Holzbohlen als Fensterstürze einbauen konnte.

An der Ruine der Burg Werdenfels, erbaut ca. 1180, stellt man bereits Fensterbreiten von 1 bis 1,2 m fest.

Das Problem der Fenster, ob in Block- oder Mauerbau, bestand darin, eine Substanz für die Fensteröffnungen zu finden, welche ihren Zweckbestimmungen der Aufhellung und zugleich des Abschlusses entsprach. Anfänglich mußte man auf diese Substanz noch verzichten, solange das Oberlicht und die Fensteröffnungen dem Rauchabzug zu dienen hatten. Gegen den zu großen Wärmeverlust behalf man sich durch den Verschluß des Oberlichts mit einem hölzernen Verschlußschuber,[58] bei den Öffnungen in der Wand durch Balkenstücke, welche in die Fensteröffnungen paßten und nach Bedarf herausgenommen werden konnten.

Akut wurde das Problem, das Innere eines Raumes aufzuhellen, mit der Trennung von Stube und Rauchküche und der dadurch erfolgten Rauchfreiheit der Stube. Das Problem des Rauchabzuges aus der Stube entfiel damit; man konnte sich von nun an in der Stube allein auf die Aufhellung durch das Tageslicht beschränken. Noch heute gibt es dagegen Küchen, die dunkel sind (Farchant, Gernweg 5, nicht mehr benutzt, Mittenwald, Gröblweg 3, Garmisch, Schmiedstraße 6, letztere durch nachträglich eingebaute Fenster aufgehellt.

Für die Stube und die übrigen Räume behalf man sich zur Aufhellung zunächst durch Bespannen der Fensteröffnungen mit Leinen oder dünnen Tierhäuten (wie Zwerchfellen, Stücken von Magenwänden u. dgl.); diese wurden auf Rahmen gespannt und in die Fenster eingesetzt.

Fensterformen

Hergottswinkel mit Butzenscheiben – verglasten Schiebefenstern in Holzblockwänden, 16. - 17. Jht., Freilichtmuseum an der Glentleiten

Herrgottswinkel mit zweiflügligen Klappfenstern mit feststehendem Mittelstück in gemauerten Wänden Freilichtmuseum an der Glentleiten

Details verschiedener Fensterformen

dargestellt im Freilichtmuseum an der Glentleiten

Detail von einem zweiflügeligen Klappfenster in Holzblockwand mit feststehendem Mittelstück (Hodererhof, Obergeschoß). Die eisernen Spitzen sollen das Einsteigen verhindern.

Detail vom Schiebefenster vom Hafner-Anwesen der vorigen Seite, oben. Die Einkerbung im Holz der Blockwand ist dreimal so groß wie die tatsächliche Fensteröffnung, die je nach Bedarf durch Verschieben des Fensterrahmens mit dem Butzenscheiben nach rechts ganz geöffnet, oder durch Verschieben des hölzernen Ladens (links) zur Mitte verdunkelt werden kann. Dieses einfache Fenstersystem, das ohne Eisenbeschläge auskommt, war weit verbreitet und für die verschiedensten Fensterformen verwendbar.

Detail von einem einflügeligen Klappfenster in Holzblockwand vom Michlhof. Man erkennt auf dem Foto noch die Einkerbung des ehemaligen kleineren Schiebefensters (rechts). Die reizvollen geschmiedeten Eisenbeschläge sind typisch für das 18. Jahrhundert und waren damals weit verbreitet.

Detail von einem Fenster im Schieblhof. Die nur 25 × 25 cm kleine Fensteröffnung wird je bei Bedarf nach dem gleichen Prinzip geschlossen oder geöffnet wie bei Abb. links mitte. Aber hier laufen Fensterrahmen und Laden mit Rücksicht auf die Malereien auf den Stubenwänden verdeckt hinter einer Holzverkleidung.

Detail von einem Obergeschoß-Fenster im Michlhof. Es handelt sich um ein einflügeliges Klappfenster mit geschmiedeter Eisenvergitterung. Auch hier sind die gleichen Beschläge verwendet wie bei Abb. links unten. die Drehbänder sind zu langen Stangen ausgebildet, die auf der gegenüberliegenden Seite des Fensterrahmens aufgeschraubt sind und diesem zusätzlichen Halt geben. Die Eisenwinkel unten sind nicht ursprünglich sondern stammen von einer späteren Reparatur.

Das gleiche Fenster wie oben in geöffnetem Zustand. Es ist schief angeschlagen, damit es nicht selbständig zuschlagen kann. Die Einglasung besteht aus 2 durch eine Bleisprosse verbundenen Feldern.

Zweiflügeliges Klappfenster im Mauerwerk mit eiserner Doppelkreuz-Vergitterung.

Zweiflügeliges Klappfenster mit S-förmigem geschmiedeten Ziergitter in tiefer Mauerlaibung.

Zweiflügeliges Klappfenster mit festem Mittelstück und einfacher eiserner Stab-Vergitterung in flacher Mauerlaibung.

Vierflügeliges Klappfenster mit hölzernen Bretterläden in Gratleisten im feststehendem Kreuzstock in sehr flacher Mauerlaibung.

Zweiflügeliges Klappfenster mit feststehendem Mittelstück und gestemmten hölzernen Klappläden in Rahmen und Füllung, 2 senkrechte geschmiedete Eisenstäbe zur Einbruchsicherung.

Zweiflügeliges Fenster in Blockwand mit feststehendem Mittelstück und 2 Eisenspitzen als Schutz gegen Einsteigen.

Verschiedene Fensterformen

Vierflügeliges Klappfenster im Kreuzstock mit der für das 18. Jahrhundert typischen Einteilung: etwas größerer unterer Flügel und kleinerer oberer. Das Verhältnis ist meist etwa 2 : 3. Die Rahmen sind mit jeweils 4 durch ein Bleikreuz verbundene Glasscheiben eingeglast. Senkrechter und waagrechte Balken des Fensterkreuzes müssen von Glaskante zu Glaskante gleich breit sein (klassisches Maß 11 - 11,5 cm). Fenster-Umrahmung und Ornament durch Fein- und Rauhputz-Struktur.

Zweiflügeliges Fenster mit feststehendem Mittelstück. Jeder Flügel hat 1 hölzerne Quersprosse in der Mitte und darunter und darüber Glasscheiben mit Bleisprossen verbunden.

Zweiflügeliges Fenster aus Mittenwald ohne festes Mittelstück mit je 2 hölzernen Quersprossen und Klappläden in Rahmen + Füllung-Konstruktion. Daneben tiefliegendes „Spion-Fenster“. Auffallend die überaus schlanken Konstruktions-Hölzer.

Glas gab es zwar, wie schon erwähnt, bereits im 13. Jahrhundert im Handel zu kaufen, aber für die Bauern mit ihrem geringen Geldumlauf war es noch fast unerschwinglich. Es kam von weit her (Waldglas aus dem Böhmerwald, venetisches Glas) und war daher sehr teuer. Nur Burgen konnten sich den Luxus von Glasfenstern leisten und auch die, wie alte Inventarverzeichnisse zeigen, noch lange nicht für alle Fenster.

Die Ausmaße der Fenster waren, wie sich aus der beschränkten Möglichkeit der Aufhellung ergab, anfänglich noch sehr gering, etwa 25 × 25 cm bis 30 × 40 cm.

Das 14. und 15. Jahrhundert über blieben diese Arten von Fenstern bei Bauernhäusern bestehen. Anfang des 15. Jahrhunderts kam für die Wandöffnung erstmals das Wort „Fenster" auf, als ein Lehnwort aus der lateinischen Sprache, ein Beweis dafür, daß der Begriff des Fensters der bäuerlichen Bevölkerung vorher unbekannt war. Im 15. Jahrhundert lesen wir in Stadtrechnungen Münchens bereits von Fenstergläsern, Ende des 16. Jahrhunderts gab es eine Glashütte in Schleißheim bei München.

Im 15. Jahrhundert kamen die sogenannten Butzenscheiben auf, aber auch sie waren für die bäuerliche Bevölkerung noch zu teuer. Deshalb findet man in Werdenfels diese Art von Gläsern nicht. Erst als man Glas flächenmäßig herzustellen begann, und sein Preis sank, kam Glas in die Fenster (Ende des 16. Jahrhunderts). Aber das nunmehr sogenannte Tafelglas bestand nur aus kleineren Stücken und ein Fenster mußte aus diesen kleinen Stücken zusammengesetzt werden. Durch die Aneinanderreihung der Scheiben wurden Einfassungen der Einzelstücke durch Bleinutstäbe notwendig, die in Holzrahmen gefaßt wurden. Diese Holzrahmen wurden ursprünglich als Schieberahmen im Wechsel mit Schiebebrettchen in genuteten Leisten je nach Bedarf vor die Fensteröffnung geschoben oder später in einen meist eichenen Fensterstock drehbar eingesetzt. Durch die Drehbarkeit der einzelnen Fensterflügel ergab sich ein besseres Schließen und leichteres Öffnen des Fensters. Der Fensterstock hatte bei liegendem Format der Fensteröffnung ein feststehendes Mittelstück und 2 Flügel, bei hochkantigem Format einen Kreuzstock mit 4 Flügeln.

Die ursprünglichen Maße der Fenster wurden bis zum Anfang des 18. Jahrhunderts beibehalten. Erst von da ab vergrößern sie sich mit der Möglichkeit, Tafelglas in größeren Flächen herzustellen. Die Fläche des einzelnen Fensters mit 2 Flügeln hatte nunmehr die Ausmaße von annähernd 60 bis 80 cm Höhe. Erst seit der 2. Hälfte des 18. Jahrhunderts begann man, der damaligen Baumode entsprechend, die Fenster stark zu erhöhen (bis ca. 1,20 m).

Inzwischen ist man in der Höhe der Fenster wieder auf ca. 1 m zurückgegangen, aber dafür geht das Bestreben jetzt dahin, in die Fensterflügel nur noch ganze

Scheiben ohne Sprossen einzuglasen oder Ganzglasfenster mit Kippvorrichtung einzubauen. Auch Breitfenster, wie in Landhäusern gehobenen Stils, kommen in Bauernhäusern auf. Im wesentlichen hält man aber an der Fenstergröße von 70 bis 90 cm fest.

Es ist klar, daß die Fenstergröße in harmonischer Wechselbeziehung zu der Fläche des Baukörpers stehen muß. Zu große Fenster „reißen die Fassade auf", zu kleine bringen ein Vorherrschen der Mauerflächen mit sich.

Es ist aber erstaunlich, mit welchem sicheren Gefühl für räumliche Wirkung die Fenster in die Mauern der altartigen Bauernhäuser gesetzt sind.

Eine erhöhte, architektonische Wirkung ergibt sich natürlich bei Fenstern im Mauerwerk auch durch den Gegensatz der Farbgebung von Holz und Glas auf die weiße Mauer. Weniger tritt sie hervor bei Fenstern im Holzblockbau wegen der Gleichheit des Materials von Fensterstock und Wand.

Bei den Fenstern im Blockbau fehlt jeglicher Schmuck der Umrahmung. Es sei denn, man betrachtet die Umrahmungsbretter der Fenster als Schmuckform. Anders ist es bei den Fenstern im Mauerbau. Diese werden bei Freskobemalung entweder in das Fresko mit einbezogen oder erhalten eine spezielle, gemalte Umrahmung.

Die Anbringung von Läden an den Fenstern, mit Ausnahme einiger weniger aus geschmiedetem Eisenblech (Partenkirchen, Wackerlehaus, Ludwigstraße 47, für besonders schützenswerte Räume) war bis ins 19. Jahrhundert in Werdenfels unbekannt. Als Beweis dafür dienen die gemalten Umrahmungen an Häusern mit Fresken, welche stets das ganze Fenster einfassen. Alte schmiedeeiserne Fenstergitter werden in Werdenfels nicht angetroffen.

Die Anordnung von Fenstern ist eine Folgewirkung aus dem Grund- und Aufriß eines Hauses. Dabei ist festzustellen, daß für bestimmte Räume eine fast stets, auch bei den verschiedenen Haustypen, wiederkehrende und gleiche Anzahl von Fenstern vorhanden ist.

Die Wohnstube hat ihrer Ecklage an Giebel- und Längswand entsprechend in der Regel an den Seiten nach außen je 2, insgesamt also 4 Fenster. Diese sind für die Innenausstattung der Stube so angeordnet, daß zwischen ihnen genügend Platz bleibt für Wand-, Milchkasten und dgl. Dieser Anordnung entsprach auch die Fensterzahl der im Oberstock liegenden Stubenkammer, welche sich, wie alle Fenster des Oberstocks jeweils lotrecht über denen des Erdgeschosses befanden.

In den Küchen, welche an der Außenwand lagen, begnügte man sich mit einem Fenster, ebenso bei Nebenräumen.

Die Zahl der Fenster an der Giebel-, der Schauseite, ist je nach dem Haustyp verschieden.

Fenster mit gemalter Umrahmung

oben links:
Zweiflügelige Fenster mit je 2 hölzernen Sprossen, gemalte Fenster-Umrahmung in Verbindung mit Lüftlmalerei, ohne Läden. (Wallgau, Alte Post)

oben rechts:
Zweiflügelige Fenster mit jeweils 1 hölzernen Sprosse und gemalter Fenster-Umrahmung. (Altes Haus, Partenkirchen)

rechts:
Zweiflügeliges Klappfenster ohne festes Mittelstück mit einer Holzsprosse und kreuzförmiger Bleiverglasung mit gemalter Umrahmung und Klappläden aus Partenkirchen.

Fenster vom Gasthaus zum Husar in Garmisch

Das linke Fenster ist ein sog. „blindes Fenster“ und zeigt in der Original-Malerei von 1800 ein vierflügeliges Kreuzstockfenster mit sparsamen gleichstarken Kreuzbalken sowie sechseckiger Bleiverglasung. Sicher hat der Maler damals die Original-Fenster „porträtiert“, sodaß man dieses Fenster als authentisch ansehen kann. Es zeigt auch noch die übliche und weit verbreitete ungleiche Höhenteilung. Somit sind die übrigen Fenster des Hauses wie das Beispiel des rechts abgebildeten zeigt, später, vermutlich um die letzte Jahrhundertwende, dem Geschmack dieser Epoche entsprechend als zweiflügelige Fenster mit je 2 hölzernen Sprossen erneuert worden, womit das ganze Haus einen anderen Charakter bekam. Trotzdem ist es noch ein Glück, daß nicht am Ende in unserer Zeit, wie leider allzu oft geschehen, die Fenster noch einmal verändert und der Mode entsprechend als sprossenlose Einscheibenfenster erneuert wurden.

Fenster vom Wackerlehaus
Heimatmuseum in Partenkirchen
Typische Fensterformen des 18. Jahrhunderts

oben:
Fenster in flacher Mauerlaibung im Lichtschachthof, Obergeschoß, mit 2 bemalten Klappläden, Kreuzstockfenster mit 4 Flügeln 2 : 3

links:
Erdgeschoßfenster in tiefer Mauerlaibung an der Südfassade in bemalter Umrahmung ohne Läden. Kreuzstock, 4 Flügel mit leichter Vergitterung, Größenverhältnis 2 : 3

Fenster aus der Stube des Hafner-Anwesens

im Freilichtmuseum an der Glentleiten (Zehentmaierhof) Ansicht von außen. Schiebefenster (16. Jht.) bleiverglast mit geschmiedetem Eisenkreuz gesichert. Auf dem Foto ist deutlich der Einschnitt der Fensteröffnung in den Block-Verband und die Abfasung der Kanten wegen des besseren Lichteinfalls zu erkennen.

Häuser mit traufseitigem Eingang (Eck- und Seitenflurhäuser) haben oft in jedem Geschoß an der Giebelseite 3 Fenster.
Bei Seitenflurhäusern mit giebelseitiger Tür oder Einfahrt, sowie bei Mittertennhöfen, ist nur ca. ein Fassadendrittel von einem meist gemauerten Wohnteil im Erd- und Obergeschoß eingenommen. Hier befinden sich je 2 Fenster lotrecht übereinander. Architektonisch am besten zu lösen war die Fensterverteilung bei Mittelflurhäusern. Hier haben wir rechts und links von der Türe zwei spiegelgleiche Hälften vor uns. Die Zahl der Fenster beträgt im Erdgeschoß an der vorderen Giebelseite beiderseits der Mitteltüre je 2 Fenster, im Obergeschoß darüberliegend ebenfalls 2, zuzüglich einer Türe in der Mitte.

Haustür, Garmisch, Schmiedstraße 6, mit gotischem Spitzbogen und Fenster in tiefer Mauerlaibung

Türen und Tore

Die Türe gehört zu den ältesten Bauelementen eines jeden Hauses. Später kam bei den Bauernhäusern auch noch das Tor hinzu. Für die Türen und die Tore gilt das Gleiche, was bereits bei den Fenstern gesagt wurde, daß sich nämlich ihre Lage von den verschiedenen Grundrissen der einzelnen Haustypen herleitet. So liegen die Türen bei Eckflurtypen an der Giebel- oder Längsseite, bei Seitenflurhäusern entweder an der Längsseite oder als Tür im Tor an der Giebelseite. Mittertennhöfe haben in der Giebelseite eine Tor-Türe oder eine vom Tor getrennte Eingangstüre. Bei Mittelflurhäusern liegt sie in der Mitte des giebelseitigen Erdgeschosses.

Die Eingangstüren waren alle in ihren lichten Öffnungen nicht sehr breit, um 80 cm, ihre Höhe betrug nicht über 1,90 m. Auf Grund ihrer geringen Breite konnten die Eingänge nur durch einflügelige Türen geschlossen werden. Zweiflügelige Türen kamen in Werdenfels altartig nicht vor. Wo sie heute auftreten, sind sie später eingebaut worden, entweder durch Erweiterungen der Türöffnungen oder durch Einbau regelrechter Türen anstelle der Tore in Mittertennhöfen.

Die Türöffnungen selbst liefen in spätgotischer Zeit in Spitzbögen aus (z. B. Garmisch, Schmiedstraße 6). Seit der Renaissance, Mitte des 16. Jahrhunderts, kamen als Abschlüsse Rundbögen auf, die bis Anfang des 19. Jahrhunderts beibehalten wurden. Seit dieser Zeit bevorzugte man bis in die Gegenwart rechteckige Türöffnungen. Nur bei neuzeitlichen Häusern in ausgesprochen rustikalem Stil trifft man wieder vereinzelt Rundbögen an.

Die Türeinfassungen waren in gotischer Zeit aus behauenem Kalkstein. An ihre Stelle traten später Türstöcke aus Holz, die bis zur Gegenwart hauptsächlich verwendet werden. Die Bestrebung in jüngster Zeit Türen in Metallrahmen zu fassen, fanden in Werdenfels keinen größeren Widerhall. Die alte Tradition hierfür Holz zu verwenden erwies sich als stärker und setzte sich letztlich wieder allgemein durch.

Die Form der Einfahrtstore bei Seitenflurhäusern und Mittertennhöfen ist in der Regel rechteckig. Nur vereinzelt findet man Rundbogentore, in einem Fall (Mittenwald, Obermarkt 18/20/22) sogar einen gotischen Spitzbogen als oberen Abschluß.

Gelegentlich bestehen die Türen in einer altertümlichen Art nur aus eineinhalb- bis zweizölligen Brettern mit inneren Einschubleisten aus Hartholz ohne äußeren Zierrat.

Während früher bei den Türangeln kein Stück Eisen verwendet wurde sondern nur Holz, hängen seit dem 19. Jahrhundert, mit Ausnahme einiger, weniger Relikte, alle Türen und Tore in eisernen Angeln.

Im Gegensatz zu der Einfachheit der alten Türen sind die späteren Formen reich verziert. Der Zierrat an den Türen erreichte seine höchste Ausbildung um die Wende vom 18. zum 19. Jahrhundert. Die Türen wurden auf der Außenseite aufgedoppelt und zwar durch schmale, ca. 8 cm breite Bretter. Diese waren der Länge nach mit Profilen eingefräst und wurden zu rauten- oder sternförmigen Mustern zusammengesetzt, wie nachstehende Fotos zeigen:

Übliche Türformen
18./19. Jahrhundert, aufgedoppelt

Die aufgedoppelten Muster sind durchweg farblich getönt, meist die Fräsrinnen weiß bei grüner Grundfarbe der Bretter. Oft sind auch Schmucknägel mit Kopfbreiten von 2 cm in gleichmäßigen Abständen auf die Bretter genagelt und andersfarbig, meist schwarz, abgesetzt oder verzinkt.
Türgriffe oder Klopfer sowie Beschläge in unterschiedlicher Form um die Schlösser vervollständigen den Zierat der Türe.
Die Außenseiten der Türstöcke sind durch Fräsrinnen profiliert. In den oberen Ecken der Türrahmen wurden, besonders in der Empirezeit, Schmuckrosetten angebracht.

Die Oberlichter, bisher nur bleiverglast, erhalten um die Wende des 18. zum 19. Jahrhundert schmiedeeiserne Schmuckgitter wechselnder Form (siehe Abbildungen übernächste Seite).
So geschmückt, boten die Türen einen erfreulichen Anblick, repräsentativ und doch in zurückhaltender Form zum Eintreten ladend.
Gegenüber den Türen blieben die Tore ohne besonderen Zierat, nur hier und da sind die Flächen durch gefällig ausgesägte Lichtöffnungen geringen Ausmaßes unterbrochen.

Einfahrtstor
mit Schlupftür,
Farchant, Haus Gernweg 5.
Rautenförmig mit schmalen
Profilbrettern aufgedoppelt.

Aufgedoppelte Haustürformen

oben: Haustür, Farchant, Gernweg 5, dat. 1783

rechts oben: Haustür in einem bäuerlichen Mühlengebäude 18. Jht.

rechts unten: Haustür in einem nach erfolgtem Abbruch wieder aufgebauten Bauernhof in Ettal (1950)

Typisch sind die über dem Türsturz in der Mauer sitzenden Oberlichte.

Haustür
Alte Apotheke,
Garmisch,
Marienplatz
Türblatt um 1860,
Oberlichtgitter 1797

Oberlichte an Haustüren

Garmisch, Frühlingstraße 21, datiert 1813

Garmisch, Forstamtsweg 1, Gasthaus „Zum Lamm“, datiert 1815

Gotisches
Spitzbogen-Portal
*(Einfahrtstor mit
Schlupftür)
Mittenwald,
Obermarkt 18/20/22*

Einfahrtstor
mit Haustür
unter Korbbogen.
Partenkrichen, sog.
Italiener-Haus.

Doppel-Tür

Mittenwald, Untermar
Haustüren in 2 anein-
andergebauten Nachb
häusern. Wiederaufba
nach dem großen Orts
brand 1947 - 49.

Prächtige Haustür
an einem Bauernhaus in Uffing am Staffelsee 18. Jahrhundert Hier ist das über dem Sturzbalken in der Mauer putzbündig sitzende Oberlicht noch durch eine geschnitzte hölzerne Umrahmung geschmückt. Als Kontrast wirkt das tief sitzende Türblatt mit seinen starken Schatten.

Ortsfeste Ausschmückung der Räume

Während in den Bauernhäusern früher die Küchen und Nebenräume, sowie die Kammern des Oberstockes in ihrer Ausstattung einfach und schmucklos waren, konzentrierte sich später das Ausschmückungsbedürfnis auf die Wohnstube, den Hauptaufenthaltsraum des Hauses.
Daß sämtliche Stuben mit z. T. prächtigen Kachelöfen ausgestattet waren, wurde bereits bei Schilderung der Stubeneinrichtung erwähnt.
Die Decken der Innenräume ruhten auf Tramen (Unterzüge genannt), auf welche Bretter von ca. 5 cm Stärke gelegt waren. Diese bildeten zugleich die Fußböden der darüberliegenden Räume. Baulich und statisch genügte diese Konstruktion vollkommen. Aber man begnügte sich damit nicht, sondern hängte an den Unterzügen Kassettendecken aus Holz auf, welche quadratisch durch Profillatten gegliedert waren. Diese Arten von Decken, gegenwärtig meist mit brauner Ölfarbe gestrichen, finden sich in den meisten Wohnstuben aus alter Zeit. Sie erhöhen durch ihr Gleichmaß die Wohnlichkeit der Stuben. Neuerdings, da die Küchen, rauchfrei und neuzeitlich umgebaut, zum Hauptaufenthalts- und Eßraum werden, sind auch diese Kassettendecken, meist zur Raumaufhellung naturbelassen.
Als weitere ortsfeste Ausschmückung der Wohnstube wären noch zu nennen Profile und Umrahmungen der Wand- und Milchkästen. Diese wurden mitunter farbig bemalt. Ganzvertäfelungen von Stubenwänden finden sich teilweise nur in reinen Holzbauten. Durch den verschiedenen Zierat erhielt die Wohnstube neben der Erhöhung ihrer Behaglichkeit einen, wenn auch bescheidenen, repräsentativen Zug.

Milchkasten

aus dem Freilichtmuseum an der Glentleiten Diese Milchkästen dienen zum Aufstellen der Milch zwecks Eindicken in ihren Weidlingen, die durch Dazwischenlegen von Holzbrettchen auch gefüllt gestapelt werden können. Alle Milchkästen haben Lüftungsöffnungen in den Türen.

linke Seite:

Wandkastl

aus Bauernhäusern im Freilichtmuseum an der Glentleiten

Küchenkastl
in der Rauchküche neben dem Herd aus dem Deichlhäusl im Freilichtmuseum an der Glentleiten

Standuhr

Detail aus einer Bauernstube mit getäfelter Holzdecke und umlaufender Bank, mit eingebautem Wandkastl und Standuhr (Freilichtmuseum an der Glentleiten)

Tischgruppe mit eingebauter Eckbank mit Rückenlehne und beweglichen Sitzbänken in einer Bauernstube mit Herrgottswinkel und 2 Wandkastln (Freilichtmuseum an der Glentleiten)

ZUSAMMENFASSUNG
GESAMTEINDRUCK DER BAUERNHÄUSER

Bei der Ausschmückung der Außenwände des Wohnteils der Bauernhäuser, sei es durch Bundwerk, Fresken und Söller, wird das Bestreben erkennbar, aus den Häusern „etwas zu machen", d. h. von den Schauseiten her einen auf den Betrachter guten Eindruck zu erwecken. Zugleich sollte durch reichen Schmuck die Wohlhabenheit seiner Bewohner betont werden.
In den Dimensionen der Häuser und ihrer Ausschmückung gab und gibt es, begründet durch die soziale Struktur der Bevölkerung, größere Unterschiede. Die finanziell Bessergestellten, wie Wirte, selbständige Floß- und Holzmeister, Handwerker, Frächter, Landwirte mit Vollerwerbsbetrieben u.a.m., konnten es sich leisten, größere Häuser hinzustellen und sie mit kunstvollen Zierbünden und Fresken zu schmücken. Bis zu den Kleingütlern herunter, welche nur ein kleines und schmuckloses Haus zu eigen hatten, gab es viele Zwischengrößen je nach der Stellung der Erbauer im Sozial- und Verdienstgefüge der Bevölkerung.
Aber die Größe der Bauten hatte sowohl nach oben wie nach den Seiten ihre Grenzen, einerseits dadurch, daß in den Ortsbereichen der Baugrund sehr knapp war. Die Häuserzeilen in den größeren Orten geben davon ein beredtes Zeugnis. Andererseits mußte auch der Kleinhäusler zur Fristung seines Lebensunterhaltes unter seinem Dach eine Landwirtschaft betreiben, die immerhin eine gewisse Platzgröße erforderte. So kam es, daß die Spanne von den Ausmaßen des großen zum kleinen Bauernhaus nicht sehr weit ausfiel und daher in den Ortsbildern ausgleichend wirken konnte.
Was sowohl die größeren wie die kleineren Anwesen gemeinsam haben, ist die harmonische Gliederung ihrer Baukörper und ihre Einfügung in die Ortsbilder.
Ein Votivbild in St. Anton über Partenkirchen mit einer Ansicht von Partenkirchen aus dem Jahre 1801 übermittelt dem Beschauer als Musterbeispiel die anheimelnde Geschlossenheit dieses Ortsbildes in vergangener Zeit.
Trotz vieler Bausünden in der jüngsten Vergangenheit und in der Gegenwart sind die Bestrebungen der Heimatpflege zu begrüßen, in letzter Stunde zu retten, was noch an alter Bausubstanz im Lande vorhanden ist, um das altvertraute Ortsbild, soweit als möglich, zu erhalten.

Votivbild

aus der Wallfahrtskirche St. Anton mit der Ortsansicht von Partenkirchen aus dem Jahre 1801

DIE WIRTSCHAFTSGEBÄUDE UND NEBENBAUTEN

DAS WIRTSCHAFTSGEBÄUDE

Wie das Leben des bäuerlichen Menschen, so ist auch sein Anwesen untrennbar mit dem landwirtschaftlichen Betrieb verbunden. Das Wohnen und das Wirtschaften bilden die Einheit des Bauernhofes und haben ihn nach ihren Bestimmungen geformt.
Die Gebäude oder Gebäudeteile, welche dem landwirtschaftlichen Betrieb zu dienen haben, mußten von ihrer Zweckbestimmung her eine andere Entwicklung nehmen als der Teil des Hofes, welcher dem Wohnen vorbehalten blieb.
Die Landwirtschaft ist für den Bauern letztlich der Inbegriff seines Daseins und seines Lebensunterhalts. Diese Tatsache gilt vor allem für die Vollerwerbsbetriebe, von denen es in Altwerdenfels 1974 nur noch 24 gab. Sie gilt aber auch mit Einschränkung für die große Zahl landwirtschaftlicher Nebenbetriebe mit ihren z. T. kleinen und kleinsten Betriebsflächen. Ohne Erträge aus der Landwirtschaft hätten diese Nebenbetriebslandwirte bei dem früher geringen Geldumlauf und der Unmöglichkeit, zusätzlich landwirtschaftliche Produkte gegen Geld zu erwerben, ihr und ihrer Familien Dasein nicht fristen können.
Die Entwicklung der für die Landwirtschaft benötigten Gebäude oder Gebäudeteile wurde zunächst geprägt vom Raumbedürfnis her, das die Unterbringung der Haustiere, ihres Futters und der landwirtschaftlichen Geräte und Produkte erforderte. Die Bewältigung dieser räumlichen Aufgaben führte, je nach der Entwicklung der Hoftypen, ob Paar- oder Einhof, zu verschiedenen Lösungen.

Das Wirtschaftsgebäude des Paarhofes

Das Kriterium des Paarhofes besteht darin, daß Wohn- und Wirtschaftsgebäude räumlich voneinander abgegrenzt liegen. Im Wirtschaftsgebäude, für das es in Werdenfels die sonst weitverbreitete Bezeichnung „Futterhaus“ nicht gibt, ist vorteilhafter Weise der gesamte, landwirtschaftliche Betrieb untergebracht. Alle landwirtschaftliche Arbeit unter Dach kann im Wirtschaftsgebäude verrichtet werden. In Werdenfels gibt es z. Zt. nur noch vier Paarhöfe. Früher waren es erheblich mehr. Ihre Wirtschaftsgebäude (Stadel) zeigen wesentliche Unterschiede.

Grund- und Aufriß, Ausgestaltung im Innern

Die zwei Stadel der beiden Paarhöfe im Hintergraseck liegen untereinander und parallel an einem steil nach Süden abfallenden Hang. Das Heu kann daher bei die-

sen beiden Gebäuden ohne Überwindung erheblicher Höhendifferenz in den im Oberstock befindlichen Heuboden eingefahren werden.
Anders ist es beim sogenannten Pfarrstadel neben dem Pfarrhaus in Garmisch, Pfarrgasse. Dieser Bau befindet sich in ebenem Gelände. Hier mußte das Heu durch die in Firstrichtung liegende Mitteltenne im Erdgeschoß eingefahren werden.
Gemeinsam ist den drei Stadeln, daß ihre Erdgeschosse bruchsteingemauert sind, in denen sich die Stallungen für Groß- und Kleinvieh befinden. Darüber liegen, den ganzen Oberstock einnehmend, bei den Städeln in Hintergraseck die Heuböden mit Mitteltennen in Firstrichtung. Beim Pfarrstadel Garmisch befinden sich die Heuböden ebenfalls im Oberstock über den Stallungen, getrennt durch die Mitteltenne ebenfalls in Firstrichtung. Über der Tenne befindet sich die Plon.
Die beiden Stadel in Hintergraseck werden noch landwirtschaftlich genutzt, der Pfarrstadel in Garmisch nicht mehr.
Die Stadel in Hintergraseck wurden 1647 gebaut, der Pfarrstadel in Garmisch stammt aus der gleichen Zeit.
Da andere Objekte in Werdenfels nicht vorhanden sind, ist es nicht möglich, der Entwicklung der Paarhofstadel nachzugehen.
Vom Grundriß her ist festzustellen, daß die Stallungen in Hintergraseck durch einen Mittelgang in Firstrichtung getrennt waren für Stallungen von Groß- und Kleinvieh. Dahinter war ein freier Platz als Wagenschupfen. Das Großvieh wurde an langen Barren angekettet, nicht dagegen die Schafe und ggf. die Ziegen. Diese beiden letzteren waren in einem Umlaufstall untergebracht. Schweinezucht läßt sich nicht nachweisen, ebenso fehlen Gänse und Enten. Hühner hatten einen eigenen Stall.
Über dem Erdgeschoß befand sich eine geschlossene Holzdecke, nur unterbrochen von den Heueinwürfen in quadratischer Form.
Anders ist der Grund- und Aufriß im Pfarrstadel. Die bis in die Bundwerkshöhe reichende Mitteltenne mit Bretterboden trennte hier die Stallungen beiderseits der Tenne. Darüber liegen, durch Bretterdecken getrennt, die Heuböden. Zur Fütterung wurde hier, wie auch in den Einhoftypen in Garmisch, Partenkirchen und Grainau allgemein üblich, das Futterheu auf die Tenne herabgeworfen und durch Futterlöcher der inneren Stallwand in die Barren der Stallung verteilt.

Konstruktiver Aufbau

Während bei den Wohnbauten der Paarhöfe und den Wohnteilen der Einhöfe die bis zur vollen Höhe des Oberstocks hochgezogenen, gemauerten Wände oder Blockbauten eine stabile, statisch genügende Unterlage für die Dachstuhlkon-

struktion bildeten, liegen die Verhältnisse bei den Stadelbauten völlig anders. Hier war, abgesehen von einigen ganz oder halbseitig aufgemauerten Städeln, wie dem Pfarrstadel, nur das Erdgeschoß mit den Ställen in Bruchsteinmauerwerk aufgeführt. Die Außenwände des Oberstockes bis zur Höhe der Fußpfetten und Bundtramen wurden in Holzkonstruktion gebaut.
Auf dem Mauerwerk des Erdgeschoßes lagen auf den Längs- und Querseiten die aufgedoppelten Mauerbäume. In diese wurden in der frühen Zeit bis etwa 1680 in Abständen von ca. 4 m aufrecht stehende Balken mit den Stärken von ca. 20 auf 20 cm verzapft, die als Säulen ihrerseits auf den Längsseiten die Fußpfetten und auf den Giebelseiten die Bundtramen zu tragen hatten, auf denen der Dachstuhl ruhte. Die Außenwände wurden verbrettert. Diese Art des Aufbaus trifft man bei den Städeln in Hintergraseck an.
Die Konstruktion des Innengebälks und des Dachstuhles in den Städeln hatte sich danach zu richten, daß in der Firstrichtung verlaufend für die Mitteltenne ausreichend Platz für die Einfahrt voll beladener Heufuhrwerke geschaffen werden mußte. Die Dachstuhlbünde wurden durch Säulen beiderseits der Tenne gestützt, die ihrerseits auf Stützen des Erdgeschosses ruhten.
Die Bünde zeigen die normale Art der Konstruktion, wie sie in der Planzeichnung erscheint. Statisch schwieriger war die Gebälkanordnung im Pfarrstadel, obwohl dessen Außenwände ja auf der östlichen Längsseite und den beiden Giebelseiten von Grund auf bis zur Höhe der Fußpfetten gemauert waren. Hier durchzog die Mitteltenne in Firstrichtung schon im Erdgeschoß den Stadel. Um die beiderseits der Tenne im Innern gemauerten Stallwände nach oben bis zur Höhe der Bundtramen statisch einwandfrei zu verankern, wurden auf diese Wände zunächst aufgedoppelte Mauerbäume als Unterlage aufgebracht. In diese zapfte man Säulen im Abstand von ca. 3 m ein. Jede zweite reichte als sogenannte Bindersäule bis zum Bundtramen. Sie hieß deshalb Bindersäule, weil in Fortsetzung über ihr die waagerecht verlaufende sogenannte Binderzange in den Bundtramen eingezapft war. Die senkrechten Stützen zwischen den Bindersäulen, weniger lang als diese, hatten als Plonsäulen die Aufgabe, die parallel zum First liegenden Plonpfetten zu tragen, auf welche die Bretter der Plon, des Zwischenbodens über der Tenne, auf Unterzügen auflagen. Die Binderzangen ihrerseits waren dazu da, die einzelnen Bünde, gegeneinander in gleichem Abstand voneinander, jeweils in ihrer senkrechten Ebene festzuhalten.
Bedenkt man noch, daß die Bünde selbst in ihrem Viereckgerüst, wie bereits beim Dachstuhl des Pfettendaches beschrieben wurde, in sich statisch auf Zug und Druck verankert waren, dann folgt daraus, daß für das gesamte Gebälk größtmögliche Sicherheit gewährleistet war.

Wirtschaftsgebäude von Paarhöfen
oben:
Tennenauffahrt in das Wirtschaftsgebäude Hintergraseck, Gemeinde Wamberg, Haus Nr. 227

rechts:
Gebälkkonstruktion im Pfarrstadel Garmisch, Pfarrgasse
Man erkennt rechts und links parallel zum First die Binderzangen, verzapft in den Bundtram und die beiden Bindersäulen. Quer zum First ziehen über den Bundtram die Kehlbalken.

In der Bruchsteinmauer der Stallwand befinden sich die Futterlöcher. Auf der Wand liegt der aufgedoppelte Mauerbaum auf. In ihm ist eingezapft die Bindersäule (im Vordergrund) und die Plonsäule (weiter hinten). Erkennbar ist die Plonpfette und die Plon mit ihren Unterzügen.

Zu sehen sind die Binder- und Plonsäulen, die Plonpfette und die Plon. An der Stallwand befinden sich Futterlöcher. Der Pfarrstadel dient z. Zt. als Sammelstelle der Caritas für Altpapier und -bekleidung.

Die Wirtschaftsteile des Einhofes

Mit Ausnahme der 4 Paarhöfe zeigen sämtliche alte Bauernhöfe in Werdenfels den Typ des Einhofes, d. h. die Wohn- und Wirtschaftsteile sind unter einem Satteldach vereinigt. Je nach den Haustypen weichen die Grundrisse der Wirtschaftsteile von einander ab. Diese sind in den Plänen der einzelnen Einhofbildungen bereits enthalten. Trotzdem möchten sie, zum Vergleich untereinander, nachstehend erneut der Betrachtung unterzogen werden. Vorauszuschicken ist, daß es in Werdenfels alte Tennenauffahrten nur bei 2 Anwesen in Farchant (am Gern 5, Planzeichnung und Schulstraße 4), bei einem in Krün (Wettersteinstraße 1) gibt. Alle übrigen Anwesen besitzen ebenerdige Tennen.

Bei Einhofbildungen mit Eckflurhäusern, mit Seitenflurhäusern, welche den Hauseingang an einer Längsseite haben, endlich bei Mittelflurhäusern liegen die ebenerdigen Tennen quer zur Firstrichtung, haben also traufseitige Einfahrten.

Vorgenannte Hoftypen besitzen alle einen Wohnteil, welcher als Rechteck von der Giebelseite her ca. 1/3 der Hoflänge beansprucht. An den Wohnteil schließt sich Wand an Wand der Wirtschaftsteil an, die übrigen ca. 2/3 der Länge einnehmend.

Grund- und Aufriß, Ausgestaltung im Innern

Die Einteilung des Wirtschaftsteiles in Grund- und Aufriß zeigen folgende Schemazeichnungen:

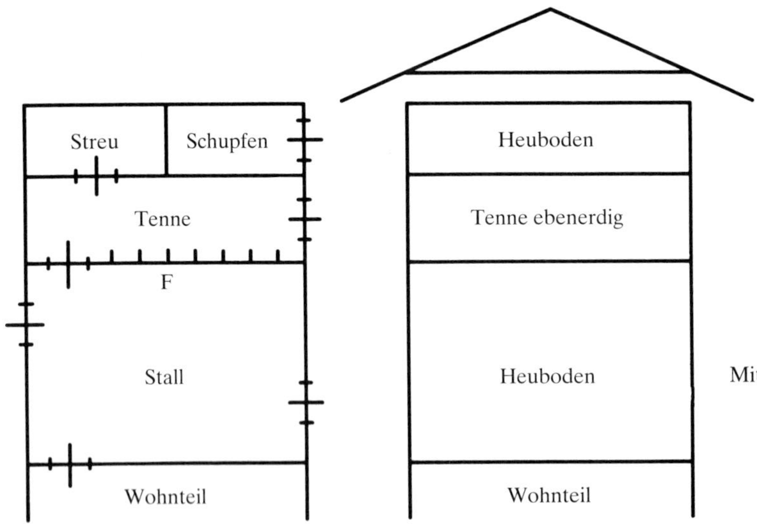

Mitterstallhof

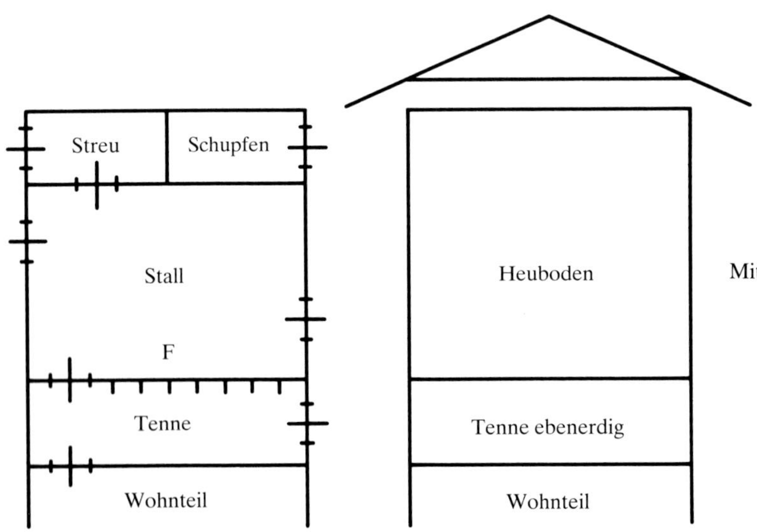

Mittertennhof

Erdgeschoß Obergeschoß

Der Typ des traufseitigen Mittertennhofes mit Wohn- und Wirtschaftsräumen unter einem Dach ist auch im Schweizer Mittelland von der Saane bis zur Thur einschließlich des deutschen Jura als „Dreisässenhaus“ verbreitet, wie dies Hunziker mit zahlreichen Grundrissen in seiner Arbeit über das Schweizerhaus belegt hat.[59]
Weiss bezeichnet das schweizerische „Dreisässenhaus“ als „Mittellandhaus“, einen Mehrzweckbau unter einem Dach mit nachstehendem Grundriß:[60]

Dreisässenhaus
Stall
Tenne
Haus (Wohnteil)
(Schemagrundriß)

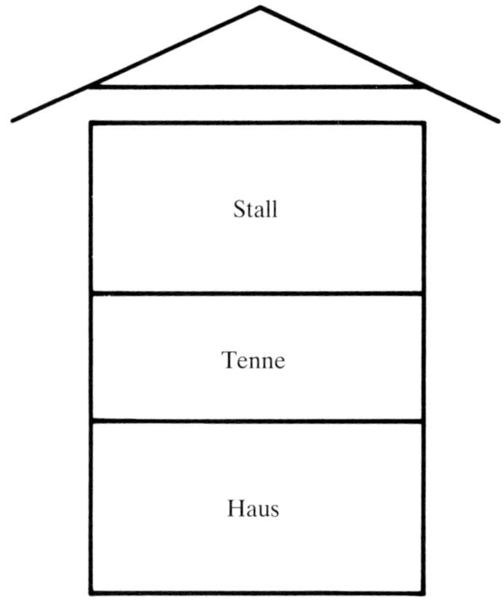

Für den Hochschwarzwald erwähnt auch H. Schilli den „dreisässigen“ Grundriß des „Schwarzwälder Heidenhauses“, sowie die in den Dörfern am Hochrhein zwischen Lörrach und Waldshut stehenden Dreisässenhäuser aus Bruchstein.
Er schreibt weiter: „Aber auch westlich des Rheins, im schweizerischen Jura, in Burgund, Lothringen, an der Saar, vereinzelt in den Vogesen, im Hunsrück und in der Eifel begegnen wir dreisässigen Bauernhäusern, vorwiegend aus Bruchsteinen gebaut.“
In der Modifikation des „Heidenhauses jüngerer Form“, dem Zartener Haus, ist nach Schilli ebenfalls die Dreisässigkeit des Grundrisses gegeben.[61]
Bei enger Bebauung ist es auch möglich, daß die Abgrenzungslinie von Wohn- und Wirtschaftsteil in gebrochener Form verläuft (wie z. B. in Garmisch, Hofgasse 2, Badgasse 18).
In einem Fall in Mittenwald mußte der Wirtschaftsteil senkrecht zum Wohnteil gebaut werden, weil kein anderer Grund mehr zur Verfügung stand. (Mittenwald, Jaisweg 13).

Häufig kommt es auch vor, daß der Heuboden des Oberstockes wegen Platzmangel in den Wohnteil übergreifen muß. Kurzum, das enge Aneinanderbauen schuf eine Fülle von Variationen, auf die nicht näher eingegangen werden will, weil sie ja nur Einzellösungen von Fall zu Fall darstellen, welche nicht als typisch für eine größere Zahl von Erscheinungsformen angesprochen werden können. Hatten wir es bisher mit Quertennen zu tun, treffen wir bei Einhöfen mit Seitenflurhäusern und bei Mittertennhöfen Tennen an, die in Firstrichtung verlaufen. Bei den Einhöfen mit Seitenflurhäusern gibt es noch, wie oben erwähnt, den Typ mit Seiteneingangstüre und Quertenne. Der andere Einhoftyp mit Seitenflurhaus besitzt dagegen eine Tenne in Firstrichtung mit Einfahrt in der Seite der Giebelfassade. Diesen Typ trifft man vor allem in den Häuserzeilen des Untermarktes in Mittenwald an (Haus-Nr. 24, 26 bis 58).

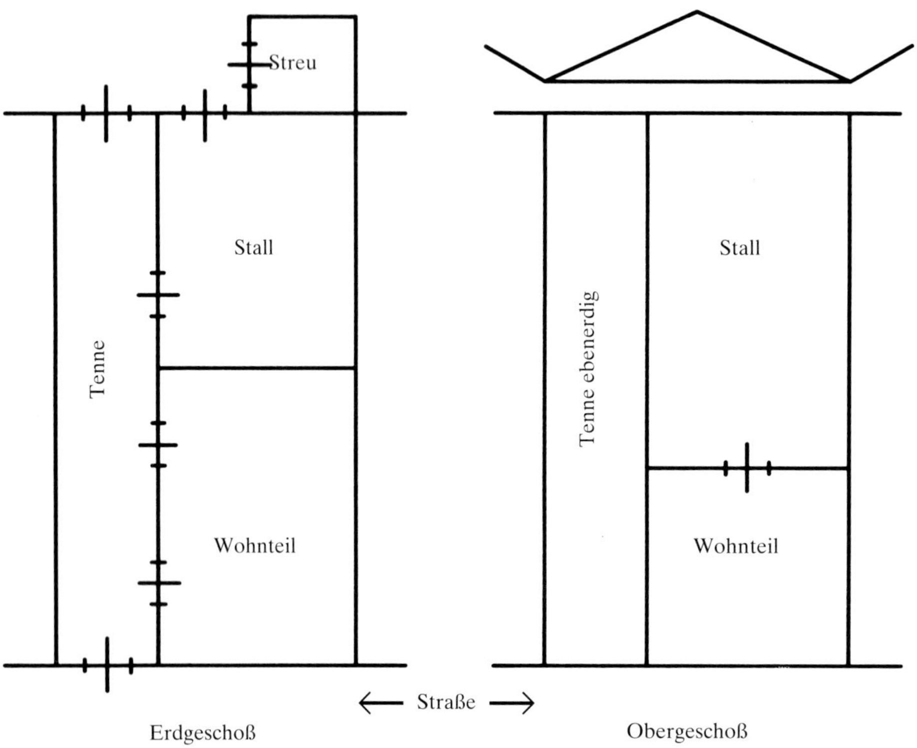

Grundriß Schema

Anwesen Mittenwald, Untermarkt 30
Dieser Haustyp besitzt häufig eine Durchfahrt durch die Tenne, notwendig um auf die hinter dem Hause liegenden Felder zu gelangen.

Eine andere Art von Einhöfen, ebenfalls häufig im Ortsteil Gries in Mittenwald anzutreffen, kann sich wegen des engen Aneinanderbauens in den Häuserzeilen eine breitere Einfahrt nicht leisten. Es bleibt nur der Platz für einen seitlichen Flur in Firstrichtung. Um das Heu in den rückwärts liegenden Heuboden zu bringen, behalf man sich damit, daß man es durch eine große Fensteröffnung im Oberstock in den dortigen Gang warf und nach rückwärts in den Heuboden schaffte. Solche zeitraubenden Praktiken werden heute nicht mehr geübt, weil in derartigen Anwesen die Landwirtschaft schon seit 20 bis 30 Jahren aufgegeben wurde.
Wir stellen abschließend noch einmal fest, daß die vorstehend beschriebenen Haustypen mit Tenne oder Flur in Firstrichtung eine Zwangsläufigkeit der eng aneinander gebauten Häuserzeilen, besonders in Mittenwald, waren.
Anders ist die Lage beim *Mittertennhof.* Er ist der am weitesten verbreitete Hoftyp in Werdenfels, kommt aber bezeichnenderweise in Mittenwald nur in einigen Anwesen vor.
Der Mittertennhof ist geprägt durch die Dreiteilung von Wohnteil, Tenne und Wirtschaftsteil. Er findet sich in giebel- und traufseitiger Anordnung.

Konstruktiver Aufbau

Bei den Hoftypen mit Quertennen liegen wie sonst auch üblich, an der Außenseite, wie innen auf den gemauerten Stallwänden aufgedoppelte Mauerbäume. In diese sind außen wie innen Balken in Abständen von ca. 4 m eingezapft, welche als Tragsäulen an den Außenseiten in Längsrichtung die Fußpfetten, an der Giebel- und Rückseite die Bünde tragen. Gegen seitliches Verschieben sind sie, jeder für sich, in den Fußpfetten verstrebt. Ebenso sind entlang der Tenne auf den Mauerbäumen der Stallmauer, ebenfalls im Abstand von ca. 4 m, Säulenbalken verzapft (Bindersäulen), welche die Bundtramen des darüberliegenden Bundwerkes zu tragen haben. Die parallel zum First verlaufenden doppelten Binderzangen fehlen auch nicht, um den Abstand der Bünde zu festigen.
Gegenüber der Stallmauer befindet sich die bis zu den Bundtramen aufgeführte Wand des Wohnteils, aufgeführt entweder als Bruchsteinmauer oder als hölzerne Schließwand. Ist eine Plon eingezogen, dann ruht sie auf Unterzügen, die einerseits in die Wohnteilwand eingelassen sind und auf der andern Seite über dem Stall auf den Plontramen ruhen, welche von den in die Mauerbäume eingezapften Plonsäulen getragen werden.
Genauso ist der konstruktive Aufbau bei den Quertennen der Einhöfe mit Mittelflurhäusern.

Die *Seitenflurhäuser mit giebelseitiger Einfahrt* verlangen ein anderes Gebälk. Die Anwesen besitzen in den Häuserzeilen gemeinsame Bruchsteinmauern in Firstrichtung. Diese bilden zugleich die eine Tennenwand. Die andere (innere) Tennenwand wird gebildet durch die in Erd- und Obergeschoß gemauerte Wand des Wohnteils und die ebenfalls gemauerte Stallwand. Im Wohnteil liegen die Bünde auf dem Mauerwerk auf und sind in die Tennenwand zum Nachbaranwesen eingelassen. Auf der erdgeschoßigen Stallwand zur Tenne liegt ein aufgedoppelter Mauerbaum, in den Tragsäulen für die Bundtramen eingezapft sind. Um den Druck der hier beiderseitig in die Kommunemauern eingelassenen Bundtramen nicht einseitig auf die Mauerbäume des Stalles wirken zu lassen, ist es zum Druckausgleich nötig, in gleichem Abstand der Tennenbreite von der anderen Wand auch auf der anderen Seite Bundsäulen vom Stallboden bis zu den Bundtramen aufzuführen.
Beim giebelseitigen *Mittertennhof* erstreckt sich der Wohnteil über zwei Geschosse. Auf ihm liegen die Bundtramen und Fußpfetten auf. Im Wirtschaftsteil stützen die Fußpfetten die Bundtramen und halten sie in waagrechter Lage.

Bundwerkgiebel
aus Obergrainau, Dorfplatz 3 (Mitte 18. Jht.)

Wandbundwerke

oben links:
Traufbundwerk, Garmisch, Zugspitzstraße 21 und 21 a (1687)

oben rechts:
Traufbundwerk, Farchant, Schulstraße 7 (1777)

unten rechts:
Giebel-Wandbundwerk, Garmisch, Kreuzstraße 16 (neu)

Detail von einem traufseitigen Gitterbundwerk aus einem Stadel im Rupertigau mit ausgesägtem und bemaltem Deckbrett längs der Fußpfette. Initialen: AB

Die Fußpfetten ihrerseits werden getragen von den Pfettensäulen, die unten in die Mauerbäume über den Stallwänden eingezapft sind. Die Pfettensäulen sind in Firstrichtung verstrebt. Die Stallmauer längs der Tenne hat ebenfalls Mauerbäume, in welche in Abständen von ca. 4 m die Bindersäulen eingezapft sind, welche die Bundtramen tragen. Diese Konstruktion wiederholt sich im Wirtschaftsteil auf der Giebel- und Rückseite. Binderzangen durften auch beim Mittertennhof nicht fehlen. Die Tennen der Mittertennhöfe sind auf der Rückseite meist geschlossen.
Ist eine Plon über der Tenne vorhanden, dann ist sie auf der einen Tennenseite mit den Unterzügen im Wohnteil eingelassen, auf der andern liegen die Unterzüge einer Plonpfette auf, die wie im Pfarrstadel in Garmisch, von den in den inneren Mauerbäumen des Stalles eingezapften Plonsäulen getragen wird. Die Höhe der Plon über dem Tennenboden beträgt ca. 3 m. Die Verkleidung der Außenwände des Wirtschaftsteils erfolgte durch senkrechte Verbretterung.
Erst um 1680 trat anstelle der bisherigen Tragekonstruktion mit Verbretterung ein zuerst einfaches, später kunstvoll gearbeitetes Holzbundwerk an den Längsseiten (Traufbundwerk) und bei Mittertennhöfen an der Giebelseite des Wirtschaftsteiles. Diese Bundwerke wurden rückwärts verbrettert und wie die Giebelverbretterung mit ausgesägten Lichtöffnungen in verschiedener Gestaltung versehen.
Gegenüber den Werdenfelser Zierformen zeichnet sich das ostbayrisch- oberösterreichische Bundwerk an Scheunen dadurch aus, daß die Flächen mit einer geometrisch geordneten Fülle kleinster Bundwerke überzogen sind.

Diese ostbayerischen Bundwerkformen erreichen ihren kulturellen und mengenmäßigen Höhepunkt erst in der 1. Hälfte des 19. Jahrhunderts, während dieser bei Werdenfelser Bundwerken im 18. Jahrhundert und im frühen 19. Jahrhundert bereits merklich abklingt.

Wandbundwerk von einem Stadel aus dem Rupertigau

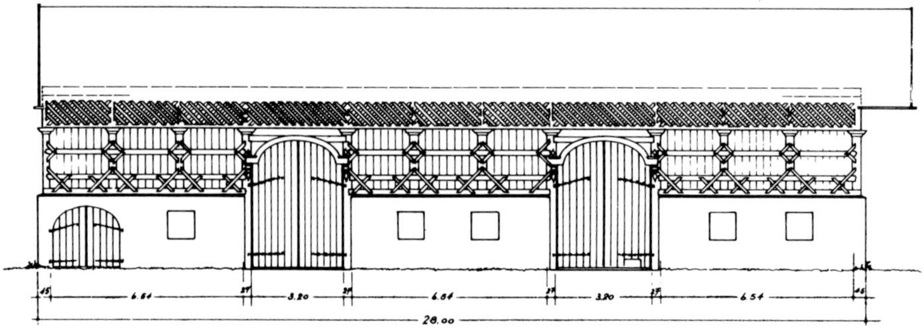

beim Starkerer in Starkern

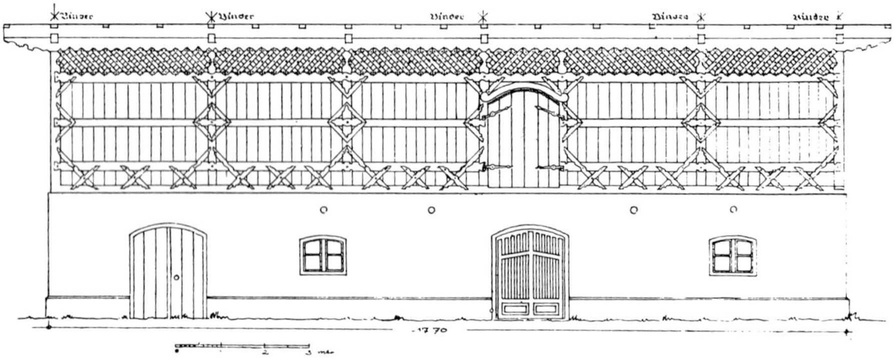

beim Stockhammer in Wilgering

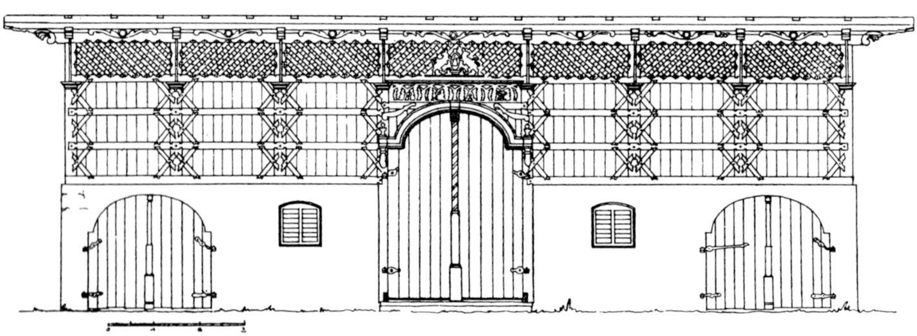

beim Mayer in Heilham

Zu den *Ställen* und ihrer Gestaltung dürfen noch einige Bemerkungen gemacht werden. Alle Mauern der Ställe, sowohl die Außen- als auch die Innenwände, waren bruchsteingemauert. Der Stallboden bestand früher aus 5 cm starken Bohlen mit schwacher Neigung zu einer durchlaufenden Abflußrinne. Heutzutage bevorzugt man Zementboden mit Rosten.[62] Früher besaßen die Ställe Holzdecken mit stark dimensionierten Unterzügen. Da diese in der kalten Jahreszeit stark dämpften, ging man daran, die Decken massiv zu erstellen, sei es als gemauerte Gewölbe, sei es als armierte Betondecken. Entlüftungsanlagen wurden eingebaut, welche das „Schwitzen" der Wände und Decken beseitigten.

Das Vieh stand angekettet an den Innenwänden des Stalles, meist in Firstrichtung.

Der Barren befand sich für alle Tiere durchlaufend an der Wand mit den Futterlöchern (Futterluken) in der Tenne.

Meist führten zwei gegenüberliegende Türen in den Außenwänden ins Freie und eine weitere Tür je in die Tenne und die Streuschupfen.

Alles in allem waren und sind die Wirtschaftsteile in den Einhöfen mit bestmöglicher Zweckmäßigkeit für ein gutes und rasches Arbeiten ausgestattet.

Futterluken in der Mauer zwischen Stall und Tenne aus einem Mittertennhaus in Garmisch, Druckergassl

Für den landwirtschaftlichen Betrieb eines Hofes sind einige Nebenbauten notwendig, von denen sich einer im unmittelbaren Hofbereich befindet, der den Namen Kasten trägt. Auf jeder Wiese, welche zum Hof gehört, steht jeweils ein Wiesstadel. Endlich hat jedes Anwesen einen ideellen Anteil an den Viehställen, Hirtenhütten und Trogen der einzelnen Weidebezirke. Eigene Backofengebäude gab es in Werdenfels nicht, das Brot wurde, wie bereits beschrieben, im Stubenofen gebacken.

Der Kornspeicher (Kasten)

Der Kornspeicher hatte bereits im Haufenhof der Siedlungszeit seinen Platz. In der lex Baiuvariorum wird er bezeichnet als: „Granarium, quod „parch“ appellant.“[63]
Wie er zur Zeit der Herausgabe des Gesetzes aussah, wissen wir nicht.
Die auf uns überkommenen Kästen – es sind derzeit in Altwerdenfels nur noch elf – sind rechteckige oder quadratische Einräume und haben unterschiedliche Ausmaße von 3 : 2 bis 7 : 5 m. Sie sind sämtliche aus vierkantbehauenen Balken mit Schwalbenschwanzverblattung auf das sorgfältigste fugendicht gezimmert und haben ebenso sorgfältig gearbeitete Böden und Decken. Sie liegen niemals auf dem Erdboden auf, sondern ruhen in einer Entfernung von 20 – 25 cm vom Boden auf Bruchsteinen.

Obergrainau
Anwesen beim Bärn
Getreidekasten
erbaut 1623
(Modell 1 : 25,
Germanisches
Nationalmuseum
Nürnberg)

Kornkästen aus Werdenfels

Obergrainau
Anwesen beim Bärn, erbaut 1623
(Bauaufnahme Dipl. Ing. W. Neu, 1955)

Ansicht von Norden
1:50

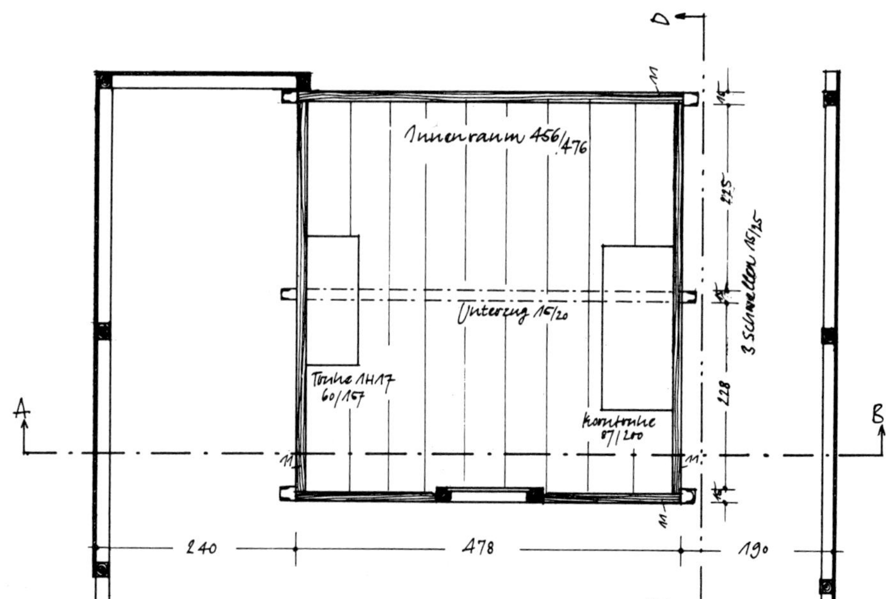

Kornkasten Ostler Garmisch, Fürstenstraße 18 (Foto 1980)

Kasten aus Urspring, Gemeinde Steingaden, „beim Vögeler“ eingadiger Kasten, spätes 17. Jahrhundert mit seltenem, original erhaltenen Überbau, Foto 1953

Der Zweck dieser Sorgfalt ist klar, er ist die Erreichung eines absoluten Schutzes vor Mäusen, Ratten, Kleinraubwild (Marder, Iltis) und Insekten. Denn die Kästen dienten als Kornspeicher. Und in dem gebirgigen Werdenfels war Korn ein rares Produkt, das man teils selbst anbaute, teils von den Gemeinden zugewiesen erhielt, die es in der Ebene vor dem Gebirge kaufen mußten.
Die Kästen waren entweder mit Bretterwänden ummantelt und mit Legschindeln überdacht oder ummauert (z. B. Garmisch, Fürstenstraße 18).
Der ältest datierte Kasten stammt aus dem Jahr 1602, steht in Partenkirchen und gehört zum Anwesen Ludwigstraße 15 zum „Moar". (Abb. siehe Seite 160)

Türe zum Kornkasten aus Untereberfing dat. 1545

Kornkästen aus der Nachbarschaft

In den nördlichen Gegenden des Werdenfelser Landes, wo auf ebenem Gelände mehr Getreide angebaut werden kann, finden sich zumeist zweigeschossige Kornkästen. Die hier gezeigten Getreidekästen stammen zwar – streng genommen – nicht alle aus dem Gebiet der ehemaligen Grafschaft Werdenfels, sondern aus ihren Randgebieten, sollen hier aber als typische Beispiele dienen, da sie in solcher Form im ganzen Oberland gebräuchlich waren und auch hin und wieder verkauft und fachgerecht zerlegt teilweise sogar über weite Strecken transportiert und am neuen Standort wieder aufgebaut wurden.

VORDERANSICHT

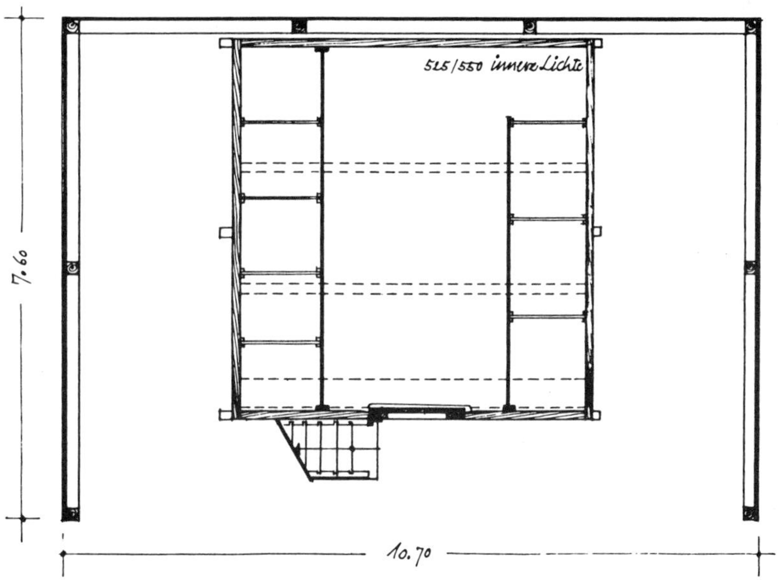

GRUNDRISS

Kasten aus Oberhausen, zweigeschossig, datiert 1614
abgebaut, eingelagert im Freilichtmuseum an der Glentleiten, soll dort wieder aufgebaut werden
Foto 1953 (linke Seite), Aufmaß 1958 (Dipl.-Ing. W. Neu)

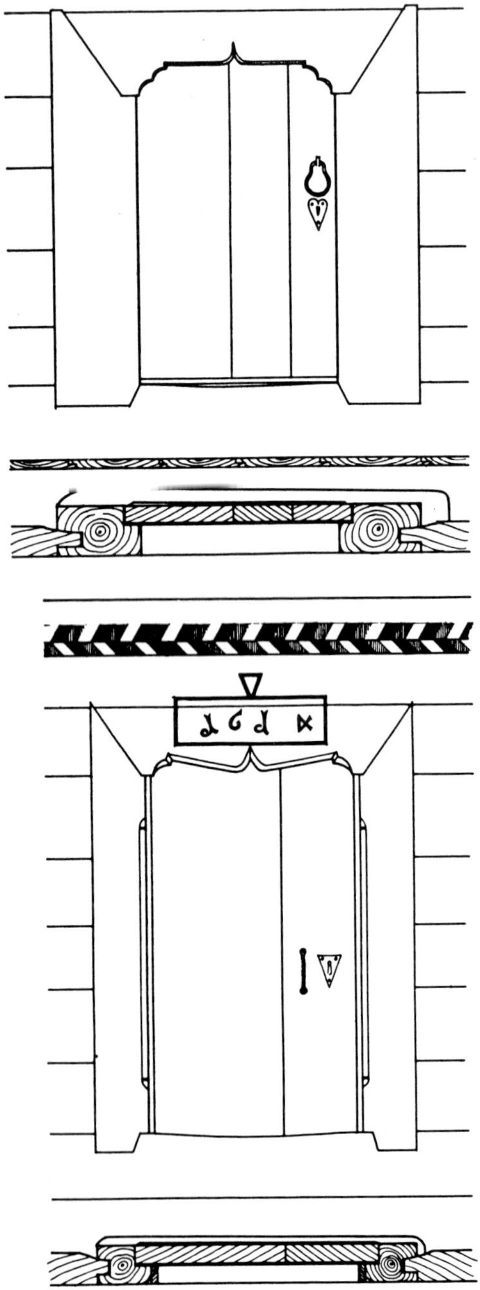

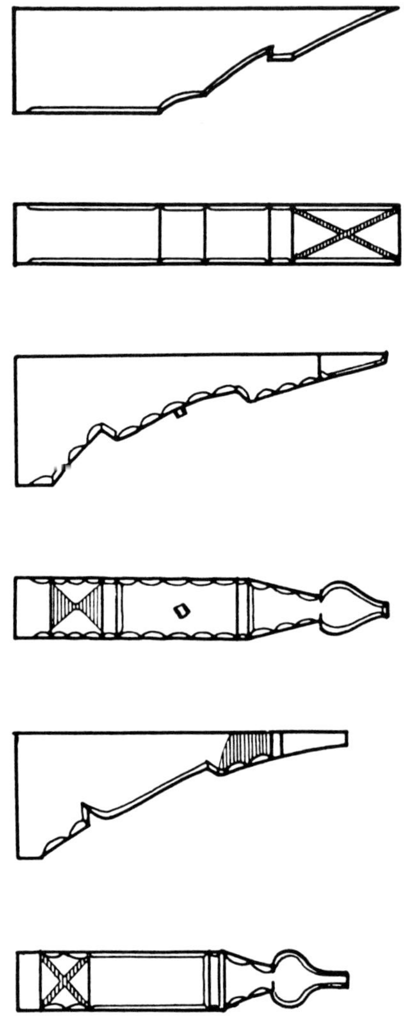

Getreidekasten aus
Oberhausen von 1614
Tür zum Obergeschoß
Tür zum Erdgeschoß
Profilierte Balkenköpfe

Kasten aus Morgenbach, Gemeinde Wildsteig, „beim Kremoner"
erbaut 2. Hälfte 17. Jahrhundert, abgebrochen 1971. Foto 1955

Der Wiesstadel

Der Wiesstadel umfaßt jeweils den ganzen Heuertrag der Wiese, auf der er steht. Er war für die Anwesen dringend notwendig, da die Heuboden der Höfe den Heubedarf für ihren relativ hohen Viehbestand nicht zur Gänze fassen konnten. Dazu fehlte weitgehend der Platz. Während der winterlichen Stallfütterung wurde das Heu der Städel nach Bedarf mit Hand- oder Gespannschlitten, ggf. mit Fuhrwerken in den Hof gebracht.

Die Form der Wiesstädel, die bei rechteckigem Grundriß, Ausmaße bis zu 7 : 5 m hatten, war bis in die 30er Jahre dieses Jahrhunderts einheitlich und urtümlich. 7 bis 9 Lagen von Rundbäumen im Geviert („Ringe" genannt) lagen geschichtet in lockerem, leicht eingekerbtem Eckverband des Kopfstrickes (siehe Abb.) aufeinander, der oberste Ring an Giebel- und Rückseite mit auslaufenden Zangen. Der Block stand etwas über dem gewachsenen Erdboden auf Bruchsteinen. Die Dachkonstruktion ist einfach: Zwei Firstsäulen in den Giebeln tragen den unbehauenen Firstbaum. Die Firstsäulen sind nach unten zweigeteilt, so daß sie jeweils in die obersten Ringbalken eingeschoben werden konnten. Die Rafen wurden auf die seitlich obersten Ringbäume und den Firstbaum aufgelegt. Auf sie wurden waagerechte Stangen bzw. Bretter befestigt, welche das Leg- oder Scharschindeldach tragen. (Siehe Abb.).

Das Legschindeldach ist wie üblich mit Schwerstangen gegen Abdeckung durch Wind geschützt, die ihrerseits in die sog. Windbretter eingesteckt und versplittet sind. Schwersteine liegen auf den Legschindeln. Das Volk von Werdenfels spricht bei dieser Art von „Schwardächern".

Der Fußboden der Städel bestand ursprünglich aus Stangen, durch deren Fugen der Luftzug das Heu auch von unten trocknete. Außerdem fielen durch die Ritzen die sog. Heublumen (Heubleam), welche aufgesammelt und wieder ausgesät wurden. Später ersetzten viele Wiesstadelbesitzer die Stangen des Fußbodens durch Bretter.

Die nach unten konisch zulaufende typische Form der Wiesstadel – um die unteren Ringe vor dem Verfaulen zu schützen – ist allen Werdenfelser Blockstädeln eigentümlich. Sie greift im benachbarten Tirol auch in das Gebiet von Scharnitz, Leutasch und Seefeld über.

Durch moderne Düngungsverfahren liefern die Wiesen wesentlich mehr Heu. Früher brachte ein Tagwerk einmähdiger Buckelwiesen nur ca. 3 Ztr. Heu. Durch den größeren Ertrag genügen die alten Blockstädel nicht mehr und werden in steigendem Maße durch sog. Einfahrtstädel ersetzt. Diese bestehen aus einem verbretterten Fachwerkgerüst, besitzen eine seitliche Durchfahrt quer zur Firstrichtung und sind wesentlich höher als die alten Blockstädel. Sie sind mit Dachpfannen gedeckt.

Werdenfelser Wiesstadel
aus der Gegend bei Krün.
Typisch für die Werdenfelser Bauart sind die trapezförmigen Wände,
die sich aus dem nach außen geneigten Blockgefüge ergeben.
Eindeckung mit steinbeschwerten Legschindeln.
Seitlicher Anbau unter abgeschlepptem Dach.

links:
Detail vom Gerolder Wiesstadel
besonders schön profilierte Firstsäule, die gabelförmig auf die Blockwand aufgesetzt ist.

unten:
Wiesstadel bei Klais
Detail vom offenen Dachraum, zu erkennen: Firstsäule, Firstbaum, Rafen

oben:
Wiesstadel bei Wamberg

unten:
Detail vom Wiesstadel bei Wamberg

*Werdenfelser Wiesstadel –
Eckverbindung der Blockwände.
Die unbearbeiteten Rundhölzer lassen
genügend Fugen offen, so daß eine gute
Durchlüftung des Stadels gewährleistet ist.*

Werdenfelser Wiesstadel bei Gerold, Gemeinde Krün
Eindeckung mit steinbeschwerten Legschindeln

Das altvertraute Bild der über die Wiesen verstreuten, sonnengebräunten Blockstädel schwindet daher zusehends und macht langweilig wirkenden Neubauten Platz.

Die Viehställe und Hirtenhütten am Berg

Soweit sie noch im Blockbau aufgeführt sind, gehören die altersbraun verwitterten Viehställe und Hirtenhütten am Berg zu den urtümlichsten Bauten. Sie sind Jahrhunderte alt und verfallen zusehends. Wo notwendig werden sie durch Neubauten mit Fachwerkgerüsten und Bretterverschalung ersetzt.

Der Aufbau der Altbauten gleicht dem der Wiesstädel, ihre Bedachung besteht aus Legschindeldächern. In Werdenfels kannte man die Aufblockung der Schmalseiten bis zum Firstbaum nicht. Die Giebel wurden senkrecht verbrettert.

In Werdenfels gibt es mit Ausnahme des kleinen Gemeindewaldes von Garmisch kein Privateigentum an Alpen und Heimweiden. Wie es alemannischer Übung entspricht, standen die Weiderechte im Gebiet der Grundherrschaft – andere Beweidungsmöglichkeiten gab es ja nicht – ursprünglich den Gemeinden zu. Die Rechte wurden aber 1905 den Altanwesen, die schon vor 1803 bestanden, mit ideellen Anteilen zu Eigen zugeteilt. Darunter fielen auch die am Berg errichteten Gebäude.

Die Almweidebezirke sind heutzutage hauptsächlich nur Galtalpen (Weiden für Jungvieh). Die Kühe werden auf die Heimweiden ausgetrieben und kommen täglich in die Ställe zurück. Der Austrieb erfolgt gemeinschaftlich.

Die Flachsbrechelstuben

In jedem Ort befand sich eine gemeindliche Flachsbrechelstube, in Werdenfels „Haarstube" genannt, in welcher jeder einheimische, landwirtschaftliche Betrieb seine Flachsernte brecheln, d. i. rösten konnte. Das Hecheln, das die dann noch zusammenhängenden aber geknickten Fasern der Bastschicht von einander trennte, wurde als zweiter Arbeitsvorgang im Anwesen selbst von Hand ausgeführt.

Die Backöfen

In der Grafschaft Werdenfels gab es keine Backöfen in den Bauern- und Bürgerhäusern. Lediglich die Bäcker buken das Brot in regelrechten Backöfen.

Das in der Grafschaft gewonnene Brotgetreide (Roggen und Weizen) reichte zur Befriedigung des Bedarfs niemals aus. Es wurde daher um 1540 den Gemeinden gestattet, Kornhäuser als Lager für das Getreide zu errichten, das im Unterland von den Gemeinden aufgekauft wurde. Das Getreide wurde zunächst von den Gemeinden an die Müller abgegeben, welche das Mehl den Bäckern verkauften. Die-

se ihrerseits durften ihr Brot nur in einem gemeinsamen Laden, dem sog. „Brodhaus“ unter gemeindlicher Aufsicht und unter Beachtung der schriftlichen Brodhausordnung zum Verkauf anbieten.
Der Eigenbau an Getreide war so wenig ergiebig, daß sich die Aufstellung von privaten Backöfen eben nicht lohnte. Das im eigenen Betrieb erzeugte Getreide wurde in den Mühlen gegen Lohn gemahlen und aus ihm bis in die Neuzeit hinein Brot lediglich in Stubenöfen gebacken. Das Backen ging so vor sich, daß man die Öfen zuerst stark anheizte, dann in der Schür die Glut in einem Winkel zusammenkratzte und das Brot auf den heißen Platten der Schür buck.
Das von den Bäckern zum Verkauf feilgehaltene Brot mußte von der Bevölkerung, bei Mißernten von den Gemeinden, dazugekauft werden und ging sonst an Gastwirtschaften und Beherbergungsbetriebe ab.

Die Mühlen

Früher bestanden in Altwerdenfels mehrere Getreidemühlen, je eine in Untergrainau und Krün, je zwei in Garmisch und Partenkirchen, sowie drei in Mittenwald. Alle diese Mühlen haben ihren Betrieb längst eingestellt. Ihre Schicksale waren ziemlich einheitlich. Mit dem Anschluß von Garmisch an das Bahnnetz von München kam reichlich Mehl aus den Großmühlen des Unterlandes nach Werdenfels. Da die einheimischen Mühlen wenig abwarfen, weil die Anlieferung von Mahlgetreide gering war und seit dem Bahnanschluß gleichzeitig der Holzhandel sich in dem waldreichen Werdenfels stark entwickelte, stellten die Getreidemühlen ihren Betrieb ein und bauten ihre Sägewerke, welche bisher als Nebenbetriebe bestanden, stark aus.
Vor der letzten Jahrhundertwende gab ihren Mahlbetrieb als erste die Mühle von Krün auf. Sie ist jetzt ein Sägewerk. Ihr folgten im ersten Dezenium des 20. Jahrhunderts die zwei Mühlen von Garmisch (Ober- und Untermühle); beide stellten sich auf den Sägewerkbetrieb um. Ihre Sägebetriebe wurden inzwischen aufgelassen, die Mühlen teilweise abgebrochen.
Die Obermühle in Partenkirchen stellte sich 1927 ebenfalls auf den Sägebetrieb um. Das Gebäude der Untermühle in Partenkirchen besteht noch zweckentfremdet ohne Sägebetrieb. Die Mühle in Untergrainau hörte 1905 auf zu mahlen und stellte sich auf den Sägebetrieb um, der inzwischen auch aufgegeben wurde.
Am längsten hielten sich die Mühlen in Mittenwald. Sie stellten ihre Mahlbetriebe erst nach dem 1. Weltkrieg ein. Die dortige Obermühle wurde abgebrochen, die Mitter- und Untermühle stellten sich auf den Sägewerksbetrieb um.
Von den ursprünglichen Mahleinrichtungen der Mühlen hat sich nirgendwo mehr etwas erhalten.

Die Schupfen

Sie gibt es in den landwirtschaftlichen Anwesen in mannigfachen Größen und Ausführungen, entweder an die Anwesen angebaut oder freistehend. Sie bestehen aus einem Kantholzgerüst, sind mit Brettern vermantelt und besitzen jetzt Ziegeldächer. Ehedem dienten die Schupfen als Wagenremisen und zur Aufbewahrung landwirtschaftlichen Gerätes. Neuerdings sind sie größtenteils zu Garagen für Kraftfahrzeuge umgebaut.

Untergrainau: *Dorfplatz mit Brunnen und Schupfen (Aufnahme 1950)*

DIE BÜRGERHÄUSER

Im Gebiet der ehemaligen Grafschaft Werdenfels kam es in den Hauptorten Garmisch, Partenkirchen und Mittenwald nicht zu Stadtbildungen.
Partenkirchen und Mittenwald waren ursprünglich rein bäuerliche Straßendörfer, die ihre später gehobene Stellung als Märkte dem Umstand verdankten, daß sie beide an der alten Römerstraße lagen, die seit dem frühen Mittelalter als „Rott"-Straße eine der Hauptadern des europäischen Wirtschafts- und Reiseverkehrs über die Alpen geworden war. Dadurch wuchs ihre Bedeutung als intereuropäische Warenumschlagsplätze über die dörflichen Rahmen hinaus.
Partenkirchen ist der Nachfolger der römischen Straßenstation „Parthanum" des Itinerarium Antonini (Peutingersche Tafel).[64] Partenkirchen und Mittenwald werden beide im Freisinger Urbar von 1305 (Hst. Freising Lit. Nr. 73111) je als „forum" (Markt) bezeichnet.
Garmisch hatte bereits 1348 einen eigenen Richter; 1436 werden erstmals Rat, Richter und Gemeinde zu Garmisch erwähnt. 1455 wurden ihm Taferne, Fleischbank und ein Laden bewilligt „als ander Steet und Merkht im Land zu Baiern haben mögen, weil daselbst die rechte Muetter- und Pfarrkirchen, auch etwo vil Volkhs da ist und seit sonderlich lang die Landgerichte unserer Herrschaft Werdenfels daselbst gehalten sein".[65]
Seit 1455 genießt also Garmisch de facto die Marktrechte und war damit Partenkirchen und Mittenwald gleichgestellt.
Garmisch und Partenkirchen wurden im Jahre 1408 von Freising wegen des Transportes der Kaufmannsgüter in einem Transportverband zusammengeschlossen. Dabei erging die Anordnung, daß jeder der beiden Orte in einem Jahr den Transport je zur Hälfte, im nächsten Jahr Partenkirchen zu zwei Dritteln und Garmisch zu einem Drittel durchführen solle.
Garmisch-Partenkirchen (seit 1935 vereinigt) und Mittenwald blieben Märkte bis zur Gegenwart. Versuche, den Markt Garmisch-Partenkirchen wegen seiner hohen Zahl von ca. 28000 Einwohnern zur Stadt zu erheben, scheiterten am konservativen Sinn von Gemeinderat und Bevölkerung und der zu erwartenden finanziellen Mehrbelastung als Stadt.
Garmisch bot bis zum Beginn unseres Jahrhunderts auch in seinen Häuserzeilen ein rein bäuerliches, dörfliches Bild trotz seiner Stellung als Verwaltungsmittelpunkt von Werdenfels, in dem sich seit der Säkularisation alle Ämter befinden wie Bezirksamt (später Landratsamt), Amtsgericht und Grundbuchamt; hierzu kam später noch das Gesundheitsamt.

Erst mit dem wachsenden Fremdenverkehr, seiner rapide zunehmenden Bevölkerung, insbesondere durch Errichtung einer Garnison der zwei Waffengattungen Gebirgsjäger und Gebirgsartillerie, gab es Anzeichen der Verstädterung; sie vermehrten sich mit Aufnahme der Flüchtlingsmengen nach dem Ende des 2. Weltkrieges.
Weite Gebiete der alten Ortskerne von Garmisch und Partenkirchen haben aber heute noch einen dörflichen Charakter bewahrt.
Partenkirchen und Mittenwald boten durch ihre geschlossenen Häuserzeilen entlang der Rottstraße, in Partenkirchen der Ludwigstraße und in Mittenwald im Ober- und Untermarkt, Ortsbilder, die ihrer Stellung als Markt entsprachen. Diese sind bis heute bewahrt. Ihrem Weiterbestehen wird große Sorgfalt gewidmet. Daneben gibt es auch in Mittenwald noch dörflich anmutende Bilder, z. B. im Ortsteil Gries.
Es ist klar, daß sich in den drei Hauptorten schon früh einzelne Anwesen hervorhoben, deren Besitzer es zu Wohlstand gebracht hatten. Durch ihre Bauart und Bauweise unterscheiden sie sich von der Mehrzahl der Bauernanwesen und können daher mit Recht als Bürgerhäuser bezeichnet werden.
Gleichwohl hatten diese Bürgerhäuser samt und sonders landwirtschaftliche Betriebe, ihre Besitzer waren also als Stand das, was man in Städten im Mittelalter „Ackerbürger" nannte.
Die Zahl dieser Bürgerhäuser ist in Werdenfels gering. Sie beschränkt sich in Garmisch auf 1, in Partenkirchen auf 2, in Mittenwald auf 7 Anwesen im nördlichen Teil des Obermarktes, unmittelbar an die Pfarrkirche anschließend.[66]
Das gemeinsame Merkmal aller Bürgerhäuser ist die Tatsache, daß sie eigene Stiegenaufgänge besitzen, während das Alt-Werdenfelser Bauernhaus mit den Ausnahmen des Mittelflurhauses „zum Schnellreich" Garmisch, Zugspitzstraße 21/21a und des Glaserhauses Garmisch, Schmiedstraße 2, nur die kleine Stiege hinter dem Stubenofen in den Oberstock kennen.
Der landwirtschaftliche Betrieb der Bürgerhäuser war meistens in einem eigenen Wirtschaftsgebäude untergebracht, so bei den Häusern Nr. 2/8/10/12/14/16/24/26/28/30/32 des Obermarktes in Mittenwald. Es wurde an anderem Ort bereits festgestellt, daß diese Anwesen sämtliche als Paarhöfe anzusprechen waren.
Mit den zwei Ausnahmen der alten Apotheke in Garmisch am Marienplatz 10, des sog. Goethehauses in Mittenwald (Obermarkt 2), das der Brauereibesitzerfamilie Neuner gehört, lassen die übrigen Bürgerhäuser ihre Verwandtschaft mit dem bäuerlichen Haus erkennen. Das Wackerlehaus in Partenkirchen, die Alpenrose, das Neuner- und das Strenghaus in Mittenwald stehen giebelseitig zur Straße, zum Teil mit weit ausladenden Vordächern.

Das Schreyögg- und Vaselhaus (früher auch das Goethehaus und das Hotel Post, welches heute einen Steilgiebel besitzt) stehen bzw. standen traufseitig zum Obermarkt. Die alte Apotheke in Garmisch ist ein reiner, reizvoller Empirebau, das Goethehaus stellt sich z. Zt. mit neuklassizistischem Dekor der Jahrhundertwende dar. Die Alpenrose und das Neunerhaus sind in ihren ganzen Fassaden mit Fresken bemalt (siehe Abb.). Das Strenghaus besitzt neben einem kleinen Erker einen reichen Zierbund mit Gitterwerk (siehe Abb.). Das Wackerlehaus in Partenkirchen ist äußerlich schmucklos.

Das sog. „Goethehaus“
Mittenwald, Obermarkt 2
Neoklassizistisches Dekor, Anfang 20. Jahrhundert.
Ehemalige traufseitige Dachkonstruktion noch erkennbar.

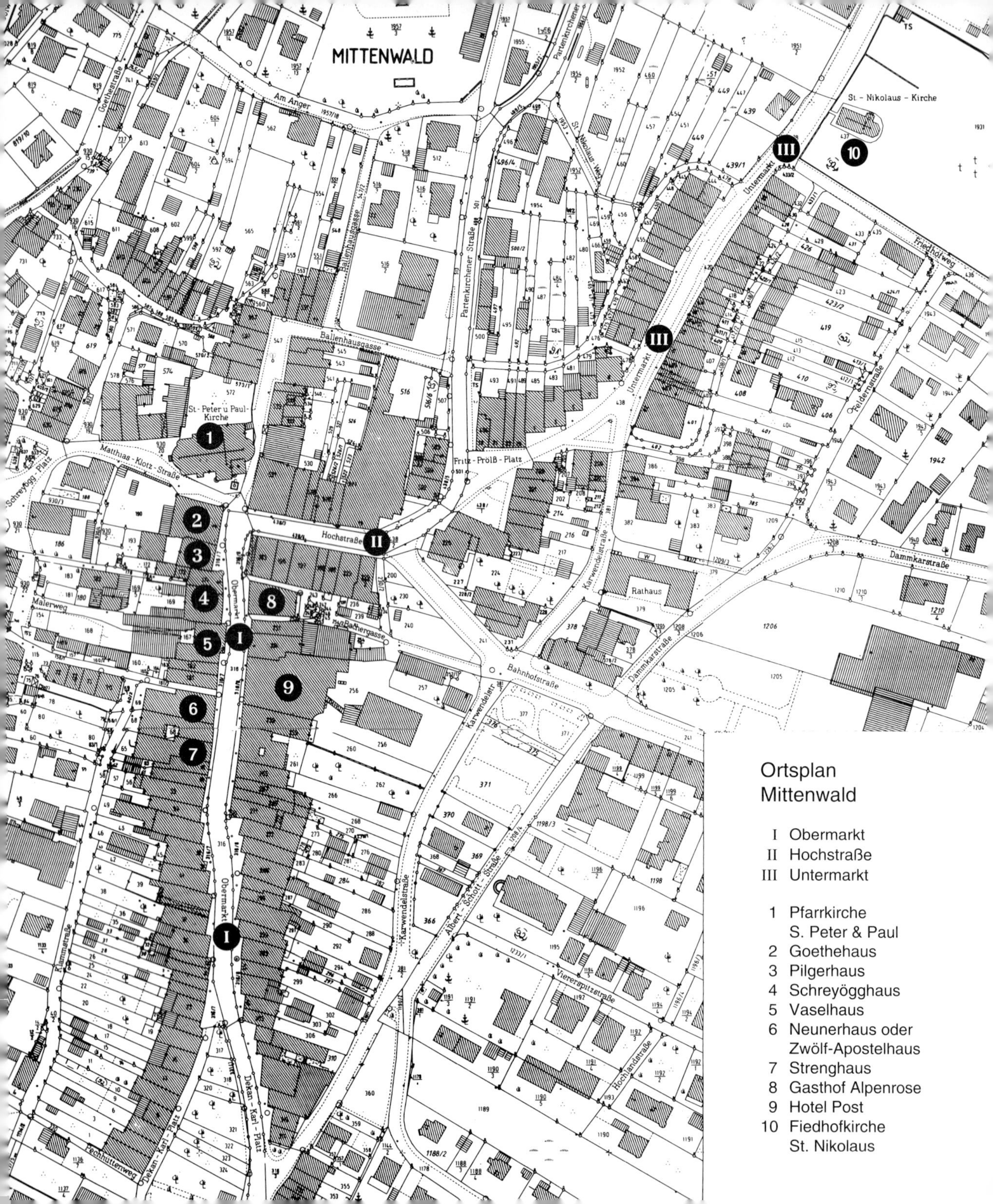

Ortsplan Mittenwald

- I Obermarkt
- II Hochstraße
- III Untermarkt

1. Pfarrkirche S. Peter & Paul
2. Goethehaus
3. Pilgerhaus
4. Schreyögghaus
5. Vaselhaus
6. Neunerhaus oder Zwölf-Apostelhaus
7. Strenghaus
8. Gasthof Alpenrose
9. Hotel Post
10. Fiedhofkirche St. Nikolaus

Ortsplan Mittenwald

Der links abgebildete Ortsplan ist ein verkleinerter Ausschnitt der Flurkarte von Mittenwald 1:1000 des Landesvermessungsamtes München.
Er zeigt von links unten kommend den Verlauf des Obermarktes (I) bis zur Pfarrkirche, verfolgt dann nach Osten abbiegend die Hochstraße (II) und mündet in den Untermarkt (III).
Die enge Bebauung des Obermarktes hat deutlich städtischen Charakter, besonders im nördlichen Teil mit den Häusern 2 - 6 und 8 - 9. Südlich des „Goethehauses" liegt das „Pilgerhaus", erbaut 1485, das neuzeitlichen Fassadenstuck zeigt.
Rechts: Denkmal des Matthias Klotz (1653 - 1745). Ein Symbol für Mittenwald.

Mittenwald Hochstraße 14/16

Doppelhaus mit ausgesprochen ländlichem Charakter, ein gemeinsamer prächtiger Bundwerkgiebel mit Vorbund trägt das flachgeneigte ehemalige Schindeldach.

Mittenwald

Gasthof Alpenrose, Obermarkt 1 (Foto 1990)
Gotisches Bürgerhaus mit barocker Fassadenmalerei von F. S. Zwinck (1780).
Im Innern noch gotische Elemente, z. B. die ehemalige gotische Haus-Kapelle
mit gut erhaltenem Kreuzrippengewölbe, Schlußsteinen und Bemalungsresten,
die jetzt als Gaststüberl benutzt wird (rechte Seite).

Das „Schreyögghaus“

Mittenwald, Obermarkt 8/10/12/14

Traufseitenlage zur Straße, erbaut im Rahmen einer Bauwelle in der ersten Hälfte des 15. Jahrhunderts als massiver Mauerbau mit zahlreichen Gewölbe-Decken im Innern (Tonnengewölbe und Kreuzgewölbe) und anderen gotischen Bauelementen. Links anschließend das 1936 vollkommen umgebaute Vaselhaus, Obermarkt Nr. 16.

Auf den folgenden Seiten Grundrisse des Schreyögghauses nach der Bauaufnahme von Architekt S. Zwerger aus dem Jahre 1978.

Haus Schreyögg

Mittenwald Obermarkt

Erbaut 1. Hälfte 15. Jht.

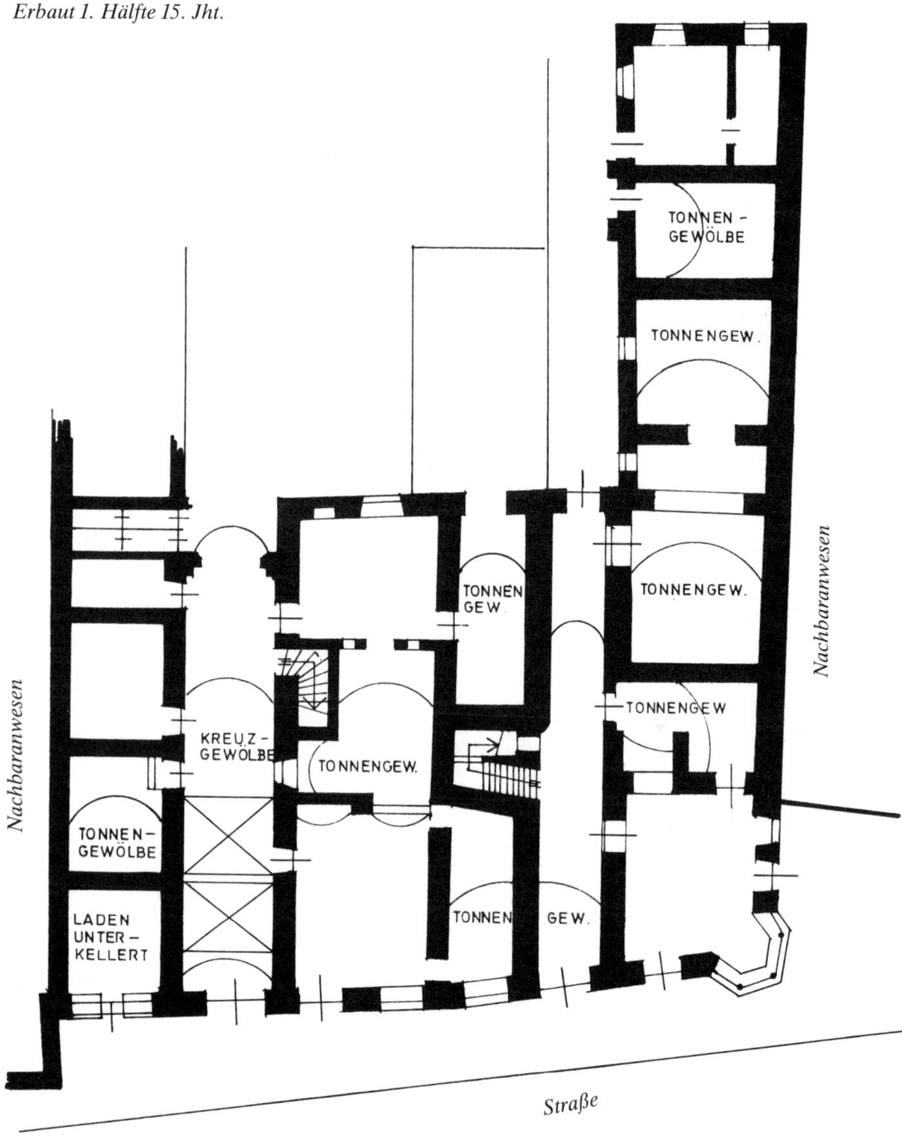

Erdgeschoß

Haus Schreyögg

Mittenwald Obermarkt

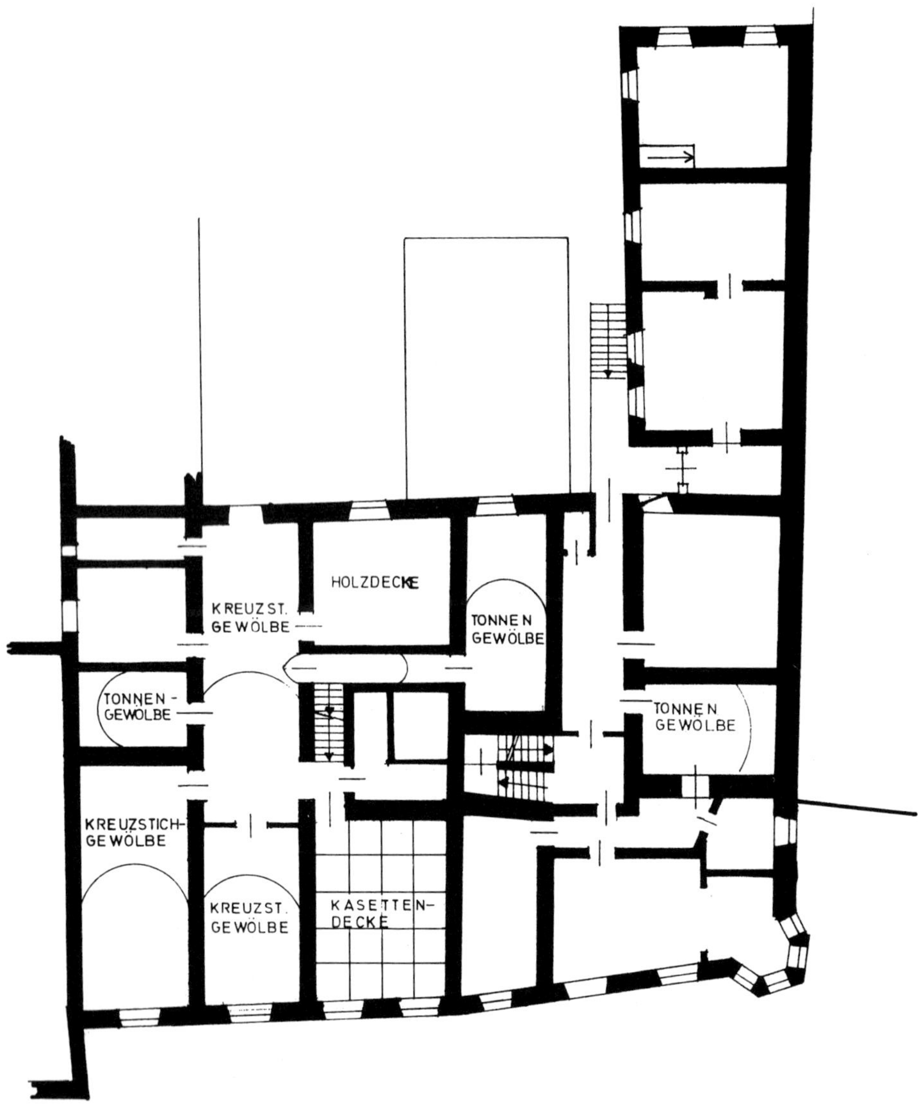

1. Obergeschoß

Haus Schreyögg
Mittenwald Obermarkt

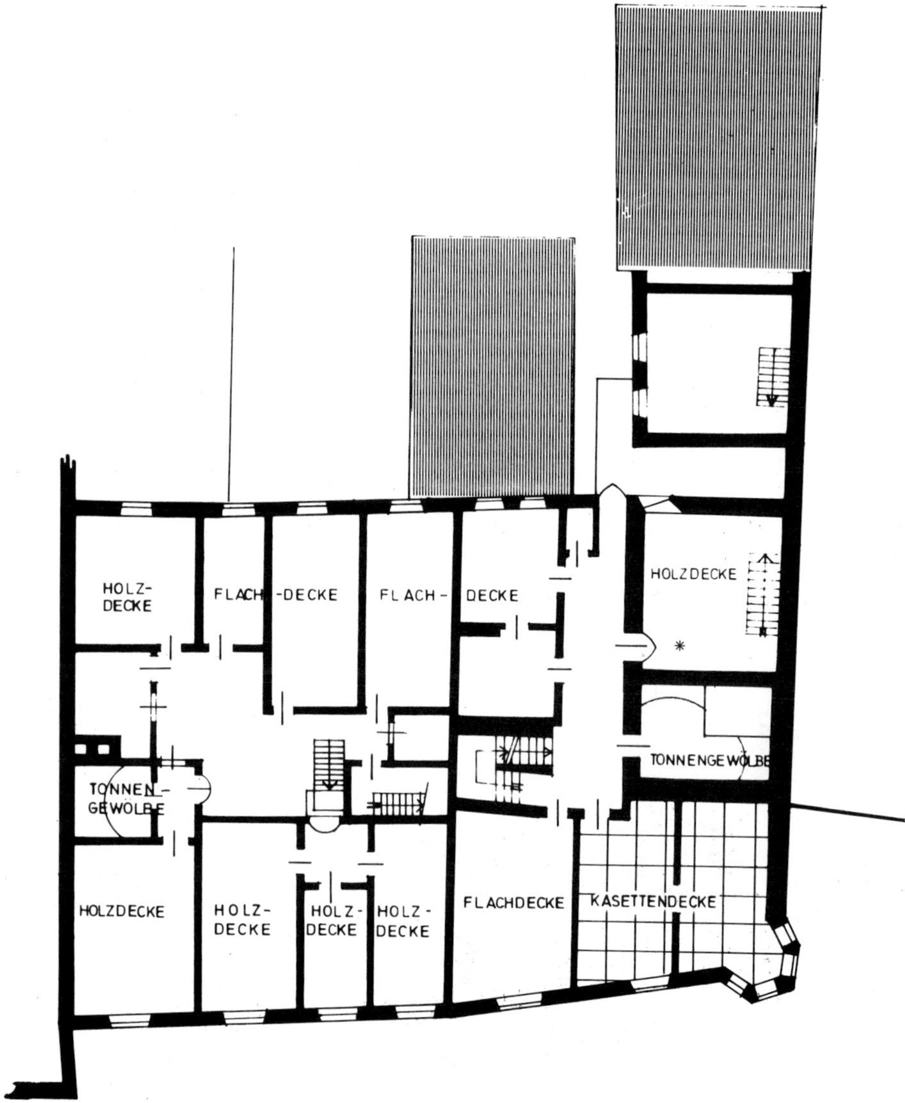

2. Obergeschoß

* gotische Spitzbogentüre

Neuner- und Strenghaus

Mittenwald, Obermarkt 24 bzw. 26/28/30/32

oben:
Block des Neuner- und Strenghauses

unten:
Strenghaus
Schmuckumrahmung des Erkers und der beiden Fenster links in Formen der Spätrenaissance.

Das unmittelbar an das Strenghaus anschließende südliche Nachbarhaus zeigt mit seinem reichen Zierbund-Giebel schon wieder ausgesprochen bäuerlichen Charakter (oben), der sich dann auch im weiteren südlichen Verlauf der westlichen Straßenzeile des Obermarktes fortsetzt, wobei die meisten Häuser ihre Giebelfelder bis unter das Dach gemauert bzw. verputzt haben und kein Giebelbundwerk besitzen (unten).

Die interessante Frage, welcher Dachart, ob der traufseitigen oder der giebelseitigen die Priorität einzuräumen sei, erscheint nicht lösbar. Zuverlässige Ortsansichten gibt es in Werdenfels erst seit 1700.
Fest steht zunächst, daß die an die Pfarrkirche in Mittenwald in der Westzeile des Obermarktes anschließenden Häuser (Obermarkt 2/4/6/8/10/12/14 und 16) traufseitig zur Straße standen und diese Stellung mit Ausnahme von Nr. 2 noch haben.[67] Läßt allein schon die Tatsache, daß sich die obengenannten Häuser im ältesten Ortskern befinden, auf ihr hohes Alter schließen, so wird die Annahme noch dadurch erhärtet, daß sich im 2. Stockwerk des Schreyögghauses (Nr. 6) eine gotische Spitzbogentüre befindet. Die Häuser besitzen in den Erdgeschossen z. T. mächtige Gewölbe, haben aber keine Keller.
Der Typ des traufseitigen Hauses bietet im Zusammenbau mit anderen Anwesen nicht zu unterschätzende Vorteile. Es besitzt eine längere Straßenfront als das giebelseitige Haus. Das Niederschlagswasser verlangt keine Dachrinnen zwischen den Anwesen wie bei giebelseitigen Häusern. Die Dachrinnen der giebelseitigen Anwesen sind meistens gemeinsames Eigentum der Nachbarhäuser.
Das Niederschlagwasser der traufseitigen Häuser floß anfänglich durch Wasserspeier, später durch Rohre auf die Straße[68] oder in den Hof.
Häuser in traufseitiger Lage an die Straße gestellt haben zudem den weiteren Vorteil, daß die Innenräume weit mehr und besser erhellt werden als die der in der Regel tiefgestaffelten Giebelhäuser. Die Länge ihrer Straßenfronten bot in den Erdgeschossen Möglichkeiten zur Schaffung von Durchfahrten, sowie von Gewölben für das Handwerk und den Handel. Die Küche und die Wohnräume lagen im Obergeschoß. Die Kamine waren bereits bis über Firsthöhe gemauert. Die sämtlichen, vorgenannten Anwesen sind, wie bereits aufgeführt wurde, als alte Paarhöfe anzusprechen. In alten Urbaren ist die Dreiteilung in Wohnhaus, Hof und Stadel (d. i. Wirtschaftsgebäude) noch klar zu erkennen. Die Landwirtschaft wurde in den einzelnen Häusern fast bis zum Beginn des 2. Weltkrieges weiterbetrieben. Haus Nr. 2 hat für den landwirtschaftlichen Betrieb nach dem Krieg einen Gutshof in den sog. Buckelwiesen, nördlich von Mittenwald, geschaffen.
Die fraglichen Häuser stellen mit ihren aneinander gereihten Traufdächern eigentlich, gegenüber den das Ortsbild beherrschenden giebelseitigen Häuserzeilen, einen Fremdkörper in Mittenwald und in Werdenfels dar; sie zeigen Entwicklungsformen, die sich meist im Rahmen eines städtischen Gemeinwesens, wie z. B. in München, vollzogen. Es ist also hier schon eine Tendenz zur Stadtbildung zu erkennen, die aber dadurch aufgehalten wurde, weil der Großteil der Bevölkerung, fast bis zum 2. Weltkrieg, konservativ und zäh am bäuerlichen Leben und den alten Anwesen festhielt.

Hinsichtlich der geschichtlichen Entwicklung des traufseitigen Haustyps besteht Übereinstimmung mit dem Standpunkt von K. Ilg, „daß man es noch im 14. Jahrhundert oft mit einfachen, ebenerdigen Holzhäusern zu tun hatte, für gewöhnlich mit traufseitiger Lage zur Straße“.[69]
Da aber bereits im 14. Jahrhundert in Innsbruck „eine größere Anzahl“ von Steinbauten standen,[70] ist unsere Vermutung nicht unbegründet, daß sich im Zuge der Rottstraße die Idee, Holzwerk durch Bruchsteinmauerwerk zu ersetzen, in Mittenwald auch sehr früh durchsetzte.
Nachdem sich die Bauintensität nachweislich wellenförmig mit Perioden stärkerer und solchen geringerer Bautätigkeit abwechselte und eine solche Periode mit stärkerer Bautätigkeit bereits Ende des 14. und zu Anfang des 15. Jahrhunderts einsetzte, besteht durchaus die Möglichkeit, daß, bei der engen Nachbarschaft von Innsbruck und Mittenwald, bei den fraglichen Häusern schon im 14. Jahrhundert mit dem Ersatz von Holzwerk durch Mauerwerk begonnen wurde. In der Bauwelle des 15. Jahrhunderts wurden die Häuser schon bis zur heutigen Höhe mit 2 Stockwerken aufgemauert.

Als Beispiel für einen Mauerbau mit Bundwerkgiebel mag das Doppelhaus Graswang Nr. 31 dienen, das 1786 erbaut ist und mit zwei Stockwerken unterschiedliche Geschoßhöhen aufweist.

Partenkirchen

Floriansplatz (oben) und Sonnenbergstraße (unten), vollgemauerte Häuser, nur noch vereinzelt landwirtschaftlich genutzt.

Garmisch-
Partenkrichen
Burgstraße 8 „zum Schorn", erbaut 1790 (unten) und Badgasse 16 (oben) mit voll gemauerten Geschossen bis zum Dachgiebel-Dreieck.

Partenkirchen

Ludwigstraße 47, „Wackerlehaus", heute Werdenfelser Heimatmuseum.
Anwesen wohlhabender Partenkirchener Bürger und Handelsherrn an der uralten Rottstraße,
Bausubstanz hauptsächlich 16./17. Jahrhundert auf früheren, z. T. noch mittelalterlichen Resten.
Vor dem Erwerb durch den Landkreis und Umwandlung zum Museum (1973) stand es im Besitz
der Familie Wackerle, der auch der bedeutende Bildhauer Josef Wackerle (1880 - 1959) angehörte.

Anders liegen die Verhältnisse beim sog. „Wackerlehaus“ in Partenkirchen (Ludwigstraße 47). Dieses Haus überstand als einziges im Zuge der Rottstraße die Großbrände, die seit 1863 und 1865 fast ganz Partenkirchen in Schutt und Asche legten. Es steht giebelseitig nach Osten zur Straße, besitzt zwei Stockwerke, lange Schmalseiten. An der Westseite befindet sich ebenerdig heute noch ein mächtiges Tor mit 2 Flügeln, durch welches ehedem landwirtschaftliche oder Handelsfahrzeuge einfahren konnten.

Infolge vieler Umbauten ist das alte Gefüge des Wirtschaftsteiles im Wackerlehaus nicht mehr zu erkennen. Man findet nur noch zwei Räume im Erdgeschoß, die ehedem als Lager oder Stallungen benutzt wurden. Außerdem besitzt das Wackerlehaus einen mächtigen Kellerraum, der als Weinkeller diente.

Gegenüber der offensichtlichen Unklarheit der Einteilung des Wirtschaftsteiles ist der Wohnteil klar gegliedert. Er stellt den Haustyp eines regulären Mittelflurhauses dar. In dem Mittelflur befinden sich ziemlich am Anfang und an seinem Ende 2 Lichtschächte, die bis zum Dach reichen. In die oberen Stockwerke gelangt man durch ein behäbiges Stiegenhaus, das, von den Lichtschächten getrennt, in seiner ganzen Anlage mit dem aus dem Dach herausragenden Oberlichtfenster an ähnliche Vorbilder in Bozens Altstadt erinnert.

Hausgrundrisse des Wackerlehauses, Partenkirchen

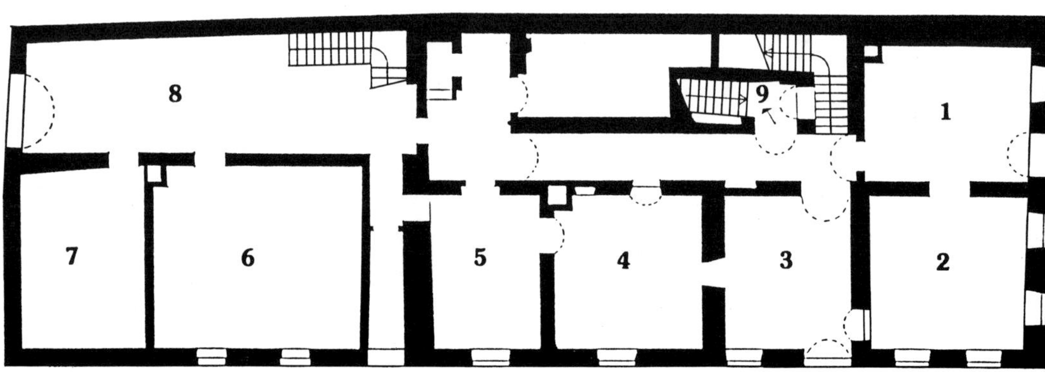

Erdgeschoß:

1 Ehemaliger Laden
2 Ehemaliges Kontor
3 Durchgangsraum
4 Ausstellungsraum
5 Ausstellung Gewölbe
6 Ausstellung (Jos. Wackerle)
7 Ausstellungsraum
8 alte Tenne
9 Abgang zum Kellergeschoß

1. Obergeschoß

10 Kammer
11 Kammer
12 Werdenfelser Bauernstube
13 Originale Rauchküche (17. Jht.)
14 Ausstellungsraum (Trachten)
15 Austragsstube

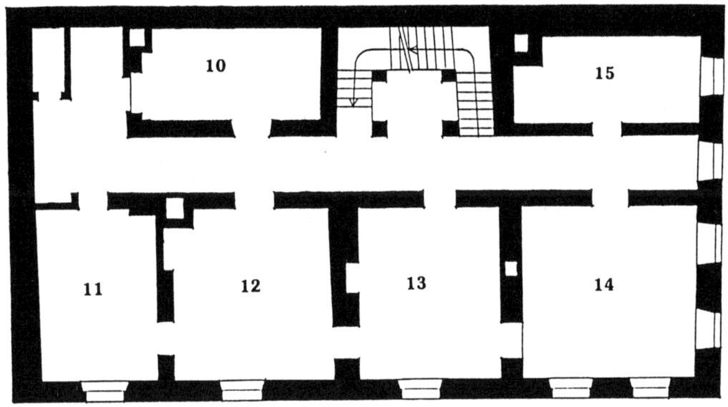

2. Obergeschoß

16 Ausstellung Mittenwalder Geigenbau
17 Ausstellung Bärenzimmer
18 Ausstellung Oberammergau
19 Ausstellung Tölzer Schlafzimmer
20 Ausstellung Religion – Volkskunst

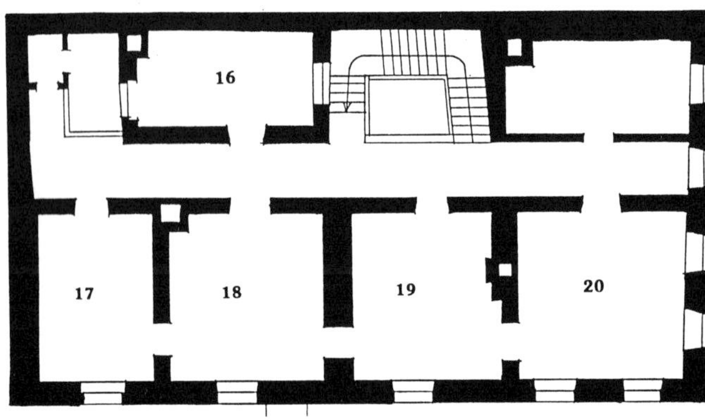

Dachgeschoß

21 Ausstellungsraum bäuerliche und handwerkliche Geräte

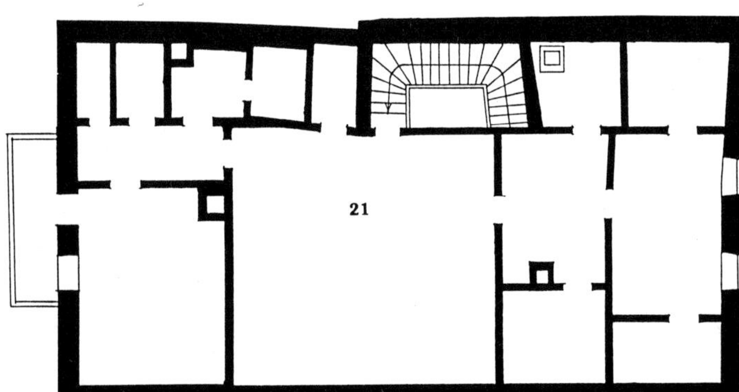

Die Küche und die Wohnräume der Besitzerfamilie befanden sich im 1. Oberstock, im 2. Oberstock war das Gesinde untergebracht.
Der besondere Reiz des Wackerlehauses liegt darin, daß bei der Einrichtung zum Heimatmuseum sehr wenig an der originalen Bausubstanz geändert werden mußte und viele Details am alten Platz erhalten blieben. Besonderer Erwähnung bedarf dafür auch noch das Stiegenhaus mit seinen gewölbten Stürzen, das in seiner großzügigen und repräsentativen Anlage eines Schlosses würdig wäre.

Wackerlehaus, Stiegenhaus (Foto vom Erdgeschoß nach oben, 1977)

Wackerlehaus

Stiegenhaus mit einer nach oben offenen rechteckigen, aus kräftigen Mauerpfeilern und Bögen gebildeten Laterne, um die ringsherum die Treppenläufe nach oben steigen. Sie sind gesichert durch ein geschnitztes hölzernes und farbig gefaßtes Baluster-Geländer, erbaut 1600 - 1620.

Am Stiegenhausfenster hängt u. a. auch dieser originelle geschnitzte Vogelkäfig aus Mittenwald (1764).

Stube

1 Stubenofen
2 Ofenbank
3 Tisch

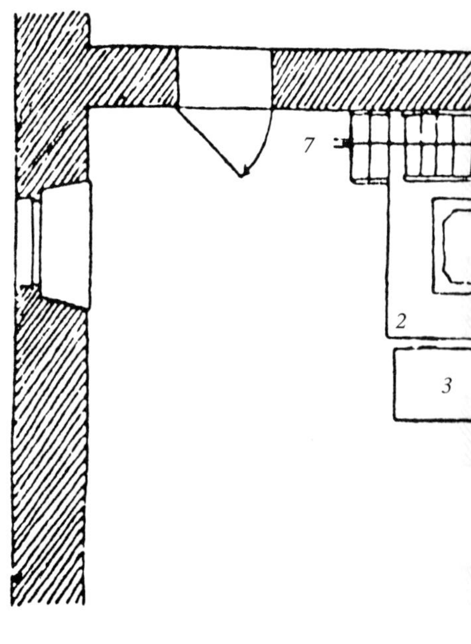

Wackerlehaus

Zeichnung nach einer Bauaufnahme von Jul. Kempf vom Jahr 1921

Fotos 1992:
links: Werdenfelser Bauernstube mit Kachelofen und Kammerstiege

rechts: Original-Rauchküche

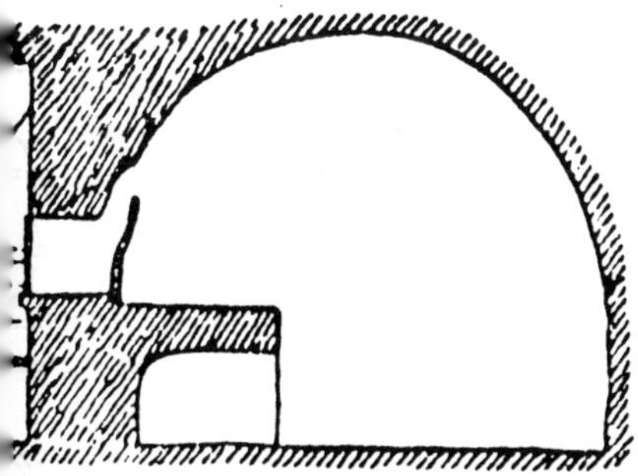

Küche

4 offener Herd
5 Waschkessel
6 Leuchte
7 Kammerstiege

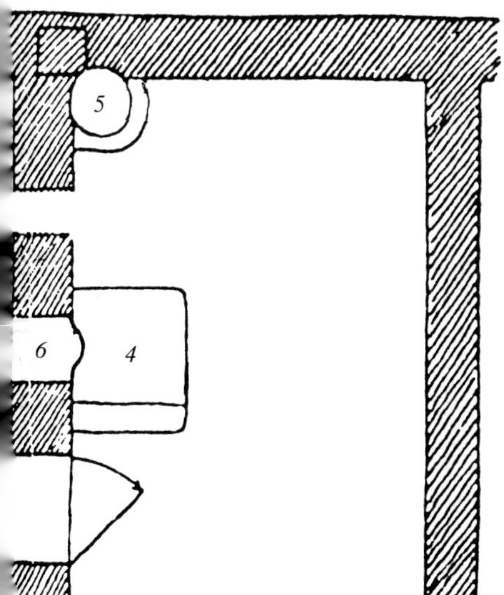

Mittenwalder Geigenbauerwerkstatt
(Werdenfelser Heimatmuseum)

Bürgerzimmer

oben:
bürgerlicher Schrank, 1828

unten:
Bürgerzimmer mit weißgefaßter Rokoko-Kommode, Holzvertäfelung und Kachelofen auf Eichenholzfüßen.

Gasthof „Zum Rassen“

Partenkirchen, Ludwigstraße 45, eine der ältesten Gaststätten in Partenkirchen

DAS ARBEITERHAUS UND DAS SIEDLUNGSWESEN

Wie schon in den allgemeinen Vorbemerkungen festgestellt wurde, ist die Industrie in Altwerdenfels unbedeutend. Nach Angaben der Erhebung des Statistischen Landesamtes München vom 31. 12. 1974 beschränkt sie sich auf 21 Betriebe (je über 10 Arbeiter), darunter als größere Unternehmungen 3 für Herstellung von Plastikerzeugnissen, 1 für Skibindungen.

Insgesamt wurden am oben genanntem Stichtag 1055 Personen beiderlei Geschlechts, hiervon als Arbeiter 684, als Angestellte 371 beschäftigt. Gegenüber der Gesamtbevölkerungszahl von 45.682 zum gleichen Stichtag der Statistik ist die Zahl der Industriearbeiter äußerst gering und tritt als eigene soziale Schicht nicht in Erscheinung.

Die Tatsache des außerordentlich hohen Bevölkerungszuwachses von 19.901 im Jahre 1919 auf die jetzige Zahl warf immer wieder das drängende Problem der Wohnraumbeschaffung besonders für die minderbemittelten Bevölkerungsschichten auf.

Kurz nach dem ersten Weltkrieg schuf die Marktgemeinde Garmisch in Eigenregie im sog. Viecht an der Zugspitzstraße, 2 km westlich vom alten Ortskern von Garmisch eine Behelfsheimsiedlung von 20 typisierten Kleinhäusern mit Doppelwohnungen in den Ausmaßen 8 x 8 m im Kantholzblockbau. Diese war die einzige Siedlung in Werdenfels, welche in einheitlichen Formen erbaut wurde. Die ursprünglichen Siedlungshäuser sind bis auf 4 verschwunden, weil die Parzellen nach und nach an die Mieter verkauft wurden, welche Neubauten in verschiedenen Formen an Stelle der alten Behelfsheime errichteten. Weitere 40 Kleinhausbauten wurden an die alte Siedlung angeschlossen. Die Marktgemeinde Garmisch nahm diesmal vom Bau einer weiteren Siedlung Abstand und verkaufte den Bauwerbern nur die Kleinbauplätze mit der Auflage, nicht höher zu bauen als E+1, also Häuser mit Oberstock. Diese Häuser besitzen verschiedene Grundrisse, ein etwas einheitlicher Haustyp, den man als Arbeiterhaus ansprechen könnte, hat sich im Viecht nicht herausgebildet.

In gleicher Weise verfuhr die Marktgemeinde in der sog. Weidlegrabensiedlung, ebenfalls 2 km nördlich vom Ortskern Garmisch entfernt. Auch hier wurden Bauparzellen abgegeben und der Wohnungsbau mit gewissen Einschränkungen baupolizeilicher Art den Käufern überlassen.

Weitere Siedlungen für die minderbemittelte Bevölkerung sind weder von der Gemeinde Garmisch-Partenkirchen noch von den anderen Gemeinden geschaffen worden.

Wenn auch in den beiden Siedlungen die verschiedensten Bauformen entstanden, so kann man bei ihnen folgende Merkmale als gemeinsam ansprechen:
Grundfläche ca. 8 auf 10 m. Der Bau ist voll unterkellert.
Im Erdgeschoß: Kurze, meist enge Eingangsflure mit Stiege zum Oberstock, Wohnküche, Schlafzimmer für Eltern und für die Kinder, Bad mit fließendem Wasser und WC.
Im Oberstock mehrere Zimmer (z. T. mit Mansarden) mit fließendem Wasser und ein WC. Die Zimmer im Oberstock sind voll eingerichtet, besitzen nach Möglichkeit kleine Balkone und sind größtenteils für die Vermietung an Gäste bestimmt.
Meistens ist noch ein Schupfen vorhanden, entweder an das Haus angelehnt oder freistehend. Die anfängliche Kleintierhaltung geht stark zurück, die Schupfen werden mehr und mehr als Garagen ausgebaut.
Schematisch stellt sich der Grund- und Aufriß dieser Kleinhäuser folgendermaßen dar:

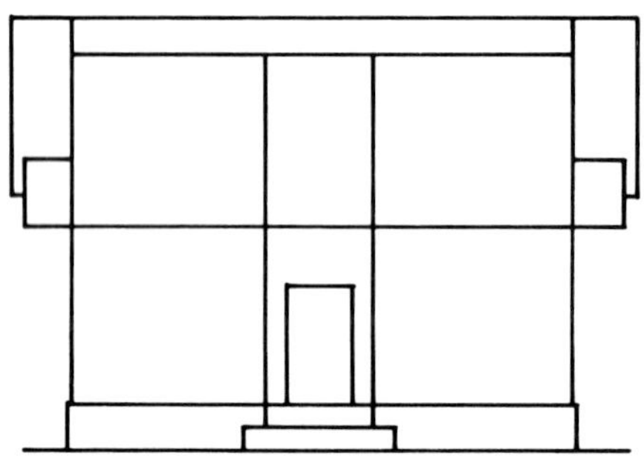

Aufriß
Erdgeschoß
Obergesch0ß

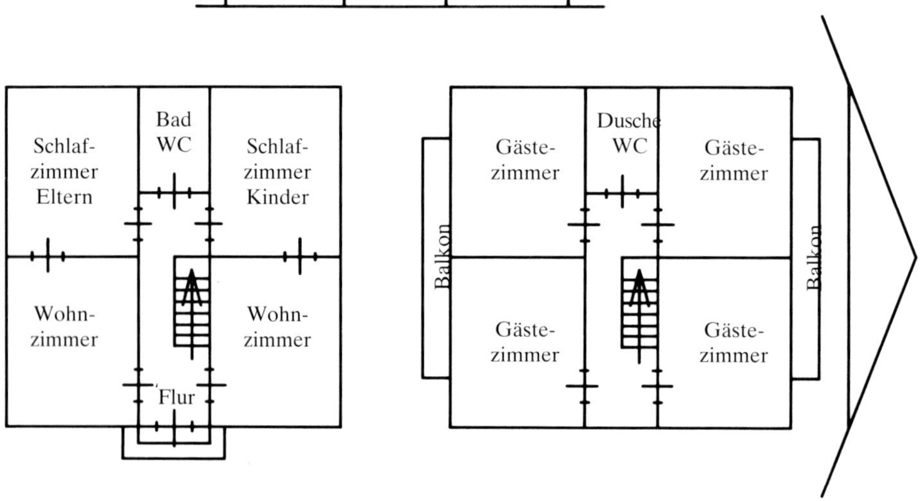

Sie sind typenmäßig betrachtbar Mittelflurhäuser.
Abkömmlinge von Einheimischen mit Grundbesitz, die im Zuge der Realteilung baureife Grundstücke erben, bauen Mietshäuser, Gästehäuser und Pensionen, teilweise von beachtlichen Ausmaßen und kommen dadurch zu sicheren Nebeneinnahmen. Durch Nachbarhilfe werden die Baukosten beträchtlich verringert.

SONSTIGE BAUTEN
Neuerdings werden von den Gemeinden zur Behebung der Wohnungsnot große Häuser mit Mitteln des sozialen Wohnungsbaues erstellt, die jedoch in ihrem Aufbau jede Beziehung zum volkstümlichen Bauen völlig vermissen lassen.
Neben den Gemeinden traten und treten laufend Siedlungs-Genossenschaften, Banken u.dgl. als Siedlungsträger auf, welche meist aus reinem Geschäftsinteresse bestrebt sind, immer komfortablere Wohnungen für Begüterte, meistens zuziehende Pensionäre oder Zweitwohnungsinhaber, zu erstellen. Auch die frühere Wehrmacht und das jetzige Bundesheer begannen mit dem Bau von Zwei- und Mehrfamilienhäusern für Wohnungen von Offizieren und Unteroffizieren außerhalb der Kasernen in Garmisch und Mittenwald.
Der Stil dieser Bauten mit einem und zwei Oberstöcken weist meist, nicht immer, traditionsgebundene Formen auf. Die Häuser besitzen Satteldächer, hie und da Zierbünde nach alten Vorbildern und sind teilweise mit Fresken bemalt.
Die Bauten von öffentlicher Hand, wie sie zwischen den beiden Weltkriegen entstanden, so das Rathaus (1935) von Garmisch-Partenkirchen, zeigen überdimensionale Entlehnungen engadinischer Bauformen, die Kasernen wurden zum Teil in einem übergroßen Bauernhausstil erbaut.
Nach dem 2. Weltkrieg sind die öffentlichen Bauten in ihrer Form wesentlich einfacher, dabei in den Gliederungen und Innenausbauten künstlerisch wertvoller geworden, wie das neue Amtsgericht und der Neubau der Fachschule für Holzschnitzerei, beide in Garmisch-Partenkirchen, zeigen.
Um das Bild der bunten Palette baulicher Formen von Garmisch-Partenkirchen zu vervollständigen, sei noch kurz erwähnt, daß am Südhang des Wank in Partenkirchen mehrere Hochhäuser mit 5 – 9 Stockwerken gebaut wurden. Es sind Betonbauten mit viel Glas und Balkonen im üblichen, intereuropäischen Baustil.

Garmisch, Rathaus (1935)

Garmisch, Bahnhof (1930er Jahre)

Garmisch,
Amtsgericht (1959)

Garmisch,
Schnitzschule

Auf dieser Seite finden sich oben ein Privathaus mit Läden aus Wallgau und die Skischule Garmisch-Partenkirchen, beide erbaut in den letzten Jahrzehnten.

FEUERSCHUTZ, VORBEUGENDE MASSNAHMEN GEGEN BRÄNDE

Es lag auf der Hand, daß man dieser ständig drohenden Gefahr auf mannigfache Art Herr zu werden versuchte.
Im Bayer. Landrecht von 1616, das auch für das Gebiet der Grafschaft Werdenfels galt, wurde in Teil VI, 12. Titel, erster und dritter Artikel, S. 591–93 verordnet:

DER XII. TITUL. FEWRORDNUNG
Der erste Articul. Von verhütung gefehrlichkeit und schaden deß Fewrs / und der Fewrstett.
Dieweil sich auch sonderlich auffm Landt / auß unfleiß und nachlässigkeit zu vilmaln Brunsten und Fewrsnot zutragen / darauß dann merklich verderben und schaden entstehet / so ist unser ernstlicher befelch und mainung / daß füran in den Gerichten: auch Ob- und Haubtmanschafften verordnung geschehe / daß zum wenigsten einmal im Jahr / die Fewrstett / auch Kümich oder Rauchfäng fleissigklich besichtigt / und was daran mangels befunden wirdet / dem Innhaber derselben Fewrstett / von stundan zu wenden und zu bessern / mit ernst eingebunden / auch ein jeder darzu gehandhabt werde.
Es sollen auch allenthalben in unsern Fürstenthumben / bey Stätt / Märckten / und auffm Landt / an bequemen und gelegnen orten / Fewrlaiter / Haacken / Sail / Wassergschirr / und ander nottürfftig Rüstung verordnet werden / und fürsehung geschehen / damit man in der noth hülff und rettung zu thun geschickt sey.

Der dritt Articul.
Von verwahrung des Fewrs.
Die uble verwahrung deß Fewrs und unfleiß verursacht die maiste Brunsten / derwegen soll ein jeder Haußvatter gewarnet sein / nit allein die fewrstett / Kümich / oder Rauchfäng fleissig machen / verwahren / und zu gebürender zeit säubern zulassen / sonder auch sonsten bey seinem Haußgesind die fürsehung zuthun / daß man gewahrsam mit dem Fewr umbgehe / Hew / Stroh / Schaiten und dergleichen / so weit es müglich / von den Fewrstätten hindan lege / die haisse Aschen weder in hültzene Geschirr einfasse / oder auff hültzene Böden schütte / keine Scheitter in den Oefen / sonderlich under / oder nahend bey den Ofenlöchern abdörre / öfft zu den Spänen / die man hinder dem Ofen dörrt / schaue / die Gluet auff dem Herd / auch in den Oefen / bevorab wann starcke Wind sein / also verwahre / daß dabey kein gefahr sey / und der Wind nit etwan die Gluet in andre gefährliche ort werffe /.

Item auch an den orten / wo man die Kertzen haben kan / nicht gestatte / daß man mit angezondten Spänen in die Ställ / Städel / oder dergleichen ort / wo Hew / Stro / oder andere leichtlich brinnende sachen sein / gehe / sondern an solche ort Liechter in Laternen / oder da man jedie Kertzen nicht haben kan / sonsten an solchen orten die Liechtspän desto gewahrsamer gebrauche. Es soll auch ein jeder Haußvatter daran sein / und die seinigen dahin anhalten / daß man jederzeit die nottdurft Wasser / sonderlich bey der Nacht / im Hauß hab / der unfürsehnen anfangenden Brunst / desto geschwinder zuwöhren. Wo aber jemand so hinlässig sein würdet / daß durch sein verwahrlosung / oder der seinigen jemande schaden geschicht / soll er nit allein nach ordnung der Rechten / dem beschädigten solchen erstatten / sonder auch noch darzu nach gestaltsame aller umbstände / von der Obrigkeit unnachlässigkeit / sonderlich aber die Ehehalten / welche das Fewer verwahrlosen / am Leib gestrafft werden.
Damit aber zu solchem fleiß und fürsorg mennigklich umb so vil desto mehr ermahnt und erjnnert werde / wie grösser die gefahr ist / zur zeit / wann grosse starke Wind sein / So soll man nit nur in Stätt und Märckten / sonder auch in allen Dörffern / die Fewrhuet / durch die Ambtleut / oder da kein Ambtman im Dorff / durch andere Personen / bey straff Leib und Guets / außruefen lassen.

Die vorgeschriebene Feuerbeschau wurde in Werdenfels jährlich durchgeführt. Eine Kommission, unter Führung der Unterrichter (Bürgermeister) der drei Gerichtsbezirke, besichtigte sämtliche Feuerstellen und ordnete bei Mängeln deren Behebung an, welche unter Strafandrohung bei Nichtbefolgung stand.
Aus dem Protokollbuch der Marktgemeinde Garmisch von 1567 ist zudem zu entnehmen, daß jeder Einheiratende in Garmisch, wie auch in den beiden Untergerichten Partenkirchen und Mittenwald, verpflichtet wurde, einen Feuerkübel zu stellen.
Spezielle Vorschriften über den Bau von Brandmauern wurden nicht erlassen.
Für den Brandfall galt der Grundsatz der Nachbarhilfe. Diese war absolut verpflichtend.
Erst in der Mitte des 19. Jahrhunderts wurde die freiwillige Feuerwehr aufgestellt. Ihre Gründung erfolgte in Garmisch 1868, in Partenkirchen 1872 und in Mittenwald 1874.

Bei Wamberg
Wiesstadel mit Legschindeldach

Almwiesen vor dem Dorf

„Altes Haus“ in Partenkirchen
Ludwigstraße

Bauernhaus in
Partenkirchen
Sonnenstraße 6
„Beim oberen Lares"

„Buckelwiesen"-Landschaft
zwischen Mittenwald und Krün

Blick auf Karwendel-Massiv und Schmalsee

SCHLUSSBETRACHTUNG UND AUSBLICK

Als erfreuliches Ergebnis der vorliegenden Abhandlung ist zunächst festzustellen, daß sich im Untersuchungsgebiet der ehemaligen Grafschaft Werdenfels ein erheblicher Bestand an altartigen Bauern- und Bürgerhäusern bis zur Gegenwart erhalten hat, der noch bewohnt wird.
Die eingehende Beschäftigung mit diesem für die Forschung so wertvollen Bestand hat, wie schon früher festgestellt werden konnte, u. a. den Nachweis dafür erbracht, daß in Altwerdenfels auf engstem Raum verschiedene Haustypen und Hofformen nebeneinander anzutreffen sind.
Man findet hier den Paarhof, dessen Verbreitungsgebiet in Südtirol, neben dem Sarntal, im Eisacktal bis zum Brenner reicht. Bei dem Einhof ist das Seitenflurhaus zahlreich vertreten, welches man im Oberinntal, im Ötz-, Kauner-, Pitztal und im Vintschgau antrifft.
Der traufseitige Mittertennhof, besonders in Farchant auftretend, kommt bis zum Starnberger- und Ammersee und im Außerfern häufig vor; das dominierende Vorkommen des giebelseitigen Mittertennhofes mit oder ohne abgeteilten Flur in Werdenfels ist eigentlich nur ein Anhängsel seines großen Verbreitungsgebietes im mittleren Tiroler Inntal und Stubai.
Der Mittelflurhof, so wie er in Werdenfels auftritt mit Quertenne im Erdgeschoß, findet sich in weiter Verbreitung ebenfalls im Oberinntal, Ötz-, Pitztal und dem Vintschgau.
Zusammenfassend darf folgendes festgestellt werden:
Es fällt auf, daß in Altwerdenfels weitaus überwiegend Anwesentypen vorkommen, welche in Nordtirol, in Südtirol und in Vorarlberg, also nach neuen Forschungen in schwäbisch-alemannischen Gebieten, verbreitet sind. Lediglich 4 Anwesen weisen bzw. wiesen mit altartigen Tennbrücken im Oberstock Merkmale des randalpinen Einhofs der mittleren oberbayerischen Alpenzone (mit Längsflur und Tennenauffahrt) nach Hoferer das Haus Nordtirols auf. (Farchant, Schulstraße 2, Am Gern 5, Krün, Wettersteinstraße 1, Wallgau 31½, im Wirtschaftsteil abgebrochen).
Wie die Abhandlung gezeigt hat, waren Haus und Hof in steter Weiterentwicklung begriffen. Diese wird auch in der Zukunft kein Halten oder Verlangsamen kennen. Denn letztlich sind die Formen von Haus und Hof, sowie das Bauen und Wohnen überhaupt nur der äußerlich sichtbare Ausdruck der augenblicklich dominierenden wirtschaftlichen und soziologischen Verhältnisse, die ja einem ununterbrochenen, weltweiten Wechsel unterliegen.

Dieser Wechsel, so zeigt sich weiter, schafft aus Vergangenem die Formen der Zukunft. Hier sehe ich nun die große Problematik und die Aufgabenstellung, welche auf den Volkskundler für die Zukunft zukommt. Es ist gewiß und wurde in der Abhandlung gezeigt, daß die bäuerlichen Wohnhäuser und Wirtschaftsbauten in der Höhe ihrer Entwicklung im späten 18. Jahrhundert ein Maximum an künstlerischer Kultur und gutem Lebensstil boten. Aber in der Jetztzeit werden an das Leben auch im Bauernhof andere Anforderungen gestellt als im 18. Jahrhundert. Um- und Einbauten sind nötig, um die Wohnverhältnisse den zeitgemäßen Ansprüchen, besonders in der Hygiene, entsprechend zu verändern.
Diese Um- und Einbauten bringen den Bestand an Bauernhäusern als Überreste alter Volkskultur ernstlich in Gefahr. Sie bedeuten fast immer eine Gefährdung der alten Bausubstanz, weil bei modernisierendem Umbau Unterkellerungen durchgeführt werden müssen, welche in den altartigen Häusern nicht vorhanden sind. Stiegenhäuser sind einzubauen, Bäder und WC's zu installieren, die Zimmer zu erhöhen, ggf. größere Fenster einzubauen u.a.m. Dazu kommt bei Veränderung der Statik, wenn Betondecken einzuziehen sind, die Frage, hält der alte Blockbau oder die Bruchsteinmauer die Belastung aus? Desgleichen, kann der Dachstuhl bei der flachen Neigung des Rafendachstuhls eine schwere Dachhaut mit Pfannen anstelle der leichteren Schindeln tragen?
Oft erscheint es der einzig, auch finanziell gangbare Weg zu sein, das Gebäude kurzerhand abzubrechen und einen Neubau an seine Stelle zu setzen.
Hier scheiden sich nun die Geister. Die Befürworter der Modernität wollen einige charakteristische Bauernanwesen und Bürgerhäuser museal auf den Zustand ihrer Vergangenheit fixieren. Andere Altanwesen, die irgendwie Planungen im Wege stehen, sollen in Freilichtmuseen Aufnahme finden. Gewiß, sowohl die museale Zurschaustellung von Altanwesen wie auch ihre Verbringung in ein Freilichtmuseum haben ihren guten Zweck. Sie fördern, wie jedes Museum, das Verständnis für das Leben vergangener Zeiten, für das Wirken vergangener Generationen.
Aber das kann und darf für den Volkskundler nicht der Sinn seiner Problemstellung, seiner Zukunftsaufgabe sein. Für ihn gilt es, die gefürchtete Cäsur zwischen alt und neu zu vermeiden. Für ihn handelt es sich jetzt in der Zeit hoher Not darum, alte Bauten mit neuem Leben zu erfüllen, dadurch eine lebenskräftige Verbindung zwischen Vergangenheit und Gegenwart herzustellen.
In fast letzter Minute kam in Bayern das Denkmalschutzgesetz im Jahre 1973, das, wie bereits an anderer Stelle betont wurde, zunächst alle schutzwürdigen Baudenkmale, darunter fast sämtliche altartigen Bauernhäuser, in Listen zusammenfaßte. Änderungen am Bestand der Denkmäler bedürfen der Genehmigung der Verwaltungsbehörde.

Natürlich muß den Besitzern denkmalgeschützter Anwesen der finanzielle Mehraufwand zur Erhaltung alter Bausubstanz ersetzt werden.
Wir haben die Pflicht dafür zu sorgen, daß unsere Vergangenheit und die in ihr entwickelte, bodenständige Kultur nahtlos weitergeführt wird. Erfreulicher Weise ist in weiten Kreisen der Bevölkerung trotz der vielen sinnlosen Zerstörungen noch nach dem letzten Krieg, die ein Vielfaches der eigentlichen Bombenschäden ausmachten, mit dem Bayerischen Denkmalschutzgesetz von 1973 und dem Europäischen „Jahr der Denkmalpflege" das Verständnis für die Erhaltung unserer alten Kultur gewachsen.
Die Erkenntnis über das Volk, seine Lebensäußerungen in der Vergangenheit und Gegenwart, sowie die sich daraus ergebenden Notwendigkeiten und Richtsätze für die Zukunft, finden zusehends mehr und mehr Eingang und Verständnis in weiten Schichten unserer Bevölkerung.

Ruine Werdenfels

Aquarellierte Zeichnung von Simon Warnberger (19. Jht.)

ANMERKUNGEN I (für Seite 39 - 57)

1. Fundorte: je ein Steinbeil bei Kaltenbrunn, Partenkirchen, Gerold; Keramikbruchstücke bei Klais.
2. Osmund Menghin: Zur Historisierung der Urgeschichte Tirols, „Tiroler Heimat", Innsbruck, Bd. 25, S. 5 - 39
3. Zitat aus Herm. Ölberg: „Illyrisch, Alteuropäisch, Breonisch", Innsbruck Bd. 16, S. 57 (Festschrift f. Karl Finsterwalder, 1971)
4. Osmund Menghin: „Zum Räteproblem", IBK Bd. 16, S. 13
5. Eg. Kühebacher: „Zur vorgermanischen Siedlungsgeschichte Tirols", IBK Bd. 16, S. 62
6. Hans Krahe: „Vorgeschichtliche Sprachbeziehungen v. d. balt. Ostseeländern bis z. d. Gebieten um d. Nordteil d. Adria", Akademie d. Wissenschaften u. Literatur, wiesbaden 1957 Nr. 3
7. Pellegrini-Prosdocimi, Al „La Lingua Venetica", I, II, Padova-Firenze
8. Osmund Menghin: „Zum Räteproblem", IBK Bd. 16, S. 12
9. K. Finsterwalder: Festschrift f. K. Pivec, IBK 1966
10. Poseidonios, Horaz, Strabo, Claudius, Ptolemäus Tropäum Alpinum, errichtet 6 v. Chr. bei La Turbie (Nizza)
11. R. Heuberger: „Rätien im Altertum und Frühmittelalter", IBK Schlernschriften, Bd. 20, S. 20 ff.
12. Auskunft des Landwirtschaftsamtes Weilheim
13. Jos. Schatz: „Die Tiroler Mundart", Zeitschrift Ferdinandeum, S. 8
14. Otto Stolz: „Geschichte des Landes Tirol", IBK Tirolia Verlag 1955, S. 310 u. 342
15. E. Kühebacher: „Volk und Sprache im obersten Inn- und Etschtal", Jahrbuch Südtiroler Kulturinstitut, Bd. V, Bozen 1965
16. Bayerischer Geschichtsatlas 1969, Karten S. 14 und 15
17. Akt im Allg. Staatsarchiv München, Bez. HL Freising 437
18. Barth. Eberl: „Die röm. Straßenverbindung Augsburg – Partenkirchen – Innsbruck", in „Schwäb. Museum", Jahrgang 1928, S. 65
19. Aktennachweis in Literalien „Grafschaft Werdenfels" im Staatsarchiv München

ANMERKUNGEN II (für Seite 69 - 379)

1. Akten des Forstamtes Garmisch.
2. Das Großvieh blieb anfänglich das ganze Jahr über im Freien.
3. K. Ilg, Landes- u. Volkskunde, Geschichte, Wirtschaft u. Kunst Vorarlbergs, Bd. III „Das Volk", S. 326.
   W. H. Riehl, „Bavaria" 2. Band, S. 780.
4. Hoferer, „Die Hauslandschaften Bayerns", Bayer. Südd. Hefte für Volkskunde 1942, Heft 1. Verbreitungsgebiet bezeichnet mit 3.4 „Der Einhof zwischen Lech und Starnberger See" (mit Quer-Mittertenne).
5. K. Ilg, „Im Bewegungsfeld der bäuerl. Hauslandschaft in Tirol u. Vorarlberg", Tiroler Heimat 13/14, 1950, S. 101.
6. Altartige Tennenauffahrten gibt es in Werdenfels nur 5 (in den Höfen Farchant, Am Gern 5, Schulstraße 7, Krün, Wettersteinstraße 1 und Wamberg Nr. 227 und 228). Die zur Zeit noch bestehenden anderen Tennenauffahrten an der rückwärtigen Schmalseite des Hofes (mit Tennenbrücke) besonders in Farchant auftretend, wurden um die Wende des 19. zum 20. Jahrhundert neu errichtet.
7. Eine gewisse Regeleinteilung für die Anordnung von Schlafkammern für Eltern, Kinder und Gesinde ist in Werdenfels nicht zu erkennen. Für gewöhnlich schlafen die Eltern im wärmsten Raum des Obergeschosses, der Stubenkammer, die Kinder in der Haus- oder der Küchen-(Kemi-)kammer.

8. Die Mauern gehen nach oben durch.
9. U. Könz, Das Engadinerhaus, Verlag Paul Haupt, Bern 1952, Abb. 4, S. 15.
10. G. Baumeister, „Das Bauernhaus des Walgaus und der Walserischen Bergtäler Vorarlbergs", München 1912.
11. Tacitus, Germania 16, „Zu allem bedienen sie sich des Holzes."
12. Diese Sorge bestand in Werdenfels nur insofern, als die Wälder um die Ortschaften durch den ungehemmten Einschlag der Bevölkerung für ihren stets wachsenden Bedarf an Nutz- und Brennholz ziemlich ausgeplündert waren, während die weiter davon entfernten Waldungen wegen schwieriger und zeitraubender Bringung kaum genutzt wurden (Feststellung der Forsteinrichtungswerke der staatl. Forstämter).
13. Eigene Austragshäuser waren in Werdenfels nicht üblich.
14. Man baut viel mit Betonstein.
15. Die an den Toren der Stadt München erhobenen Zollsätze erwähnen in der Zeit von 1427 – 1488 Eisen überhaupt nicht.
    Fridolin Solleder, „München im Mittelalter", München und Berlin 1938, Verlag Oldenbourg, S. 170 ff.
16. Noch vorhanden im Haus Garmisch, Frühlingstraße 29 (vgl. auch Zeichnung bei Rhamm „Urzeitliche Bauernhöfe", S. 340).
17. So bei dem Polznanwesen in Garmisch, nachweisbar Ende des 16. Jahrhunderts.
18. Sage Walter, „Das frühmittelalterliche Kloster in der Scharnitz", in Bavaria Christiana „Festschrift Adolf Ziegler", Verlag Frz. X. Seitz, München 1973, S. 97.
    „Nach unserem jetzigen Wissensstand müssen wir annehmen, daß noch im ganzen Frühmittelalter im Alpenvorland und Alpenrandgebiet der Gerüstbau in Pfostentechnik die herrschende, wenn nicht allein angewandte Holzbauweise war."
19. Ilg K., „Die volkstümliche Bauweise in Rankweil", in „Heimat Rankweil", Rankweil 1967, S. 512 ff.
20. Weiss Richard, Häuser und Landschaften der Schweiz, Zürich – Stuttgart 1959, II S. 91.
21. Ilg Karl, „Bodenständiges Bauen und Wohnen", in LVV Bd. III, S. 295.
22. Mittenwald erlebte Großbrände in folgenden Jahren: 1602, 1754, 1764, 1785, 1802; 1914 wurde die ganze westliche Häuserzeile des Untermarktes ein Raub der Flammen, 1948 brannte die östliche Zeile fast vollkommen ab. In Partenkirchen brannte in 2 Großbränden 1863 und 1865 fast der ganze Markt ab. In Garmisch brannte es 1648, 1662, 1683, 1685.
23. Kanthölzer nur auf den Auflageflächen behauen.
24. I. A. Schmeller, Bayerisches Wörterbuch, Neudruck der 2. Ausgabe v. 1872 – 77, 1961, Verlag Scientia, Bd. I, S. 471.
25. Wilhelm Neu berichtet, daß der „Werdenfelser Preis", ehemals Plattenfirst genannt ausschließlich zum Dichten der Firstzone mit Hilfe von Dachplatten gedient hat. Aufgekommen ist er, wie aus alten Bauplänen ersichtlich ist, etwa zwischen 1840 - 1870. Er ist eine Firstaufsattelung, die sich durchaus nicht überall bewährt hat, sondern auch ihre Nachteile hat und daher von manchen Dächern wieder entfernt wurde wie z. B. am Haus in Garmisch, Hofgasse 6.
    Interessant ist, daß der „Preis" hauptsächlich in Garmisch vorkommt, aber kaum in Partenkirchen, in Mittenwald überhaupt nicht, im übrigen Werdenfelser Gebiet selten, aber dann wiederum im Bayerischen Wald.
26. T. Gebhard, „Wegweiser zur Bauernhausforschung in Bayern", S. 111.
27. Ilg K., Landes- u. Volkskunde von Vorarlberg, S. 330.
28. Geramb V. v., Die Rauchstuben im Lande Salzburg.
29. Bei Mittelflurhäusern.
30. Ilg K., „Landes- und Volkskunde von Vorarlberg", Bd. III, S. 298.
31. Allgemein befinden sich die Küchen im Erdgeschoß. Nur bei den spät. Ballenhäusern entlang der Rottstraße liegen die Küchen mitunter im 1. Stock (siehe Wackerlehaus Partenkirchen, Ludwigstraße 49), weil die Räume im Erdgeschoß zur Lagerung der Güter von Frachtfahrzeugen (Ballenware) benötigt wurden.

32. Der Anforderung eines freitragenden Gewölbes entsprechend, waren die Küchen selten breiter als 3 m bei einer durchschnittl. Länge v. 5 m. Sie hatten 2 Türen, eine in d. Hausgang und eine in die Stube. War die Speisekammer angebaut, dann kam dafür noch eine weitere hinzu.
33. K. Ilg, Herd und Ofen, in: Tiroler Heimat, Bd. 11–14, (1947–50), S. 45.
Der Rauchabzug aus der Küche erfolgte nach oben durch eine Öffnung im Gewölbe die sog. „Höll". Diese setzte sich in der darüber liegenden Kammer durch einen gemauerten Kamin fort, der über die Decke dieser Kammer hinausragte.
34. T. Gebhard, a.a.O., S. 87.
35. Siehe Zeichnung S. 205.
36. K. Ilg, „Backofen innerhalb des Wohngebäudes", Volkshandatlas, 3. Lieferung 1968, Bd. 37 Ziff. 3.
37. Mehringer R., „Das deutsche Haus", S. 28.
38. Ilg K., „Herd und Öfen" in Tiroler Heimat, Bd. 12, 1948, S. 43, „Bodenständiges Bauen und Wohnen" in Landeskunde v. Vorarlberg, Bd. III, S. 298.
39. Ilg K., „Herd und Öfen" in Tiroler Heimat, Bd. 12, 1948, S. 45 f.
40. Schilli H., „Das Schwarzwaldhaus", Kohlhauser Verlag Stuttgart, 1964, S. 77/78.
41. Ilg K., Ein Beitrag zur Geschichte der Öfen und der Stube in „Volk und Heimat" (Geramb-Festschrift), Graz 1949, S. 84–97.
Ilg K., Die Entwicklung der Stube unter dem Gesichtspunkt bodenständiger Rauchstuben im Südwesten des deutschen Kulturraumes, ÖZVde Bd. XIX 1965, S. 217.
Ilg K., Zur Verbreitung der Rauchstube in Nordtirol, ÖZV Bd. 61, Heft 2.
42. Ilg K., in Tiroler Heimat XXVII/XXVIII Bd. S. 168, 1963/64. Buchbesprechung über Maria Hornung: „Rauchküche und Rauchstube in Osttirol".
43. Mit dem Verschwinden der Badstuben in den Orten im 18. Jahrhundert beschränkte sich das Reinlichkeitsbedürfnis der Bevölkerung auf tägliche Waschungen am Brunnentrog vor dem Haus, sommers wie winters, oder im Stallbrunnen. Warm gebadet wurde meist Samstag nachmittag in Waschzubern in der Küche. Neuerdings baut man in die Zimmer Waschgelegenheiten mit fließendem Wasser ein oder schafft eigene Badezimmer.
44. vgl. Zeichnung S. 110
45. vgl. Zeichnung S. 143
46. vgl. Zeichnung S. 147
47. Schmeller I. A., Bayer. Wörterbuch, Cotta Stuttgart und Tübingen 1827, Bd. I, S. 335.
Freising, Feuerordnung v. 1719 spricht von „Thillen oder Decken von Holz".
48. Diese Ausnahme bildet ein Austragshäusel im Garten des Anwesens Partenkirchen, Ludwigstraße 70, bestehend aus einer Wohnstube im Erdgeschoß und einer Schlafkammer im Oberstock, welche durch eine Stiege mit Falltüre erreicht wird. Dieses Häuschen wurde allerdings erst nach dem Brand von 1865 errichtet.
49. Aufbewahrt im Gemeindearchiv Garmisch-Partenkirchen.
50. Im Diözesan-Museum Freising.
51. Hoferer Rudolf, Die Hauslandschaften Bayerns, in Bayer. Südd. Hefte für Volkskunde 1942, Heft 1.
52. Auskunft des Bay. Statistischen Landesamtes München (Erhebung vom 31. XII. 1974).
53. Für Kortsch aus R. Greiffenberg in „Tiroler Baukultur" in Zeitschrift „Südtirol in Wort und Bild" Jahrg. 1969, S. 28. Für Telfs u. Leutasch-Gasse Angaben von W. Neu in Zeitschrift „Lechisarland", Jahrbuch 1960, S. 28.
54. Farchant, Heubergweg 1.
55. Der Name „Bänder" (dialektisch „Bandlen") kommt vom Zimmermannsausdruck „einbinden".
56. Die Rettung dieses Zierbundes vom Hanslbauern in Krün, der als schönster Bundwerkgiebel in Bayern galt, ist 3 Männern zu danken:
Wilhelm Neu, Wolfgang Ott und Alfred Zwink.
Schon 1957, vor Abbruch des Hauses in Krün im Jahre 1967, hatte der spätere Landeskonservator Wilhelm Neu vom B. Landesamt für Denkmalpflege eine genaue Maßaufnahme des Bund-

werkgiebels von einer Feuerwehrleiter aus angefertigt und der damalige Forstdirektor Wolfgang Ott hatte gemeinsam mit seinem Freund, dem Archivar und Sammler Alfred Zwink aus Oberammergau sich um die Rettung dieses Zimmermanns-Kunstwerkes eifrig bemüht. Sie hatten für einen fachgerechten Abbau gesorgt und die Bauteile inzwischen auf der Tenne des Forsthauses Dicklschwaig eingelagert um sie später in einem künftigen Freilichtmuseum wieder aufbauen zu können.
Als dieses auf der Glentleiten Gestalt annahm und Möglichkeiten zu einer gesicherten Einlagerung wertvoller Bauteile bekam, wurde der Hanslbauer Giebel aus Krün dorthin gebracht und sein Aufbau-Projekt im Rahmen der Baugruppe: „Werdenfelser Giebelbundwerke" vom Museums-Team in Zusammenarbeit mit Wolfgang Ott ausgearbeitet. Dr. Ott konnte dazu wertvolles Grundlagen-Material beisteuern.
Ihm lag dieser Krüner Zierbund-Giebel besonders am Herzen. Daher wurde dieses Projekt: „Werdenfelser Giebelbundwerke" als eines der wichtigsten Programmpunkte des Freilichtmuseums an der Glentleiten eingestuft und seitens des Bezirks Oberbayern ausdrücklich als solches genehmigt.
Im Jahre 1979 sollte der Bau auf einem exponierten Platz im Gelände des Freilichtmuseums beginnen, die baupolizeiliche Genehmigung war am 16. Juli 1979 erteilt worden, die Häuser waren in ihrer Gruppierung zueinander und in ihren Grundrissen bereits im Gelände abgesteckt, da mußte das Projekt leider aus Geldmangel gestoppt und zugunsten des Neubauprojektes für das Verwaltungsgebäude vorerst zurückgestellt werden.

57. Schier, „Hauslandschaften und Kulturbewegungen im östl. Mitteleuropa", S. 126.
58. Schuber für Oberlicht, noch zu sehen im Anwesen Garmisch, Frühlingstraße 29.
59. Hunziker I., „Das Schweizerhaus nach seinen landschaftlichen Formen und seiner geschichtlichen Entwicklung". Aarau, 1908, Fünfter Abschnitt: „Das dreisässige Haus", umfassend die schweizerische Hochebene von der Saane bis zur Thur, mit dem deutschen Jura. S. 1–251.
60. Weiss, Richard, Volkskunde der Schweiz, Eugen Rentsch Verlag Erlenbach- Zürich 1946, B. Spezieller Teil Abs. 2 Gebäude und Wohnungen.
61. Schilli, Hermann, „Das Schwarzwaldhaus", Kohlhammer Verlag Stuttgart 1964, S, 75, 76 und 119. Die Entstehung des „Heidenhauses" setzt Schilli in die Besiedlungszeit des Hochschwarzwaldes ab 1100 n. Chr. an (S. 75).
62. gegebenenfalls auch Bretterauflagen
63. Lex Baiuvariorum Tit. X Abs. 2
64. Conrad Peutinger (1465 - 1547), Humanist und Stadtschreiber in Augsburg, Vertrauter Kaiser Maximilians I. gab auf dessen Veranlassung zahlreiche lateinische Schriften heraus, erwarb eine in einem Süddeutschen Kloster aufgefundene Kopie einer römischen Straßenkarte (Tabula Peutingeriana). Die 6,82 m lange, nur 34 cm hohe Pergamentrolle zeigt die Alte Welt vom Atlantik bis zum Indischen Ozean. Sie kam über den Prinzen Eugen von Savoyen in die Hofbibliothek Wien, wurde später in 12 einzelne Pergamentblätter zerschnitten, von denen das westlichste fehlt.
    Als „Peutingersche Tafel" ist sie heute ein wichtiges und aufschlußreiches historisches Dokument.
65. Aus historischer Atlas von Bayern – Hochstift Freising – Grafschaft Werdenfels, S. 23 – 25, München 1955.
66. Es sind dies folgende Anwesen: in Garmisch die „alte Apotheke" (Marienplatz 10), in Partenkirchen das „Wackerlehaus", das jetzige Heimatmuseum, Ludwigstraße 47, Gasthaus zum Rassen Ludwigstraße 45 und in Mittenwald folgende Häuser des Obermarktes: das sog. Goethehaus, Nr. 2, der Gasthof „Alpenrose" Nr. 1, Hotel Post Nr. 9, das Schreyögghaus Nr. 8/10/12/14, das Vaselhaus Nr. 16, das Neunerhaus Nr. 24 und das Strenghaus Nr. 26/28/30/32.
67. Haus Nr. 2 hat seit 1830 ein Walmdach.
68. K. Ilg, Landeskunde von Vorarlberg, III. Band, S. 331 f.
69. wie vor
70. wie vor, Band III, S. 333.

LITERATURVERZEICHNIS

ALBRECHT D., Hochstift Freising, die Grafschaft Werdenfels, Heft 9 des Historischen Atlas von Bayern, Teil Altbayern, Kommission für bayer. Landesgeschichte 1955.

ASSMANN D., Zur Frage der ehemaligen Verbreitung von Rauchstuben im tirolischen Oberinntal. Bü.-abz. Innsbruck 1968.

ATZWANGER H., Firstsäulen durch ganze Haushöhe in Tiroler Bauernhäusern. Bozen 1952, S. 297–302.

BANCALARI, Die Hausforschung und ihre Ergebnisse in den Ostalpen, Wien 1893.

BAHNMÜLLER W., Lüftlmalerei, Pannonia-Verlag Freilassing 1977.

BAUMEISTER G., Das Bauernhaus des Walgaus und der walserischen Bergtäler einschließlich des Montafon, Verlag Seyfried München 1913.

BEHN F., Das Haus in vorrömischer Zeit, Mainz 1928.

BERGMANN J., Die Gestaltung des Hochalpenhauses als Funktion der Landschaft, Zd Du ÖAV Jg. 1925.

BEYERLE K., Lex Bajuvariorum, Max Hueber-Verlag München 1926.

BOVY D., Schweizer Bauernkunst, Orell Füßli Verlag Zürich 1926.

BROCKMANN-JEROSCH, Schweizer Bauernhaus, Bern 1933.

BÜNKER J. R., Das Bauernhaus der Gegend von Stams im Oberinntal (Tirol), Wien 1906.

DACHLER A., Karte der öster. Bauernhausformen, Wien 1909.

EIGL J., Charakteristik der Salzburger Bauernhäuser, Mtt. d. Ges. f. Salzburger Landeskunde, Nr. 35, Salzburg 1895.

FISCHER P., Der Barockmaler Joh. Jak. Zeiller und sein Ettaler Werk, Verlag Herold München 1964.

GEBHARD T., Wegweiser zur Bauernhausforschung in Bayern, München-Pasing 1957.

GEBHARD T., Der Bauernhof in Bayern, Süddeutscher Verlag, München 1975.

GERAMB V. v., Die Rauchstuben im Land Salzburg, Salzburg 1950.

GERAMB V. v., Die geographische Verbreitung der Rauchstuben, WZfVkde 29. Jg., 1924.

GERAMB V. v., Die Kulturgeschichte der Rauchstuben, Wörter und Sachen, Bd. IX., 1924.

GÖTZGER H. und PRECHTER H., Das Bauernhaus in Bayern, München 1960.

GREIDERER S., Haus und Hof im Salzburgischen, Wien 1925.

GRIMM J., Werdenfels, Weistümer III. Teil Baiern (S. 657) Dietrich'sche Buchhandlung Göttingen 1842.

HABERLANDT A., Taschenwörterbuch der Volkskunde Österreichs, Wien 1953.

HECKSCHER K., Die Volkskunde des germanischen Kulturkreises, Hamburg 1925.

HELBOK A., Haus und Siedlung im Wandel der Jahrtausende, Berlin und Leipzig 1937.

HEYNE M., Deutsche Hausaltertümer, Leipzig 1899.

HUBER K., Über Histen- und Speichertypen des zentralalpinen Gebietes, Erlenbach- Zürich 1944.

HAMMER H., Alt-Innsbrucker Studien, Innsbruck 1942.

HAMMER H., Innsbruck in seiner baugeschichtlichen Entwicklung, FuMitt. zur Geschichte Tirols und Vorarlbergs, XVI. Jg. 1919.

HÖRTNAGL H., Ynnsprug. Bürger, Bauten, Brauchtum, Innsbruck 1932.

HOFERER R., Die Bauernhausformen Bayerns, in Schönere Heimat 1937, Heft 2, SS. 34–40 und in Bayerland 1938, Heft 4, S. 103–108.

HOFERER R., Die Hauslandschaften Bayerns, in Bayer. Südd. Heften für Volkskunde 1942, Heft 1.

HOFERER R., Zur Karte der Altformen schwäbischer Häuser, in Schwabenland 1951, Hefte 4–6.

HUNZIKER I., Das Schweizerhaus nach seinen landschaftlichen Formen und seiner geschichtlichen Entwicklung, Aarau 1908, fünfter Abschnitt, „Das dreisässige Haus", umfassend die Schweizerische Hochebene von der Saane bis zur Thur mit dem deutschen Jura.

ILG K., Herd und Ofen, in THmbl. XII. Bd. Insbruck-Wien 1948.

ILG K., Ein Beitrag zur Geschichte des Ofens und der Stube, in: Festschrift für V. v. Geramb, Graz, Salzburg, Wien 1949.

ILG K., Im Bewegungsfeld der bäuerlichen Hauslandschaft in Tirol und Vorarlberg, in THmbl. Innsbruck 1949/50.
ILG K., Zur Verbreitung der Rauchstube in Nordtirol, ÖZfVkde., Bd. Heft 2.
ILG K., „Um die Ziele und den Betrachtungsgegenstand der Volkskunde", in Burgenländische Heimatblätter, Eisenstadt, Heft Nr. 3, 1951.
ILG K., Die volkstümliche Bauweise in Wattens und Umgebung, S. 165, Innsbruck 1958.
ILG K., Die Siedlungs-, Haus- und Hofformen diesseits und jenseits des Brenner; Die Brennerstraße, Bozen 1961.
ILG K., Landes- und Volkskunde, Geschichte, Wirtschaft und Kunst Vorarlbergs, Bd. III. Univ. Verlag Wagner Innsbruck 1961.
ILG K., Kleine Volkskunde Südtirols, in: Huter F. Südtirol, eine Frage des europäischen Gewissens, Wien 1965.
ILG K., Zur Frage der ältesten Holzbauweise in den Alpen, in Festschrift L. C. Franz, Innsbruck 1965.
ILG K., Die Entwicklung der Stube unter dem Gesichtspunkt bodenständiger Rauchstuben im Süd-Westen des deutschen Kulturraumes, in: ÖZfVkde., Bd. XIX, Wien 1965.
ILG K., „Volk, Volkskunde, Europäische Ethnologie" 1971 in Festschift für Karl Finsterwalder, Innsbrucker Beiträge zur Kulturwissenschaft.
KARLINGER H., Die baierischen Volkstrachten; bayer. Hefte für Volkskunde Heft 1 und 2, München 1918.
KIESSLING P. u. W., Lüftlmalerei, Verlag Bruckmann, München 1959.
KLAAR A., Bäuerliche Dachstuhlformen in Österreich, in: Volk und Heimat, Festschrift für V. v. Geramb, 1949.
KÖNZ I. U., Das Engadiner Haus, Verlag Paul Haupt, Bern o.J.
KOLESCH H., Das altoberschwäbische Bauernhaus, Tübinger Vereinigung für Volkskunde, Tübingen 1967.
KOREN H., Vorstufen des „heimatlichen Bauens", Geramb-Festschrift 1949.
KRINNER-FISCHER E., Garmisch-Partenkirchen einst und jetzt, Verlag A. Adam Garmisch 1930.
KÜHEBACHER E., Zur vorgermanischen Siedlungsgeschichte Tirols, in: Festschrift für K. Finsterwalder, Innsbruck 1971.
Bayer. Landrecht, „Landrecht, Polzey, Gerichts/Malefitz und andre Ordnungen der Fürstenthumben Obern und Nider Bayern", München 1616.
LEOPRECHTING K. v., Aus dem Lechrain 1855, S. 63 ff. Neudruck Verlag Coppenrath Altötting 1947.
LAUFER O., Dorf, Haus und Hof, in: John Meier, Deutsche Volkskunde, 1925.
LUCHNER O. F., Die Tiroler Stadt, München 1924.
MEHRINGER R., Das Deutsche Haus und sein Hausrat, Leipzig 1906.
MENGHIN O., Das vorgeschichtliche Siedlungswesen in Tirol, Mitt. d. Gg. Ges. Wien 1919.
MEICHELBECK K., „Kurtze Freisingisch Chronika", Freising 1724.
MILLER K., Die Peutingersche Tafel, Brockhaus Verl. Stuttgart 1962.
MERIAN M., Topographia Bavariä 1644.
MONUMENTA BOICA, Bd. IX „Monumenta Schlehdorfensia", SS. 1–82, Herausg. v. d. Kurfürstl. Academie der Wissenschaften 1767.
NEU W., Das südwestoberbayerische Giebelbundwerk, in: Lechisarland Jahrbuch 1960, Weilheim.
NEU W., Das Bauernhaus im Landkreis Füssen, in: 18. Jahresbericht des bayer. Landesamtes für Denkmalpflege, München 1960.
NEU W., Das alte Bauernhaus im südwestlichen Oberbayern, Wissenschaftliche Veröffentlichung des Heimatpflegers von Oberbayern, München 1963.
Ö. Ing. u. ARCHITEKTENVERBAND, Das Bauernhaus in Österreich-Ungarn und seinen Randgebieten, Dresden 1906.
RHAMM K., Urzeitliche Bauernhöfe in germanisch slawischem Waldgebiet, Braunschweig 1908.
REINERT H., Haus und Hof im nordischen Raum, Leipzig 1937.

RUDOLPH-GREIFENBERG M., Die Neugestaltung von Haus und Hof in Südtirol, Bozen 1960.
RUDOLPH-GREIFENBERG M., Tiroler Baukultur in „Südtirol in Wort und Bild“, 13. Jahrgang, Hefte 1 und 3, 1969.

RIEHL H. W., „Bavaria“ Landes- und Volkskunde des Königreichs Bayern, 10 Bde., Bd. 1, S. 278–292, Verlag Cotta München, 1860–1868.

SAGE W., „Das frühmittelalterliche Kloster in der Scharnitz“, in: Beiträge zur altbayerischen Kirchengeschichte, Verlag F. X. Seitz München 1977.

SCHEIDL J., Das Dachauer Bauernhaus, Verlag Callwey München 1952.

SCHIER B., Hauslandschaften und Kulturbewegungen im östl. Mitteleuropa, Reichenberg 1932.

SCHILLI H., Das Schwarzwaldhaus, W. Kohlhammer-Verlag Stuttgart 1964.

SCHMELLER a. J., Bayerisches Wörterbuch, Stuttgart-Tübingen 1827.

SCHUBERTH O., Freilichtmuseum des Bezirks Oberbayern, Führer durch das Museum an der Glentleiten, Großweil 1976.
SCHUBERTH O., Die Bauernhöfe auf der Glentleiten, München 1979.
SCHUBERTH O., Bauernhöfe im Museum, Freilassing 1980.
SCHUBERTH O., Die schönsten Bauernhöfe in Oberbayern, München 1981.

SCHWARZ G., Allgemeine Siedlungsgeographie, Berlin 1966.

SCHÖPF J. B., Tirolisches Idiotikon, Innsbruck 1966.

SIMONETT C., Die Bauernhäuser des Kantons Graubünden, Bd. 2, Wirtschaftsbauten, Verzierungen, Brauchtum, Siedlungen, Basel 1968.

SEIFERT A., Das echte Haus im Gau Tirol-Vorarlberg, Innsbruck 1943.

SOLLEDER F., „München im Mittelalter“, Verlag Oldenburg, München und Berlin 1938.

SPINDLER M., Das alte Bayern – das Stammesherzogtum, in: Handbuch der bayer. Geschichte, Bd. I, Verlag C. H. Beck München 1967.
SPINDLER M., Bayerischer Geschichtsatlas, Bayer. Schulbuchverlag München 1968.

STEBLER F., Alp- und Weidewirtschaft, Berlin 1903.

STEINBACH F., Studien zur westdeutschen Stammes- und Volksgeschichte, Wissenschaftliche Buchgesellschaft Darmstadt 1962.

STOLZ O., Die Schwaighöfe in Tirol, Innsbruck 1930.
STOLZ O., Geschichte der Stadt Innsbruck, Innsbruck 1959.
STOLZ O., Hammer-Festschrift, Innsbruck 1947.

TROSZ E., Der oberdeutsche Bauer zur Zeit der Entstehung der neuzeitlichen Kultur, in: Oberbayer. Archiv 62. Band, Verlag G. Franz, München 1921.

TRÜB K. E., Bilder aus dem Unterengadin, Verlag Fretz und Wasmuth Zürich 1962.

VÖLKERS O., Deutsche Hausfibel, Leiozig 1949.
VÖLKERS O., Wohnraum und Hausrat, Bamberg 1949.

VERSCHIEDENE VERFASSER, Haus und Hof in Österreichs Landschaft, Nothring- Jahrbuch, Wien 1973.

WEISS R., Volkskunde der Schweiz, Erlenbach-Zürich 1946.
WEISS R., Häuser und Landschaften der Schweiz, Erlenbach-Zürich 1959.

WENING M., Beschreibung des Churfürsten / und Herzogthumbs Ober- und Nidern Bayern, erster Teil „Das Rentambt München“, München 1701.

WINKLER C., „Volkstümliches Bauen und Wohnen im Außerfern“, Dissertation, Innsbruck 1972.

WOPFNER H., Tirol, Land, Volk und Geschichte, DÖAV 1933.
WOPFNER H., Bergbauernbuch, 3 Lieferungen, Innsbruck 1951.
WOPFNER H., Die Besiedlung unsrer Hochgebirgstäler, ZDÖAV 1920.
WOPFNER H., Das Brot des Bergbauern, ZDÖAV, Bd. 7, 1939.

BILDQUELLENNACHWEIS

Farbtafeln:
Zwischen Seite 124/125 Bayer. Staatsgemäldesammlung a, b, d, Städt. Galerie im Lenbachhaus c.

Zwischen Seite 196/197 Erika Groth-Schmachtenberger, Fotos a, b, c, d.

Zwischen Seite 400/401 Toni Schuberth von Rintelen Fotos b, c, Ottmar Schuberth Fotos a, d.

Umschlag:
Titelbild: Emil Pachter, „Aus Partenkirchen", (vor dem Brand 1865), Ölgemälde im Werdenfelser Heimatmuseum, Partenkirchen. Foto: Peter Schönheit, Garmisch.

Rückseite: oben: links Garmisch, rechts Grainau – unten: links Schöffau, rechts Obergrainau. Fotos von Erika Groth-Schmachtenberger.

Schwarz-Weiß-Abbildungen:
Bayer. Nationalmuseum München 56.
Diözesanmuseum Freising 36, 37.
Germanisches Nationalmuseum Nürnberg 348.
Glentleiten, Oberbayer. Freilichtmuseum 303, 304, 305, 306, 307.
Staatl. Graphische Sammlung München 23, 24, 29, 32, 38, 46, 47, 48, 59, 60, 224, 227, 228, 404.
Werdenfelser Heimatmuseum Garmisch-Partenkirchen 386, 390.
Adam Peter, Garmisch 33, 34, 41, 42, 44, 45, 51, 54, 58, 64, 67, 70, 80, 82, 106, 121, 218, 230, 240.
Aufleger-Halm 278, 284, 285.
Beckert, Garmisch 269.
Böhm Manfred, Freilichtmuseum Glentleiten 210, 212, 214, 215, 217, 314, 326, 327, 328.
Buchwieser Annelies, Oberammergau 277, 278, 279, 280, 281, 282, 283.
Ensmann Karin, Truchtlaching 241.
Groth-Schmachtenberger Erika, Murnau 234, 235, 236, 237, 261, 325, 342, 345, 364, 379.
Haushofer Heinz u. Martin, Pähl 17, 18, 20, 21, 30, 31, 61, 81.
Keim Helmut, Freilichtmuseum Glentleiten 204, 206, 209, 210, 238, 329.
Kölbl Franz, Garmisch 160, 370, 371, 390, 396, 397.
Neu Wilhelm, Holzhausen a. A. 260, 350, 352, 355.
Frau Noglik, Garmisch 287, 290, 291, 292, 293, 294.
Ostler Josef, Garmisch 140, 350.
Ott Wolfgang, Garmisch 83, 86, 87, 90, 92, 93, 96, 97, 102, 104, 110, 126, 130, 134, 138, 141, 142, 145, 150, 151, 153, 155, 170, 171, 178, 180, 194, 195, 212, 226, 229, 239, 243, 252, 255, 262, 263, 265, 266, 269, 285, 320, 321, 335, 343, 347, 358, 367, 369, 370, 372, 376, 381, 385, 398.
Pfeffer Sebastian, Mittenwald 295.
Schuberth Ottmar, Weilheim 72, 105, 168, 183, 233, 317, 348, 359, 360.
Schuberth von Rintelen Toni, Weilheim 75, 98, 146, 185, 211, 213, 251, 266, 286, 289, 296, 297, 298, 299, 300, 308, 309, 311, 312, 313, 318, 319, 323, 324, 343, 377, 380, 382, 386, 387, 388, 389, 391, 392, 397, 398.
Schwaiger Benedikt, Freilichtmuseum Glentleiten 258, 259.
Sowieja Joachim, München 73, 74, 88, 91, 95, 99, 100, 103, 112, 122, 136, 148, 166, 196, 229, 246, 264, 267, 273, 274, 275, 276, 283, 284, 288, 315, 322, 357, 381.
Zell Franz, München 271, 277.

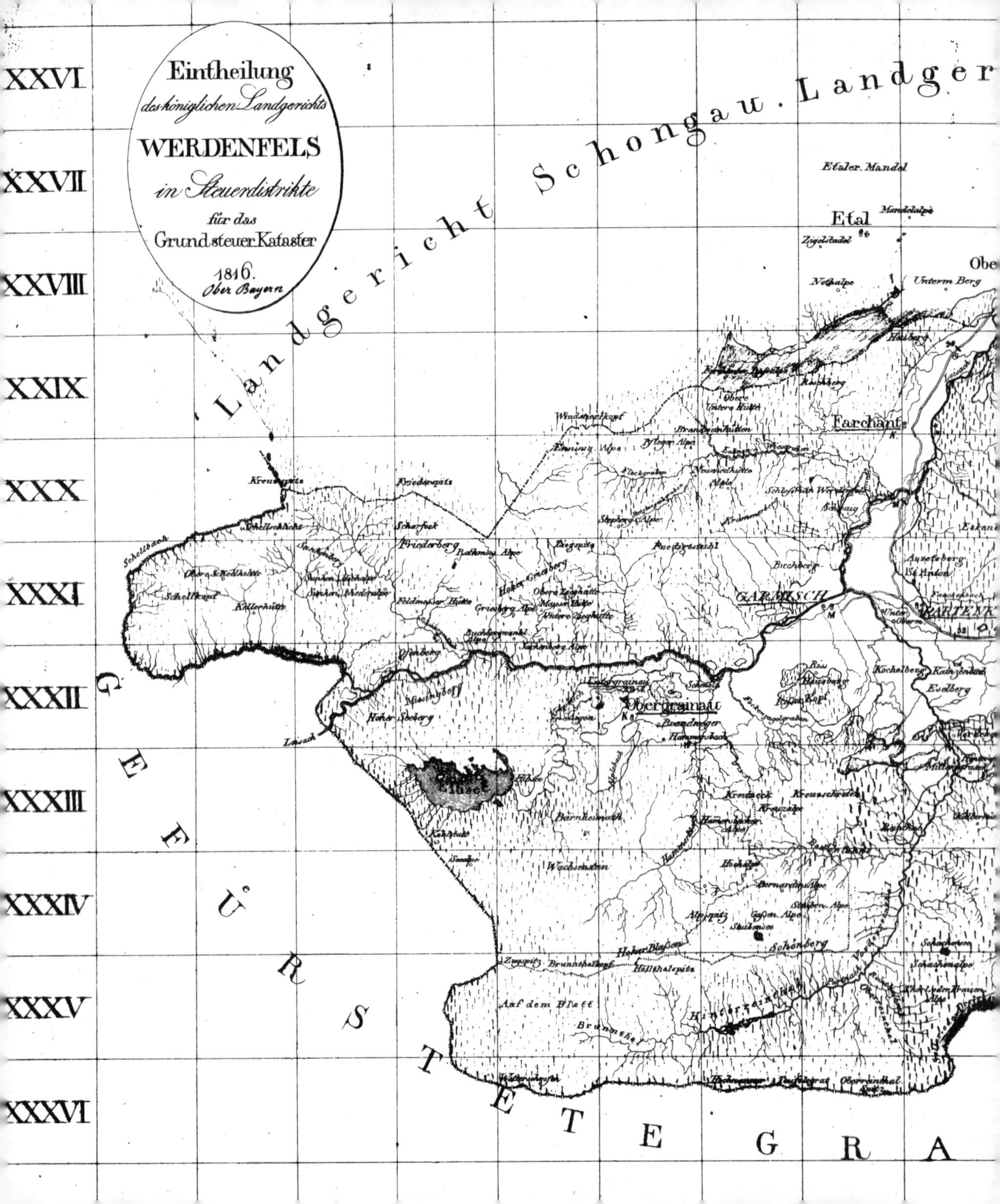
Eintheilung
des königlichen Landgerichts
WERDENFELS
in Steuerdistrikte
für das
Grundsteuer Kataster
1816.
Ober Bayern
Landgericht Schongau. Landger
GEFÜRSTETE GRA
XXVI
XXVII
XXVIII
XXIX
XXX
XXXI
XXXII
XXXIII
XXXIV
XXXV
XXXVI
Etaler Mandel
Etal
Mandelalpe
Ziegelstadel
Nothalpe
Unterm Berg
Farchant
GARMISCH
Obergrainau
Untergrainau
Zugspitz
Kreuzspitz
Friederspitz
Friederberg
Scharfeck
Schellbach
Schellschlicht
Ober Schellhütte
Schellkopf
Kollerhütte
Hoher Griesberg
Griesberg Alpe
Ober Ziegelhütte
Untere Ziegelhütte
Ziegspitz
Windsteelkopf
Brandsteinhütten
Neuwiedhütte
Schloßruin Werdenfels
Kramerberg
Buchberg
Anzelsberg
St. Anton
Kochelberg
Eselberg
Riss
Hausberg
Roßer Kopf
Hoher Seeberg
Loisach
Eibsee
Kreuzeck
Kreuzalpe
Kreuzschrofen
Wachsenstein
Alpspitz
Stuibensee
Schönberg
Hoher Blaßen
Hollthalspitz
Brunnthalkopf
Auf dem Blatt
Hinterreinthal
Teufelsgrat
Oberreinthal
Schachenalpe
Hochalpe
Bernardins Alpe
Stuiben Alpe
Gassen Alpe
Brandneger
Hammersbach
Barnheimwald